ECONOMIA FEMINISTA NO BRASIL

CONTRIBUIÇÕES PARA PENSAR UMA NOVA SOCIEDADE

MARILANE OLIVEIRA TEIXEIRA
MARGARITA OLIVERA
CLARICE MENEZES VIEIRA
ORGANIZADORAS

2024

REBEF Rede Brasileira de Economia Feminista

AUTONOMIA LITERÁRIA

FUNDAÇÃO Perseu Abramo
Partido dos Trabalhadores

Fundação Perseu Abramo
Instituída pelo Diretório Nacional do Partido dos Trabalhadores em maio de 1996.

Fundação Perseu Abramo

Coordenação editorial: Rogério Chaves
Assistente editorial: Raquel Maria da Costa
Preparação editorial: Claudia Andreoti
Revisão: Angélica Ramacciotti
Projeto gráfico e diagramação: Caco Bisol

Fundação Perseu Abramo
Rua Francisco Cruz, 234 Vila Mariana
04117-091 São Paulo – SP
www.fpabramo.org.br
f: 11 5571 4299

Autonomia Literária

Coordenação editorial
Cauê Seignemartin Ameni,
Hugo Albuquerque e Manuela Beloni
Capa: Rodrigo Correa
Autonomia Literária
Rua Conselheiro Ramalho, 945 Bela Vista
01325-001 São Paulo – SP
https://autonomialiteraria.com.br
f: 11 98237 3701

Dados Internacionais de Catalogação na Publicação (CIP)

E22 Economia feminista no Brasil : contribuições para pensar uma nova sociedade / Marilane Oliveira Teixeira, Margarita Olivera e Clarice Menezes Vieira (orgs.)– São Paulo : Fundação Perseu Abramo ; Autonomia Literária ;
REBEF, 2023.

232p.

ISBN 978-65-5626-152-2 (Fundação Perseu Abramo)
ISBN 978-65-5497-032-7 (Autonomia Literária)

1. Economia feminista 2. Desigualdade de gênero 3. Trabalho doméstico 4. Trabalho de cuidados 5. Divisão sexual do trabalho 6. Mercado de trabalho 7.Pink tax
I. Título II. Teixeira, Marilane Oliveira III. Olivera, Margarita IV. Vieira, Clarice Menezes

---

(Bibliotecário responsável: Eduardo Fahl – CRB/8 6387)

SUMÁRIO

APRESENTAÇÃO

A ciência econômica, especialmente a partir da consolidação das visões neoclássicas como paradigma dominante, adotou um método analítico cada vez mais abstrato. Nesse esforço de abstração, personificado no *homo economicus*, racional e individualista, cuja principal motivação é a busca constante de lucros, há pouco espaço para compreender as diversas formas de opressão e exploração vivenciadas por outras corporalidades (PUJOL, 1992). Corpos feminizados e racializados raramente são objeto de estudo na economia, e a realidade que os modelos econômicos analisam está completamente distante de nossas vivências.

Essas questões foram levantadas por mulheres economistas, cientistas sociais e militantes feministas por bastante tempo. No entanto, é somente nos anos 1990 que a economia feminista emerge como uma corrente teórica dentro da ciência econômica, sobretudo nos países do Norte Global, a partir da criação da *International Association for Feminist Economics* (IAFFE), em 1992, com o intuito de construir uma abordagem crítica dentro da disciplina econômica que examina as desigualdades de gênero, questiona as estruturas patriarcais e busca compreender como as questões de gênero afetam e são afetadas pela economia. Em contraposição às teorias econômicas tradicionais, a economia feminista destaca a importância de analisar e compreender o papel das mulheres na economia, assim como as dinâmicas de poder que perpetuam as desigualdades de gênero (CARRASCO, 2006).

No Sul Global, embora o processo tenha sido mais lento, houve um grande impulso nos últimos anos, estimulado pelo crescimento da "Maré verde" na América Latina e pela avançada na conquista de direitos das mulheres e dissidências. As opressões de gênero e raça foram novamente colocadas em pauta. Em particular, no Brasil, nós, as economistas mulheres, temos batalhado para abrir espaços dentro do mundo político e no meio acadêmico, onde nossa presença sempre foi menor que a de nossos colegas homens. Apenas cerca de um quarto das alunas de graduação e pós-graduação, assim como das professoras, são mulheres, conforme aponta o Relatório da BWE de 2021. Além disso, a maioria dos textos acadêmicos publicados em revistas de economia não aborda questões de gênero, muito menos incorpora perspectivas da economia feminista, como indicam Bohn e Catela (2017). Ninguém se surpreenderia diante da afirmação de que a ciência econômica é profundamente masculina, branca e eurocentrada.

No entanto, no Brasil, nós, as economistas feministas temos realizado avanços significativos para abordar as desigualdades de gênero e promover perspectivas inclusivas no campo econômico. Desde tempos imemoriais, temos cultivado a habilidade de nos organizar em redes, seja para o cuidado mútuo, a sobrevivência coletiva, o compartilhamento de recursos, a produção colaborativa, ou para o fortalecimento e multiplicação de nossas forças. Nesse contexto, em 2020 emerge a Rede Brasileira de Economia Feminista (REBEF), constituindo-se como um espaço que congrega cientistas sociais de diversas regiões e universidades do Brasil. Este coletivo compartilha a visão da economia feminista e reconhece, de maneira inabalável, que a união de forças amplifica nossa capacidade de impacto e transformação. Apesar dos desafios de um ambiente que muitas vezes parece desalentador, temos alcançado progressos notáveis nos últimos anos, aumentando a visibilidade e a participação das mulheres nas áreas de economia e ciências sociais e promovendo cada vez mais pesquisas que discutem a situação das mulheres no Brasil. De fato, um dos nossos objetivos tem sido incorporar perspectivas de gênero na análise econômica e na pesquisa acadêmica. Isso implica abordar questões como a disparidade salarial entre os gêneros, a economia dos cuidados, a participação das mulheres na força de trabalho, a não neutralidade das políticas públicas, as relações entre gênero e macroeconomia, gênero e desenvolvimento, mudanças climáticas e gênero e outros temas relacionados à igualdade de gênero e a necessidade de colocar a vida no centro.

Embora ainda existam grandes desafios, há uma iniciativa importante para aumentar a presença da economia feminista nas publicações acadêmicas brasileiras, e esse livro é uma demonstração disso. Nós, as economistas feministas no Brasil também temos trabalhado para aumentar a conscientização pública sobre questões de gênero na economia. Organizando disciplinas de economia feminista e de gênero, criando projetos de extensão, construindo núcleos de pesquisa nas várias universidades do país, participando de discussões públicas, conferências e eventos para sensibilizar sobre a importância de abordar as desigualdades de gênero no cenário econômico.

Apesar dos desafios persistentes, como participantes da REBEF desempenhamos um papel crucial na promoção de uma economia mais equitativa e inclusiva. Nosso trabalho contribui para o avanço da compreensão das dinâmicas econômicas sob uma perspectiva de gênero e estimula mudanças positivas nas políticas e práticas econômicas. Este texto acadêmico reflete o compromisso contínuo dessas profissionais em enfrentar e superar as barreiras que limitam a participação e o impacto das mulheres no campo da economia no contexto brasileiro e esperamos que possa ser uma inspiração para as futuras gerações.

REFERÊNCIAS

BOHN, Liana; DA SILVA CATELA, Eva. "Há economia feminista na Ciência Econômica brasileira? Avaliação da produção científica na área entre 1990-2015". *XX Encontro de Economia da Região Sul*, Porto Alegre. Anais, 2017.

BWE. *As mulheres nos diferentes estágios da carreira acadêmica em Economia no Brasil.* São Paulo: FEA/USP, 2021.

CARRASCO, Cristina. "La economia feminista: uma apuesta por otra economia". In: VARA, M. J. *Estudios sobre género y economia.* Madrid: Coleccion Economia actual, Akal, 2006.

PUJOL, Michèle. *Feminism and anti-feminism in early economic thought.* Cheltenham: Edward Elgar, 1992.

INTRODUÇÃO

AOS ECONOMISTAS, POR QUE SER ECONOMISTA FEMINISTA?

Clarice Menezes Vieira
Brena Paula Magno Fernandez

Viver sob o patriarcado implica, entre outras coisas, estar equipado de um aparato conceitual específico para apreender o mundo. Segundo esse aparato, as mulheres são hierarquicamente inferiores aos homens em diversos atributos fundamentais para a construção histórica e contribuíram menos para todos os seus avanços e conquistas. Ser feminista significa, entre outras coisas, questionar este aparato e reivindicar que as mulheres não apenas não são inferiores, como vêm contribuindo tanto quanto os homens, e de forma fundamental, para a história humana. O que desperta a consciência feminista é o estranhamento por viver em um mundo onde as mulheres têm feito tanto, seja através de seus corpos, trabalhos ou afetos, mas que a elas é dito, de todas as formas e a todo o tempo, que fazem menos; ou o que Gerda Lerner denominou como a "dialética da história das mulheres":

> As mulheres "fizeram história", mesmo sendo impedidas de conhecer a própria História e de interpretar a história, seja a delas mesmas ou a dos homens. [...] Nomeei de "a dialética da história das mulheres" a tensão entre a experiência histórica real das mulheres e sua exclusão da interpretação dessa experiência. [...] A contradição entre a centralidade e o papel ativo das mulheres na criação da sociedade e sua marginalização no processo de dar significado por meio de interpretação e explicação é uma força dinâmica, fazendo com que elas lutem contra a própria condição. [...] quando as mulheres adquirem consciência das contradições em sua relação com a sociedade e com o processo histórico, estas são percebidas do modo correto e chamadas de privações, algo que as mulheres compartilham como grupo. Essa tomada de consciência por parte das mulheres torna-se a força dialética

> que as impele à ação para mudar a própria condição e começar um novo relacionamento com a sociedade dominada pelos homens. (LERNER, 2019, pp. 34-5)

Esta contradição é muito latente no campo da economia. As mulheres geraram e geram os/as trabalhadores/as e os patrões, cuidaram e cuidam das populações que estão dentro e fora da força de trabalho, e representam aproximadamente metade daquela força, e, apesar disso, são majoritariamente os homens que explicam o funcionamento de nossa vida econômica, utilizando, para isso, da figura representativa masculina do homem econômico. Nossas teorias carregam, portanto, a "visão distorcida e essencialmente errônea do lugar dos homens na sociedade humana e no universo" (LERNER, 2019, p. 325), naturalizando a desigualdade que as mulheres experimentam. Tais desigualdades, porém, quando nos libertamos do aparato conceitual da ciência econômica patriarcal, mudam de sentido e tornam-se, apenas, injustiças. A seguir, delimitamos um conjunto de injustiças já identificadas e analisadas pela economia feminista que, de uma forma ou de outra, norteiam as análises que foram realizadas nos capítulos que seguem

As mulheres *ganham salários menores do que os homens para desempenharem idênticas funções no mercado de trabalho,* mesmo possuindo nível semelhante de formação profissional. Esse é o fenômeno conhecido como "trabalhos iguais, salários desiguais" ou "*gaps* salariais por gênero". Além disso, *a média salarial delas é menor do que a média salarial deles*. E os *gaps* salariais ficam ainda mais evidentes quando interseccionamos o marcador de gênero com o de raça.

As mulheres *estão segregadas em ocupações socialmente reputadas como "femininas"*. Trata-se do fenômeno da segregação ocupacional por gênero, ou seja, a forma como as mulheres se distribuem entre as categorias laborais em comparação com os homens, tendo em vista que é bastante comum que as ocupações estejam estereotipadas como mais "adequadas" ao gênero masculino ou feminino. A segregação pode ser *horizontal* ou *vertical*: chama-se de *segregação horizontal* quando mulheres e homens trabalham majoritariamente em ocupações diferentes. Além disso, também é possível identificar a segregação horizontal na concentração de homens e mulheres entre os setores econômicos. Ocorre que, tradicionalmente, as mulheres têm se concentrado no setor terciário, de serviços, que são os mais semelhantes com o trabalho que elas desempenham no espaço privado do lar. Esses lugares ocupados preferencialmente por mulheres são aqueles de menor prestígio e valoração social, fatores estes que em parte explicam a menor média salarial alcançada pelo grupo das mulheres. A metáfora do "piso pegajoso" se refere justamente à dificuldade que as mulheres concentradas nestes setores e empregos menos valorizados economicamente encontram para alterar a sua situação. Já os homens concentram-se preferencialmente nos setores primário e secundário, onde, além de receberem salários que em média são mais elevados, também desfrutam de melhores condições de trabalho no sentido de seguridade social.

As mulheres encontram enormes entraves para ascender aos cargos de gerência, chefia, diretoria e presidência, ou seja, aqueles cargos que outorgam aos seus ocupantes maiores honra, prestígio, poder e dinheiro. Trata-se aqui da chamada *segregação vertical* por gênero. Ela ocorre quando a maioria dos trabalhadores que ocupam os postos mais elevados de determinada profissão ou ocupação é formada por homens, ao passo que a maioria dos trabalhadores que ocupam os escalões mais baixos é composta por mulheres. Grosso modo, em todos os ramos profissionais observa-se que, à medida que se ascende na escala profissional, aumenta a presença masculina. Significa dizer que os homens também estão mais concentrados nos escalões superiores de todos os setores econômicos. O fenômeno que ficou conhecido pela metáfora do "teto de vidro" (*glass ceiling*) alude justamente a essa situação: às barreiras invisíveis que impedem as mulheres de ascender aos níveis hierárquicos mais elevados. O teto de vidro é também um fator determinante para que, na média, os salários de homens e mulheres permaneçam em patamares distintos.

As mulheres *estão sobrecarregadas com o trabalho doméstico não remunerado*, composto tanto pelos chamados afazeres domésticos quanto pelos trabalhos de cuidado com crianças, doentes e idosos da família. As mulheres em geral dedicam quase o dobro de tempo do que os homens aos cuidados da casa e da família, e isso vale tanto para as mulheres que estão empregadas no mercado de trabalho quanto para aquelas que não estão. De fato, essa pobreza do tempo condiciona a sua inserção no mercado de trabalho, assim como a realização de outras atividades (educativas, sociais, políticas e de autocuidado). As mulheres que, ainda assim, conseguem se inserir no mercado de trabalho, *trabalham mais do que os homens no cômputo total das horas trabalhadas.* Quando se considera a soma do número de horas trabalhadas pelas mulheres no mercado remunerado com o número de horas dedicadas ao trabalho reprodutivo, as diferenças de gênero tornam-se muito marcantes, tanto no que toca à sobrecarga do trabalho feminino doméstico quanto no que concerne à dupla jornada a que as mulheres estão submetidas.

As mulheres são mais suscetíveis ao desemprego, aos subempregos, ao desalento, à ausência de direitos trabalhistas e previdenciários e à sazonalidade e instabilidade do mercado de trabalho. O percentual de trabalhadoras inseridas em formas precárias de ocupação replica a mesma estrutura hierárquica que os estudos sobre estratificação social com base na renda apresentam. A mulher negra é a base do sistema, sujeita às piores ocupações, porquanto vítima do conjunto das discriminações de gênero, raça e classe social. As mulheres, em geral, estão sempre em desvantagem quando comparadas com os segmentos masculinos também em relação ao subemprego, ao desemprego e ao desalento. Ao mesmo tempo, por estas razões, são as mais prejudicadas em períodos de contração da atividade econômica e são relativamente desfavorecidas por sistemas de proteção social e previdência que incorporam pouco em seus desenhos as grandes desvantagens relativas sofridas pelas mulheres.

As mulheres *são mais afetadas que os homens pelas políticas macroeconômicas neoliberais*. A economia feminista coloca à descoberto o fato de que não existe neutralidade de gênero nas políticas macroeconômicas. Quando falamos em Programas de Ajustes Estruturais de cariz neoliberal, como políticas de corte, de ajustes fiscais, privatizações e desregulamentações, os efeitos adversos deles decorrentes são particularmente nefastos para as mulheres. Nos períodos de crise e recessão econômicas, quando o Estado se retira da economia, deixando de ofertar bens e serviços – vinculados à saúde, educação, cultura e segurança, por exemplo – na mesma quantidade e/ou qualidade que antes, são as mulheres as primeiras a sentirem e a sofrerem as consequências. Em primeiro lugar, tendo em vista que ocupam, no mercado de trabalho, as posições mais vulneráveis e precárias, elas são as primeiras a perderem os seus empregos num ciclo recessivo. Além disso, também sofrem com um acréscimo de trabalho não pago, precisando passar a produzir, em casa, os bens e serviços que o Estado antes oferecia.

As mulheres estão mais suscetíveis ao endividamento. Por terem menores rendas, por estarem mais vulneráveis economicamente em momento de crise, por ocuparem posições frágeis no mercado de trabalho, as mulheres estão suscetíveis a serem aprisionadas em severos ciclos de endividamento. Devido às desigualdades de renda e à feminização da pobreza, o fardo do endividamento é geralmente maior no caso das mulheres. Esta situação agrava-se por conta de políticas neoliberais que retiram da esfera pública a oferta de bens e serviços, incluindo os de cuidados. Frequentemente as mulheres, e especialmente as mulheres chefes de família, se veem obrigadas a contrair dívidas para contratar serviços de cuidados, antes fornecidos pelo Estado, em condições extremamente desfavoráveis e, assim, ingressam em ciclos de endividamento imposto por juros elevados.

As mulheres brasileiras pagam mais imposto de renda que os homens. As mulheres estão sujeitas a diversas regras tributárias desvantajosas quando comparadas aos homens. Muito embora, na teoria, tributações sobre a renda devessem ser progressivas, na prática e no Brasil, essa tributação acaba sendo regressiva, em razão da isenção do Imposto de Renda sobre os lucros e dividendos distribuídos pelas empresas. Significa dizer que as maiores rendas não são tributadas no Imposto de Renda Pessoa Física. Como os homens, como comentado, ocupam as melhores posições em termos de renda, as mulheres são prejudicadas pelo sistema. Além disso, as mulheres *são mais afetadas do que os homens pela regressividade do sistema tributário brasileiro.* O sistema tributário brasileiro possui maior carga tributária incidindo sobre o consumo. Isso faz com que as camadas mais ricas da população sejam privilegiadas – no sentido de proporcionalmente menos tributadas – em detrimento das camadas mais pobres e, por isso, o sistema brasileiro é caracterizado como um regressivo (GOBETTI; ORAIR, 2016). Quando examinamos os dados da distribuição de renda desagregados por gênero, as mulheres e, mais especificamente, as mulheres negras são as pessoas com menos rendimento. Portanto, dada a regressividade do sistema, terão uma carga tributária proporcionalmente maior do que aqueles que têm maior renda.

As mulheres *pagam a pink tax.* Levando-se em consideração o fato de serem as principais responsáveis pelos afazeres domésticos e pelos trabalhos de cuidados de crianças, idosos e enfermos, as mulheres representam maioria no mercado consumidor, principalmente de itens básicos e essenciais. Ocorre que bens e serviços diretamente voltados para indivíduos que se identificam com o gênero feminino são precificados com um valor relativamente superior, correspondendo, portanto, à cobrança de uma espécie de taxa adicional sobre as mulheres.

A economia feminista vem, dessa forma, denunciando e lutando contra essas injustiças. Esta coletânea se propõe a contribuir para a construção desse campo de estudos, entendido como um projeto que visa tanto fornecer aportes teóricos capazes de identificar os fatores concretos que promovem estas injustiças, quanto atuar contra elas, especialmente através da formulação e disseminação de políticas públicas que visem mitigá-las.

No primeiro bloco "Aportes teóricos e históricos", tratamos de aspectos teóricos e históricos da posição econômica das mulheres na sociedade capitalista, de como sua contribuição vem sendo apagada e inferiorizada pelas análises econômicas e do processo de surgimento de vozes dissonantes na ciência econômica no Brasil.

O artigo de Marilane Teixeira e Cristina Vieceli apresenta e discute o conceito de reprodução social como um dos elementos teóricos centrais em torno dos quais a economia feminista se articula. De fato, compreender o capitalismo enquanto sistema de reprodução social é fundamental para expor como ele se vincula a uma divisão sexual do trabalho específica na qual às mulheres estão destinadas posições hierarquicamente inferiores que não passam por escolhas ou soluções de mercado. Esta percepção também é fundamental, como sinalizam as autoras, para compreender o trabalho de cuidados realizado majoritariamente pelas mulheres no interior dos lares como parte da dinâmica social de reprodução da vida, cuja "crise", portanto, requer soluções de natureza pública, especialmente com o desenvolvimento de Sistemas Nacionais de Cuidados.

Na sequência, o artigo de Margarita Olivera e Letícia Pereira explora, a partir da percepção do capitalismo enquanto um sistema econômico patriarcal extrativista, construído historicamente a partir do projeto europeu racista colonial e de uma nova divisão sexual do trabalho, as múltiplas opressões a que estão sujeitos mulheres e corpos feminizados. Destacam a realidade experienciada por mulheres negras em sociedades em que o racismo estrutural herdado do período colonial escravocrata se mescla ao sistema patriarcal para produzir padrões rígidos de estratificação e valorização social; bem como das mulheres racializadas do Sul Global, onde a condição de classe é atravessada por marcadores de raça/etnia que engendram papéis extremamente subalternizados na divisão internacional do trabalho. As autoras discutem ainda como os feminismos subalternos, especialmente o feminismo decolonial, o feminismo comunitário e o ecofeminismo, podem contribuir para a construção de alternativas de vida às mulheres e dissidências, especialmente no contexto de políticas neoliberais que tendem a as atingir de forma particularmente acentuada e colocam em risco sua existência.

O artigo de Clarice Vieira, após abordar alguns aspectos gerais do apagamento das mulheres da ciência econômica, analisa como este apagamento se reflete nos dados disponibilizados para suas pesquisas, seja pela ausência de estatísticas que tratem de questões relevantes para as mulheres, seja por conta dos vieses androcêntricos dos Sistemas Nacionais do Estatísticas, indicando ainda em que frentes a economia feminista vem atuando para alterar este cenário. Fechando o bloco, Hildete Pereira de Mello recupera a trajetória do pensamento feminista a partir da segunda metade do século XX e mostra como este chega à ciência econômica no Brasil, especialmente com a publicação pioneira, ainda no ano de 1985, de um número especial da *Revista Literatura Econômica* dedicado à condição feminina.

No segundo bloco – "Temas atuais" –, apresentamos e analisamos temas da situação contemporânea das mulheres, especialmente das mulheres brasileiras. O capítulo de Liana Bohn analisa a chamada "crise dos cuidados" no Brasil a partir da perspectiva feminista, ou seja, mostrando como esta afeta de maneira diferenciada mulheres e populações pobres e racializadas. Desenvolvendo uma análise pormenorizada da oferta e da demanda dos cuidados no Brasil, o artigo aponta para a urgência de uma reconfiguração dos trabalhos produtivo e reprodutivo, especialmente no sentido da ampliação dos sistemas de proteção social e da oferta pública de serviços de cuidados.

Em linha com o projeto da economia feminista de expor e combater as injustiças sofridas pelas mulheres, os três capítulos seguintes trazem análises empíricas da situação econômica das mulheres brasileiras. Izaskun Zuazu, Magali Alloatti e Ana Luíza Matos de Oliveira, apresentando e analisando dados sobre o trabalho remunerado e não remunerado realizado por mulheres no Brasil e no México, apontam para a transversalidade das desigualdades econômicas de gênero nos níveis micro e macro, e, assim, para a necessidade de políticas macroeconômicas alinhadas com esta concepção.

O capítulo de Eugenia Leone analisa, a partir de dados da PNADC, a condição de atividade das mulheres brasileiras entre 2014 e 2021. Ao trazer recortes de renda e correlacionando o trabalho remunerado das mulheres com a conjuntura econômica, é possível perceber como as mulheres sofrem de maneira diferenciada os efeitos das crises, especialmente a partir da dinâmica entre o trabalho realizado no interior dos lares e a participação no mercado de trabalho.

Os efeitos de curto e longo prazos da pandemia, assim como as desigualdades enfrentadas pelas mulheres no mercado de trabalho, são estudados por Lucilene Morandi, Hildete Pereira de Melo, Danielle Carusi Machado e Isabela Duarte Kelly. Com uma análise focada nos anos de 2019 a 2022, também utilizando dados da PNADC, o capítulo aponta, em suas conclusões, para um conjunto de recomendações de política alinhadas à perspectiva feminista, que requerem, entre outras coisas, mudanças na percepção da relação entre as esferas pública e privada da vida humana.

Partindo de uma concepção sistêmica das injustiças sofridas pelas mulheres, é possível entender como estas também atingem o campo da microeconomia. Ao perceber que os papéis de gênero impõem padrões específicos de consumo, as mulheres sofrem com diferenciações de preço centradas em tais padrões. A chamada *pink tax* é o tema central do capítulo de Brena Paula Magno Fernandez e Ana Cristina Ehlers. O capítulo aponta, entre outras coisas, para o baixo número de pesquisas sobre o tema da *pink tax* no Brasil, assim como para a necessidade de maior atenção também para este campo, especialmente para fornecer subsídios a políticas que coíbam discriminações de gênero no mercado consumidor.

Encerramos a coletânea com o capítulo de Patrícia Andrade de Oliveira e Silva e Luísa Cardoso dedicado à análise das políticas de gênero no Brasil entre 2011 e 2021. As autoras indicam como as mudanças conduzidas pelos governos de Michel Temer e Jair Bolsonaro representaram um profundo retrocesso nas políticas de promoção de igualdade de gênero e da forma como o Brasil vinha se inserindo nos debates internacionais sobre o tema, apontando para necessidade de transformá-las de fato em políticas de Estado.

Em suma, respondendo à pergunta que intitula esta introdução e apresentação da obra, com esta coletânea, esperamos dar sequência ao trabalho de todas as mulheres economistas que, em algum momento ou de alguma forma, ousaram desafiar os padrões de pensamento e ação impostos pela ciência econômica. Com a publicação deste livro, dizemos em conjunto que não aceitamos uma ciência construída sobre o equívoco e a arbitrariedade de supor que nossas vidas e nossas vozes poderiam ser absorvidas na dos homens econômicos. Apreender o mundo dessa forma, já sabemos, é apenas mais uma forma de perpetuar tantas injustiças.

REFERÊNCIAS

GOBETTI, Sérgio; ORAIR, Rodrigo. "Progressividade tributária: A agenda negligenciada". *Texto para Discussão*, n. 2190, Instituto de Pesquisa Econômica Aplicada (Ipea), Brasília, 2016.

LERNER, Gerda. *A criação do patriarcado*: história da opressão das mulheres pelos homens. São Paulo: Cultrix, 2019.

BLOCO I

APORTES TEÓRICOS E HISTÓRICOS

A ECONOMIA FEMINISTA E REPRODUÇÃO SOCIAL: UMA ANÁLISE CONCEITUAL E HISTÓRICA DOS TRABALHOS REPRODUTIVOS NÃO REMUNERADOS E DE CUIDADOS

Cristina Pereira Vieceli
Marilane Oliveira Teixeira

INTRODUÇÃO

O termo trabalho de cuidados vem sendo amplamente utilizado, tanto na esfera política, nos planos de governos, pelos organismos internacionais, como também no âmbito acadêmico e dos movimentos sociais e feministas. A questão dos cuidados ganhou ainda mais destaque com a pandemia da covid-19, em que nos diversos países do mundo, devido ao fechamento principalmente dos serviços voltados aos cuidados de crianças, muitas mulheres foram forçadas a saírem do mercado de trabalho e permanecerem em casa exercendo estas atividades, somada a sobrecarga de trabalho doméstico. Ou seja, a pandemia explicitou a importância econômica e social destas atividades ao mesmo tempo em que evidenciou os cuidados como um direito individual e uma responsabilidade coletiva.

Apesar da ampla utilização, o termo *cuidados* é utilizado muitas vezes como sinônimo de trabalhos reprodutivos, reprodução social, trabalhos não remunerados. A ideia de reprodução social inclui naturalmente a reprodução de toda a força de trabalho, incluindo as pessoas dependentes e a sua incorporação contribuiu para construir caminhos para a reflexão da ideia da dependência até então abordadas apenas pelas filósofas e psicólogas (CARRASCO; BORDERIAS; TORNS, 2011, p. 53). É importante notar ainda, que a crítica à divisão sexual do trabalho e a subordinação das mulheres aos trabalhos não remunerados é bastante antiga, e incorporada de forma diferente pelas diversas correntes do pensamento feminista. Mas é a partir do feminismo que os trabalhos de cuidados são incorporados ao processo de reprodução social e as economistas feministas o fazem a partir dos anos de 1990 e ainda de forma bastante restrita.

Uma das principais críticas do pensamento feminista à ciência econômica é o fato de, ao longo da história do pensamento econômico, o trabalho exercido de forma não remunerada ter sido excluído dos seus sistemas de análise. Ainda que os economistas clássicos e marxistas reconheçam a importância da reprodução social como condição de assegurar a manutenção do sistema, a teoria não os incorpora como fatores fundamentais para explicar as dinâmicas econômicas e sociais.

Já no século XIX, o movimento feminista, principalmente de raiz liberal, estabelece críticas à exclusão feminina dos direitos de cidadania e ao fato das mulheres serem relegadas à esfera doméstica. As teóricas feministas reivindicavam a igualdade de direitos entre homens e mulheres e o acesso ao mercado de trabalho, e acusavam o contrato de casamento como forma de subjugação das mulheres ao domínio masculino.

Já nos anos 1960/70 os estudos sobre trabalhos reprodutivos ganham maior visibilidade política. Uma de suas dimensões trata da reprodução social (RS) ao reconhecer nesta atividade a sua importância na produção de mercadorias e reprodução da força de trabalho. O conceito de reprodução social ganha destaque neste contexto por integrar os de trabalho produtivo e trabalho reprodutivo, sem estabelecer hierarquias.

Ao longo dos anos, a partir das reivindicações das diversas correntes do movimento feminista, as discussões acerca da reprodução do trabalho foi ganhando maior institucionalização, e sendo inclusive incorporada pelas estatísticas oficiais. Os termos "trabalhos não remunerados" e "afazeres domésticos e de cuidados" passaram a ser utilizados na definição de políticas voltadas à valorização das atividades não monetizadas. As pesquisas de uso do tempo passaram a ser instrumentos importantes para a elaboração das políticas públicas e incorporação dos trabalhos não remunerados em contas satélites.

Podemos notar, neste sentido, que os conceitos de trabalhos reprodutivos, trabalhos não remunerados, afazeres domésticos e de cuidados convergem e divergem. Ainda que tratem do mesmo objeto, ou seja, os trabalhos voltados à manutenção da vida, os diferentes olhares estão relacionados com os objetivos a que se propõe.

Por outro lado, a existência de uma crise de cuidados recrudesce no capitalismo atual (PÉREZ OROZCO, 2012) já que parte importante dos trabalhos de cuidados realizados pelas mulheres, invisibilizados na sociedade e materializados por meio uma divisão sexual do trabalho tradicional, altera-se, trazendo à tona conflitos antes latentes. Os elementos centrais dessa crise dizem respeito à entrada massiva das mulheres no mercado de trabalho, à alteração nos modelos de famílias com diminuição do número de filhos e, de maneira mais recente, ao envelhecimento da população.

A partir deste preâmbulo, o objetivo deste capítulo é resgatar o debate sobre reprodução social, e identificar as principais diferenças conceituais entre a teoria de reprodução social, os trabalhos não remunerados e de cuidados e sua utilização no âmbito político e dos movimentos sociais. Buscamos também resgatar a crítica às escolas econômicas pela ausência de uma abordagem que integre o trabalho das mulheres na reprodução da força de trabalho. Além disso, mostraremos a evolução do conceito de reprodução social com a incorporação da dimensão dos cuidados em diálogo com outras autoras fora do campo da economia feminista e a atualidade do debate econômico sobre a reprodução social. Por fim, faremos uma análise das principais políticas que estão sendo adotadas nos países da América Latina a fim de fortalecer os sistemas de relações de cuidados.

O capítulo se divide em três partes, além desta introdução e da conclusão. Na primeira, iremos discorrer sobre o conceito de reprodução social e como este foi incorporado na perspectiva feminista de raiz marxista. Na segunda seção analisaremos as críticas das feministas à não incorporação dos trabalhos das mulheres na economia, e na terceira trataremos sobre a questão atual dos cuidados e influência nas políticas públicas nos países da América Latina.

O CONCEITO DE REPRODUÇÃO SOCIAL E A CRÍTICA AO SISTEMA CAPITALISTA

O conceito de reprodução social remonta às lutas pela visibilização dos trabalhos femininos que ocorreram principalmente nos anos 1960 e 1970. Estas foram protagonizadas pelas correntes feministas marxistas, que criticavam a dupla opressão feminina no sistema capitalista.

Dentro da teoria feminista de raiz marxista o conceito de reprodução social se refere aos trabalhos, desempenhados majoritariamente pelas mulheres, e relacionados à reprodução de pessoas em um aspecto amplo, referindo-se tanto aos cuidados com o bem-estar físico, quanto às emoções e relações interpessoais (PICCHIO, 2005). Há uma interdependência dos processos de produção de mercadorias e de reprodução e manutenção da força de trabalho, na medida em que os trabalhos ligados ao mercado produzem bens que são transformados pelos trabalhos reprodutivos – por exemplo para cozinhar, limpar a casa etc. – e os trabalhos reprodutivos, por sua vez, reproduzem a força de trabalho a ser utilizada no sistema mercantil. Segundo Picchio:

> O processo de reprodução requer mercadorias, e, por conseguinte, trabalho assalariado necessário para produzi-las, mas também, o trabalho não remunerado necessário para transformá-las para seu uso efetivo. Por exemplo, o trabalho necessário para cozinhar alimentos, lavar a roupa, limpar a casa. A porção deste trabalho "doméstico" que não recebe uma retribuição monetária (a maior parte deste trabalho), é geralmente ignorada no sistema econômico e nos sistemas de contas nacionais. Mais ainda, o processo de reprodução social, relativo à reprodução de pessoas, e não de objetos, requer também o trabalho de cuidar dos corpos, das emoções e das relações. Este trabalho também é invisível quando não é retribuído monetariamente (2005, p. 4, tradução nossa).[1]

A perspectiva feminista de raiz marxista amplia a visão da reprodução social para além da reprodução e manutenção dos indivíduos aptos a vender sua força de trabalho no mercado. Os trabalhos reprodutivos destinam-se também à manutenção dos indivíduos que, por diferentes motivos, não integram a força de trabalho assalariada, seja por estarem fora da força de trabalho (estudantes, aposentados), terem alguma doença ou incapacidade física e/ou mental, ou trabalharem exclusivamente para os trabalhos reprodutivos, dentre outros motivos.

---

1 No original: "El proceso de reproducción requiere mercancías y, por lo tanto, el trabajo asalariado necesario para producirlas, pero también el trabajo no remunerado necesario para transformarlas para su uso efectivo. Por ejemplo, el trabajo necesario para cocinar alimentos, lavar la ropa, limpiar la vivienda. La porción de este trabajo "domestico" que no percibe una retribución monetaria (la mayor parte de este trabajo), es generalmente ignorada en el análisis del sistema económico y en los sistemas de contas nacionales. Más aún, el proceso de reproducción social, relativo a la reproducción de personas y no de objetos, requiere también del trabajo de cuidar los cuerpos, las emociones y las relaciones. Este trabajo también es invisible cuándo no es retribuido monetariamente" (PICCHIO, 2005, p. 4).

Vogel (2000) distingue três diferentes formas de reprodução da força de trabalho: as atividades diárias, destinadas a restaurar as energias para o retorno ao mercado de trabalho; as mesmas atividades, mas destinadas à manutenção das pessoas que estão fora do mercado de trabalho; por fim, a produção de novas pessoas que irão substituir o trabalhador que morre ou não vende mais sua força de trabalho.

Bakker e Gill (2003, p. 32) analisam a reprodução social a partir de sua relação com os níveis micro (indivíduo), meso (instituições) e macro (formas de estado e a organização mundial). Esses níveis interagem com a ordem de gênero interligada com a ordem mundial. Existem três principais definições relacionadas à reprodução social, segundo as autoras: a reprodução biológica das espécies, em que se encontram condições como as mulheres gestam as crianças em diferentes sociedades; a reprodução da força de trabalho, relacionada aos trabalhos de subsistência, mas também educação e treinamento e, por fim, a reprodução das provisões e de cuidados, que podem ser ofertadas somente pelas famílias, ser totalmente socializadas, ou também podem expressar uma combinação de ambas. Estas dimensões se relacionam com a ordem de gênero que formam e são formadas pela ordem mundial.

Bakker e Gill (2003), também, se preocupam em entender as particularidades relacionadas às diferentes regiões do mundo e, também, como elas interagem dentro dos níveis macro, meso e micro no sistema capitalista globalizado. Por exemplo, o aumento da mercantilização da força de trabalho feminina, por um lado, levou à maior autonomia pessoal das mulheres e controle sobre as decisões de suas famílias, mas, por outro, intensificou o tempo de trabalho e as múltiplas responsabilidades e tarefas.

Ainda dentro da análise marxista, Saffioti (2013) indica que o sistema capitalista se apropria de estruturas anteriores, como patriarcado e racismo, para justificar a ocupação de espaços marginalizados dentro da esfera produtiva por determinados grupos de pessoas. A força de trabalho feminina, por consequência, seria relegada a ocupações vulneráveis e semiocupações. Mesmo em países industrializados, o trabalho feminino, em uma fase anterior, era absorvido majoritariamente nos setores primário e secundário do sistema produtivo e, hoje, esse trabalho é ressignificado e avança para o setor terciário, mas sempre recebendo menores salários e estando mais propenso a demissões.

> O modo capitalista de produção não faz apenas explicitar a natureza dos fatores que promovem a divisão da sociedade em classes sociais; lança a mão da tradição para justificar a marginalização efetiva ou potencial de certos setores da população do sistema produtivo de bens e serviços. Assim é que o sexo, fator de há muito selecionado como fonte de inferiorização social da mulher, passa a interferir de modo positivo para a atualização da sociedade competitiva, na constituição das classes sociais. (SAFFIOTI, 2013, p. 66)

O sistema capitalista convive com outras formas de produção, não capitalistas, ocupadas pela população de baixa renda. Um exemplo é o emprego doméstico, e outras categorias de trabalho de baixa qualificação e remuneração, em especial no âmbito rural, mas também urbano (SAFFIOTI, 1978). A população de baixa renda, dessa forma, flutuaria entre as atividades capitalistas e não capitalistas, a depender da conjuntura econômica em que o sistema se encontra:

> Nas formações sociais capitalistas, como é sabido, o modo de produção capitalista coexiste com as formas não capitalistas de trabalho. Trata-se de coexistência dinâmica e integrada. A força de trabalho, em sua integridade, não se fixa parte em atividades organizadas em moldes capitalistas e parte em funções econômicas não capitalistas. Há mobilidade de parcela da mão de obra que se desloca das atividades não capitalistas para as capitalistas em momentos de expansão do capitalismo e das últimas para as primeiras em momentos de retração deste sistema produtivo (SAFIOTTI, 1978, p. 183-184).

As mulheres, por consequência da sobrecarga dos trabalhos reprodutivos, estariam vulneráveis a compor o exército industrial de reservas, sendo esse fator determinante para a pauperização feminina. A exploração do trabalho doméstico não remunerado, especialmente das mulheres que vivem em uma situação semiproletarizada, possibilita aos capitalistas a expropriação da mais valia de duas formas: com a diminuição do salário total para a classe trabalhadora e com a exploração do trabalho de reprodução não remunerado (DANAWAY, 2014).

Partindo da teoria marxista do valor trabalho, a Teoria da Reprodução Social (TRS) analisa as relações existentes no sistema capitalista entre a produção de mercadorias e reprodução da mercadoria força de trabalho, em particular, de forma integrada e interagindo sistematicamente. Também analisa como essas relações interagem com os diferentes tipos de opressões e explorações que estruturam o sistema capitalista e se modificam histórica e geograficamente. A teoria econômica e as estatísticas oficiais em geral excluem os trabalhos voltados à reprodução da sociedade, quando não remunerados, bem como as pessoas que realizam estes trabalhos, em sua análise. Segundo Bhattacharya (2017, p. 3)

> A percepção fundamental do STR [Sistema de Reprodução Social] é, simplificando, que o trabalho humano está no coração da criação ou reprodução da sociedade como um todo. O capitalismo, no entanto, reconhece somente o trabalho produtivo voltado para o mercado como a única forma legítima de "trabalho", enquanto uma grande quantidade de trabalho realizado pela família e pela comunidade para sustentar e reproduzir os trabalhadores, e, mais especificamente, sua força de trabalho é naturalizada como não existente. Contra isso, as teorias de reprodução social investigam a relação entre o trabalho dispendido para produção de commodities e os trabalhos dispensados para a produção de pessoas como parte sistêmica totalizante do capitalismo. Essa abordagem procura visibilizar o trabalho que é analiticamente escondido pelos economistas clássicos e politicamente negado pelos decisores políticos (BHATTACHARYA, 2017, p. 3, tradução nossa)[2]

O fato de os trabalhos reprodutivos serem realizados fora do mercado e de forma não remunerada, em um mundo onde o dinheiro é o principal veículo de poder, torna as pessoas que realizam prioritariamente este trabalho subordinadas às que o recebem. Ainda que relegados fora da esfera do mercado, o sistema capitalista depende para a sua sobrevivência dos trabalhos reprodutivos, ao mesmo tempo em que o processo de acumulação de capital coloca em risco as condições para manutenção da reprodução social.

AS TRANSFORMAÇÕES CONCEITUAIS E O PROCESSO DE REPRODUÇÃO SOCIAL NA ABORDAGEM DA TEORIA ECONÔMICA

Os primeiros debates econômicos nos marcos do feminismo buscavam o reconhecimento do trabalho doméstico como trabalho, colocando em

2 No original: "The fundamental insight of SRT [Social Reproduction System] is, simply put, that human labor is at the heart of creating or reproducing society as a whole. [...] Capitalism, however, acknowledges productive labor for the market as the sole form of legitimate "work", while the tremendous amount of familial as well as a communitarian work that goes on to sustain and reproduce the worker, or more specifically her labor power, is naturalized into nonexistence. Against this, social reproduction theorists perceive the relation between labor dispensed to produce commodities and labor dispensed to produce people as part of the systemic totality of capitalism. The framework thus seeks to make visible labor and work that are analytically hidden by classical economists and politically denied by policy makers."

questionamento as teorias até então vigentes. É importante frisar que a abordagem da reprodução social na economia é muito antiga, e tanto Ricardo quanto Marx enfocaram a análise econômica baseando-se em características reprodutivas. Os sistemas socioeconômicos para poderem existir precisavam reproduzir suas próprias condições de existência. (CARRASCO, 2017, p. 5).

Ainda de acordo com Carrasco, nos marcos da economia feminista o conceito de cuidados como parte dos trabalhos realizados nos lares surge a partir do feminismo italiano dos anos de 1960 e 1970 e passa a integrar o conceito de reprodução social como parte relevante desse processo: "A conceituação de processo de reprodução social não incluía o cuidado como aspecto constituinte e fundamental até que foi visibilizado e nomeado a partir do feminismo." (CARRASCO, 2017, p. 16).

Assim, a ideia de reprodução social se amplia para incorporar os cuidados, mas, também, simultaneamente, amplia-se o conceito de cuidados para considerar como tais todos os trabalhos orientados para o cuidado da vida e realizado fora dos domicílios.

Portanto, uma das contribuições mais significativas da economia feminista é a sua análise sobre o cuidado na perspectiva de sustentabilidade da vida em que situa a interdependência entre os sujeitos, mas também evidencia as conexões entre o funcionamento econômico e o trabalho doméstico e de cuidados.

De acordo com Pérez Orozco, não é possível questionar como cada pessoa sustenta a sua vida, nem compreender a economia como uma soma de individualidades uma vez que a economia é um fato social, uma rede de interdependência. A questão que se coloca, portanto, é como se organizar e de forma comum para que a vida aconteça e como tratamos com essa interdependência. (2014a, p. 80).

Conforme descreve Hirata (2018b), no Brasil existe uma continuidade entre os estudos feministas sobre trabalho, divisão sexual do trabalho e trabalho doméstico e de cuidados. Para Moreno (2019), na recuperação histórica do debate sobre o cuidado no campo da economia feminista, localiza-se o debate sobre trabalho doméstico, nos anos de 1970, de modo que ao mesmo tempo em que há um reconhecimento de origens, marca-se também uma diferenciação entre os limites daquele debate e a emergência contemporânea de noção de cuidado (CARRASCO; BORDERIAS; TORNS, 2011; RODRÍGUEZ ENRIQUE, 2013;

PÉREZ OROZCO, 2014b). Essas autoras compartilham a avaliação de que o debate sobre o trabalho doméstico na década de 1970 esbarrou em limites, uma vez que procurou enquadrá-lo a partir da articulação produção/reprodução, procurando equivalências conceituais que não se sustentavam.

Para essas autoras (HIRATA; KERGOAT, 2003, p. 122), o movimento de ampliação do trabalho doméstico e de cuidado, na experiência brasileira, tem raízes históricas estruturais no mercado de trabalho pós-abolição, construído a partir de uma lógica profundamente racista (GONZALEZ, 2018). Ainda para Souza-Lobo (2011, p. 168) a precariedade das formas de reprodução social no âmbito da sociedade e do Estado reforçam o papel das mulheres nessa esfera sob duas condições: para as mulheres dos setores populares, o trabalho doméstico é a estratégia de sobrevivência ao mesmo tempo em que se cria demanda privada de serviços domésticos assalariados.

Retomando a crítica socialista voltada à invisibilidade dos trabalhos reprodutivos na perspectiva marxista, o movimento feminista liberal também incorpora em sua agenda a crítica à invisibilidade dos trabalhos exercidos pelas mulheres nos domicílios. Em paralelo à ascensão do pensamento econômico clássico e neoclássico, surgiram as críticas por parte do movimento feminista que reivindicava o reconhecimento das mulheres como cidadãs dentro da sociedade capitalista, a igualdade de direitos e o reconhecimento dos trabalhos não remunerados.

Ao não incorporar o trabalho doméstico dentro de uma perspectiva analítica global, a Economia Clássica não enxerga seu sujeito como parte do sistema econômico, na condição de produtor ou consumidor e, como consequência, não inclui em sua abordagem as desigualdades de gênero no mercado de trabalho que advêm da referida separação. O emprego feminino seria circunstancial e complementar ao masculino. Este modo de pensar foi alvo de críticas das primeiras economistas feministas, em que se destacam Priscilla Wakefield, Julie Victoire Daubié, Barbara Bodichon, Harriet Taylor e Ada Heather-Bigg (CARRASCO, 2006).

Estas teóricas denunciaram a invisibilidade do trabalho feminino dentro da teoria clássica, bem como a exclusão das mulheres dos trabalhos melhor remunerados, o que as levaria à situação de pobreza. Além da questão do trabalho, outros aspectos importantes abordados foram as diferenças legais entre homens e mulheres e a falta de liberdade feminina para a escolha profissional, de educação e de pensamento, e para tomar suas próprias decisões, já que elas eram "tuteladas" por homens (CARRASCO, 2006).

De acordo com Jefferson e King (2001), o primeiro teórico que excluiu explicitamente os trabalhos domésticos do escopo da economia foi Alfred Marshall, segundo o qual, seriam consideradas econômicas somente as atividades que poderiam ser mensuradas em termos monetários ou que poderiam ser trocadas. Marshall influenciou a definição de Arthur Cecil Pigou sobre a renda nacional, que considera todos os bens e serviços que podem ser comprados monetariamente, mesmo que fossem serviços utilizados para a manutenção da casa. Segundo sua lógica, se um homem casasse com a sua empregada doméstica a renda nacional diminuiria.

Uma das exceções entre os economistas clássicos, foi o economista e filósofo John Stuart Mill, crítico sobre o papel subordinado da mulher na sociedade, Mill foi importante defensor do voto feminino, tendo apresentado uma petição sobre o sufrágio das mulheres no Parlamento Britânico em 1866, foi também casado com a feminista e sufragista Harriet Taylor, e escreveu o livro *The Subjection of women*, em 1869, defendendo a igualdade de direitos entre homens e mulheres como fator importante para o desenvolvimento da humanidade.

Pujol (1992) aponta que, a despeito da importância de Mill e Taylor relativa ao trabalho feminino e aos direitos políticos das mulheres, os autores não enxergavam o trabalho doméstico como produtivo, tampouco possuíam uma crítica à estrutura capitalista e de propriedade que servem para perpetuar as relações patriarcais de poder. Além disso, de forma diferente de Taylor, Mill não enxergava que as relações idealizadas por ele, de família e casamento perpetuam a sujeição das mulheres na sociedade, já que o casamento seria uma alternativa de sobrevivência das mulheres em uma sociedade que as exclui dos recursos financeiros, o que aproxima sua visão à de Adam Smith.

Ainda que a teoria clássica não tenha incorporado o trabalho doméstico em seus esquemas analíticos de maneira global, ela reconhece de alguma maneira a importância destes para a reprodução da força de trabalho. Por outro lado, tanto na escola marginalista como nas primeiras décadas da teoria econômica neoclássica, os trabalhos domésticos são negligenciados e invisíveis, já que o seu enfoque deixa de ser a teoria do valor trabalho, passando a se concentrar nas escolhas racionais dos agentes econômicos em mercados. Os neoclássicos irão examinar o trabalho doméstico somente a partir dos anos 1960, com a Nova Economia Doméstica. Por esta perspectiva, o homem é considerado um ser racional, que faz escolhas baseado na maximização da utilidade, de modo que as questões de segregação e as diferenças salariais por gênero seriam determinadas por fatores exógenos ao sistema mercantil. Além disso, a perspectiva neoclássica considera as mulheres como mães e especializadas nos trabalhos voltados para o cuidado; dessa forma, as esposas tenderiam a ser dependentes de seus maridos por serem menos produtivas e racionais (CARRASCO, 2006).

Por procurar explicações para as desigualdades de gênero a partir das diferenças inatas entre mulheres e homens, a teoria neoclássica se afasta em sua totalidade da teoria feminista. Esta procura explicar as diferenças de gênero por meio de uma análise crítica da relação social de opressão das mulheres pelos homens e a repercussão dessas desigualdades dentro do sistema econômico e social.

As primeiras pesquisas feministas que tratavam sobre os trabalhos domésticos e a questão de gênero foram realizadas no século XIX, nos Estados Unidos, por Helen Stuart Campbell e Charllotte Perkins Gilman. Campbell se preocupou com a pobreza das mulheres, relacionando-a com o trabalho doméstico. Gilman, por sua vez, parte do reconhecimento do lar como um centro de produção em que tanto a tecnologia como as condições de trabalho são precárias e não evoluem como a economia industrial. A autora enxerga a necessidade de incorporação das atividades domésticas pelo mercado a fim de liberar as mulheres para os trabalhos mercantis (CARRASCO, 2006).

Contudo, a obra pioneira a tratar especificamente sobre a produção doméstica é de Margaret Gilpin Reid: *The economics of household production*, de 1934. Nesta, Reid propõe um conceito de produção doméstica que tenha como referência o mercado. Além disso, busca analisar as melhores maneiras de definir um valor monetário ao trabalho doméstico não remunerado.

Mais recentemente, a partir dos anos 1990, a questão de gênero dentro da economia ganha uma linha de investigação própria a partir da Economia Feminista. Esta surgiu com a inclusão de pautas concernentes às perspectivas feministas sobre a economia na conferência anual da "American Economic Association". Sua consolidação ocorreu com a criação da "International Association for Feminist Economics" em 1992, e com a publicação da revista *Feminist Economics*, a partir de 1995 (CARRASCO, 2006). Atualmente, essa linha de pesquisa abrange várias escolas do pensamento econômico – marxista, institucionalista, pós-keynesiana – e tradições do feminismo – radical, socialista, liberal –, bem como comunga com outras áreas das ciências humanas, como sociologia, história e antropologia.

As primeiras contribuições das economistas feministas ao tema dos cuidados se deram no início dos anos de 1990 e com destaque para os artigos publicados por Himmelweit (1995) e Folbre (2015) na revista *Feminist Economics*. Ambos abordam o tema do ponto de vista conceitual destacando as conexões subjetivas e emocionais que diferenciam do trabalho medido e pago. Para Himmelweit (1995), a conceituação de trabalho doméstico formulada pelo feminismo nos anos de 1970 era reducionista ao adotar como referência o trabalho assalariado, um conceito de trabalho abstrato produtor de mercadorias, excluindo da definição outras tarefas como aquelas relacionadas as atividades de cuidados. A autora também propunha que nossas sociedades deveriam estar orientandas para as atividades de cuidado e não para o trabalho no mercado (CARRASCO; BORDERIAS; TORNS, 2011, p. 37).

As elaborações de Folbre (1995) enfatizam a relação mercado e vida, a subvalorização dos cuidados presente nas distintas teorias econômicas. A mediação do tempo de distintas tarefas foi mostrando a existência de algumas que eram difíceis de serem quantificadas em razão de aspectos subjetivos que estão presentes. Como medir atividades que implicam suporte e cuidado emocional.

Essas autoras propõem uma ruptura com as abordagens anteriores ao destacar a valorização do trabalho doméstico e de cuidados para além de busca e reconhecimento em termos de trabalho de mercado e passou-se a valorizar o trabalho realizado por suas próprias características e por sua importância para o cuidado e o bem-estar das pessoas.

Uma das contribuições mais importantes da economia feminista é a sua incorporação ao circuito macroeconômico. Ao integrar a economia de cuidados aos modelos econômicos, destaca-se a sua contribuição para a sustentabilidade da vida humana.

O AVANÇO NA AGENDA DE CUIDADOS E O DEBATE NO BRASIL E NA AMÉRICA LATINA

Esta seção será dedicada à análise da situação atual dos trabalhos reprodutivos não remunerados, indicando como eles foram incorporados na agenda das Nações Unidas, das Estatísticas do Trabalho e das políticas públicas. Também iremos discorrer sobre as políticas adotadas no âmbito dos países da América Latina, em que se destaca principalmente o Uruguai, com o desenvolvimento do Sistema Integral de Cuidados em 2015.

O reconhecimento do cuidado como base para a sustentabilidade da vida é uma contribuição importante das economistas feministas. O cuidado é uma necessidade de todas as pessoas ao longo da vida, intensificada por motivos de idade ou de saúde (crianças menores, idosos, pessoas com deficiência). O direito ao cuidado inclui a garantia de ser cuidado, mas também os direitos das pessoas que cuidam. O cuidado é um bem público essencial para o funcionamento da sociedade e da economia, o exercício dos direitos e a igualdade. Mas sua forma atual de organização gera e aprofunda a pobreza e a desigualdade.

A divisão sexual do trabalho faz com que a maior parte dos cuidados seja assegurada pelo trabalho das mulheres no âmbito das famílias, de forma não remunerada, com profundos impactos nas condições de participação feminina em várias esferas da sociedade, especialmente no mundo do trabalho. E mesmo quando esse trabalho é realizado de forma assalariada, na maior parte das vezes os salários são baixos e sem a garantia de direitos.

As mulheres são as principais, senão exclusivas, prestadoras de cuidados. A atual organização social do cuidado é baseada em um modelo de cuidado familiar que se sustenta no trabalho não remunerado das mulheres e cada família resolve como pode, geralmente comprometendo o tempo e o bem-estar das mulheres, com limitada ou inexistente solidariedade entre os demais membros da família. De acordo com dados da Comissão Econômica para a América Latina e o Caribe – Cepal (2011), a carga do trabalho doméstico e de cuidado não remunerado é maior entre as mulheres mais pobres, o que contribui para a reprodução da pobreza e da desigualdade social. Esta realidade tem importantes repercussões sobre as meninas, considerando que 70% das jovens que não estudam nem estão engajadas em trabalhos assalariados não o fazem por motivo de estarem ocupadas em atividades domésticas e de cuidado não remuneradas; aproximadamente metade já são mães. Essa proporção é bem maior entre jovens afrodescendentes e mulheres indígenas. Ainda de acordo com fontes da Cepal para a América Latina e Caribe, entre 2000 e 2050, o número de pessoas com dependência moderada dobrará e a dependência severa aumentará significativamente[3]. Nesse sentido, a organização social do cuidado requer respostas públicas e sistemas integrados. Tema presente nas agendas globais e regionais e vem ganhando força nos diversos países do mundo, o que é ilustrado nas conferências internacionais da Organização das Nações Unidas (ONU) e da Organização Internacional do Trabalho (OIT), bem como nas políticas regionais. Os esforços que uniram movimentos feministas, de pesquisadoras(es) e ativistas resultaram em mudanças importantes tanto nas estatísticas de trabalho, com a ampliação do conceito de trabalho, bem como na formulação de pesquisas de uso do tempo, contas satélites sobre trabalhos não remunerados e políticas voltadas aos trabalhos não remunerados, dentro de sistemas integrados de trabalhos de cuidados.

Em nível internacional, alguns marcos importantes ganham destaque, como a Convenção para a Eliminação de todas as formas de Discriminação Contra a Mulher (CEDAW, sigla em inglês para Convention on the Elimination of All Forms of Discrimination Against Women), de 1991, esta incluiu na recomendação 16, sobre as "Mulheres que trabalham sem remuneração e em empresas familiares rurais e urbanas". O documento indica a necessidade de os Estados tomarem medidas necessárias para garantir a remuneração, seguridade social e prestações sociais às mulheres que trabalham sem receber remuneração. A Convenção recomenda ainda a necessidade de mensurar os trabalhos não remunerados, argumentando que há um alto percentual de mulheres exercendo-os e que estes constituem uma forma de exploração feminina (CEDAW, 1991).

Ainda no âmbito internacional, cabe destacar o Relatório da Quarta Conferência Mundial sobre a Mulher, realizada em Pequim em 1995, que define, dentre os objetivos estratégicos, o A4: "Desenvolver metodologias baseadas no gênero e realizar pesquisas voltadas para o problema da feminização da pobreza". Também se destaca o objetivo H.3: "Elaborar e divulgar dados e informações desagregados por gênero para fins de planejamento e avaliação" (ONU, 1995). Mais recentemente, a agenda de gênero e dos trabalhos não remunerados ganham espaço no relatório "Objetivos do Desenvolvimento Sustentável" (ODS).

Concomitante aos marcos internacionais relacionados aos direitos das mulheres, e ao reconhecimento dos trabalhos não remunerados, destaca-se o

3 O conceito de dependência utilizado no relatório da Cepal é baseado nos critérios da Organização Mundial da Saúde (OMS), que classifica como: "dependência severa: pessoas que necessitam de cuidados diários; dependência moderada: pessoas que eventualmente podem requerer ajuda periódica."

desenvolvimento de metodologias para harmonizar a mensuração do tempo nos diversos países do mundo. Ganha destaque, nesse ínterim, a International Classification of Activities for Time-Use Statistics (ICATUS), realizada pelas Nações Unidas, que incorpora os Objetivos do Desenvolvimento Sustentável supracitados. Para tanto, amplia o conceito de trabalho, conforme as resoluções das comissões de estatística, a fim de estimar todas as suas formas, incluindo os não remunerados, os voltados para o mercado ou não (UNSD, 2017). A ICATUS utiliza o conceito de trabalho adotado pela 19ª Sessão da Conferência Internacional das Estatísticas do Trabalho (ICLS) de 2013, que realizou a primeira definição estatística do que é considerado trabalho, ampliando as suas fronteiras.

Os esforços para ampliar o conceito de trabalho, padronizar formas de mensuração, levaram à definição de recomendações voltadas ao reconhecimento dos trabalhos não remunerados e ao desenvolvimento das pesquisas de uso do tempo. Estas são extremamente importantes tanto para a análise da qualidade de vida das pessoas como para identificar as desigualdades de gênero, mas também de raça e classe na distribuição dos trabalhos remunerados e não remunerados. Nesse sentido, são importantes ferramentas no desenvolvimento de políticas públicas com viés de gênero.

Atualmente, as pesquisas de uso do tempo são realizadas em diversos países de forma periódica, principalmente entre os desenvolvidos. A OIT, em 2018, identificou 117 pesquisas coletadas em 94 países entre os anos de 2000 a 2016. Dentre as regiões, as pesquisas são encontradas comumente na Europa Central e Ásia, em que se constata 43 pesquisas, seguido das Américas, com 34 pesquisas identificadas, e Ásia e Pacífico, onde foram constatadas 20 pesquisas. Já na África e nos Estados Árabes, foram constatadas 16 e 4 pesquisas somente (ILO, 2018).

Dentre os países do Sul Global, a América Latina se destaca em relação aos marcos institucionais de apoio às políticas voltadas para os trabalhos reprodutivos. Ganha evidência, nesse sentido, a 10ª Conferência Regional sobre a Mulher na América Latina e Caribe que decorreu no Consenso de Quito em 2007, o Consenso de Brasília, fruto da 11ª Conferência regional sobre a Mulher em 2010. Neste último, foi definido o programa 3R: reconhecer, redistribuir e reduzir os cuidados. No âmbito da pandemia da covid-19, destaca-se o Compromisso de Santiago, em 2021, que trata sobre medidas para alcançar a igualdade de gênero em resposta à crise da covid-19.

Atualmente há um debate importante na América Latina, mas também no Brasil, sobre a necessidade de avançar no reconhecimento do cuidado como um bem público, um direito de todas as pessoas e um elemento central e transversal dos sistemas de proteção social. As propostas são no sentido de fortalecer políticas, serviços e equipamentos públicos de cuidado dirigidos a crianças, pessoas idosas, com deficiências e enfermas de longa duração que apoiem as famílias e promovam relações mais equitativas entre homens e mulheres no seu interior e contribuam a diminuir a carga de trabalho doméstico e de cuidados não remunerado exercido fundamentalmente pelas mulheres, liberando o seu tempo para a educação, capacitação profissional, participação política e comunitária, lazer e cultura. A exemplo de creches, refeitórios, restaurantes e lavanderias populares, centros de cuidado de idosos e de pessoas com deficiência, entre outros.

Diversos países latino-americanos implementaram políticas voltadas aos cuidados, abrangendo desde a elaboração de pesquisas de uso do tempo, a exemplo da Colômbia, Venezuela e Equador, até políticas de expansão das licenças maternidade e paternidade, direitos de licença parental, leis antidiscriminação às gestantes. No entanto, poucos são os modelos de sistemas de cuidados integrativos e com olhar sistêmico. Um exemplo importante e que serve como modelo para a região é o Sistema Nacional Integrado de Cuidados (SNCI), desenvolvido no Uruguai a partir da Lei 19.353 de 2015.

A concepção do SNCI parte da ideia de que os trabalhos de cuidados se inserem em um universo amplo de políticas sociais e setoriais, como as voltadas para o mercado de trabalho. Além disso, entende-se que os cuidados possuem influência e são influenciados pelas políticas de educação, saúde, seguridade social e trabalhistas. Há, portanto, uma inovação na concepção de classe trabalhadora, em que as normas deixam de estar voltadas dentro de um modelo de provedor universal, para um modelo de cuidador universal, em que a(o) trabalhador(a) seja concebida(o) sempre como alguém com responsabilidades de cuidados (SIERRA, 2021).

Outras iniciativas importantes de programas de cuidados sistêmicos foram elaboradas na República Dominicana, a partir do Gabinete de Coordenação de Políticas Sociais, em que está se debatendo a possibilidade de estabelecer políticas com foco no Piso Básico de Proteção Social. A formação do grupo

Interinstitucional Impulsor das Políticas de Cuidados no Paraguai, em 2019, encarregado de formular as políticas Nacionais de Cuidados, neste ano também foi publicado o "Documento Marco para el Diseño de la Política Nacional de Cuidados en el Paraguay". A Colômbia também se destaca no empenho de realizar um sistema integral de cuidados com a criação do sistema distrital de cuidados (FES, 2021, p. 48).

Apesar dos avanços, os sistemas de cuidados na América Latina apresentam muitas brechas que vão desde a abrangência restrita, a falta de integração com políticas setoriais, como saúde e educação, bem como falta de informações e monitoramento. Algumas características gerais do sistema de cuidados na América Latina são traçadas por FES (2021, p. 39 e 40):

a) As legislações relativas aos cuidados não possuem como prerrogativa a mudança nas normas de gênero – a exemplo disso, as licenças maternidades são muito mais extensas do que as licenças paternidades;
b) Os direitos aos cuidados são garantidos principalmente para as trabalhadoras e trabalhadores formais, a despeito do percentual elevado de informalidade na região, e ainda, que boa parte destas(es) são mulheres;
c) Falta de oferta de cuidados para o período de lactância, e a não correspondência entre os horários de trabalho remunerado e a oferta de horários escolares, situações que são resolvidas por meio de arranjos familiares em que as mulheres em geral escolhem horários mais flexíveis;
d) A oferta de cuidados ocorre principalmente para a primeira infância, sem considerar outros grupos populacionais demandantes de cuidados, como as pessoas idosas, adultos doentes, adultos com necessidades especiais. Este ponto é especialmente importante considerando o crescimento demográfico na região.

Outra característica importante elencada por FES (2021) é a falta de informações sobre a cobertura dos serviços, o que ocorre inclusive nos programas voltados para a primeira infância, o que dificulta o controle das metas e implementação dos planos. Nesse sentido, é importante ressaltar sobre a necessidade de as políticas de cuidados estarem integradas e articuladas em sistemas bem monitorados, em que se conectam as normas, políticas, programas e serviços. As políticas de cuidados devem, portanto, estar relacionadas com as de geração de emprego, de renda, partindo das normas de gênero, raça, idade e território.

Há muitos desafios na implementação da agenda de políticas de cuidados, para que ocorra de forma integrativa, e que abranja os diferentes atores e atrizes sociais. Os avanços, por outro lado, são muito importantes, considerando a potencialidade de impacto sobre toda a sociedade, sobretudo para as mulheres. Estas se beneficiam com maiores oportunidades de emprego formal e ampliação de acesso a recursos tanto monetários como de tempo. A sociedade como um todo, ao incluir a reprodução como central nas políticas públicas, se beneficia com melhoria nos indicadores sociais relacionados à saúde, educação e renda.

De acordo com Godinho e Silveira (2022, p. 30) há toda uma rede de ações necessárias para a construção de uma política integrada de cuidados, com destaque para as seguintes áreas: as necessidades do cuidado decorrente do envelhecimento, o cuidado infantil, a imensa gama de cuidados relacionados à saúde e seguridade social, os afazeres demandados no âmbito doméstico cotidiano, a demanda por alimentação e, finalmente, o acesso à renda.

No Brasil, a frágil implantação de políticas sociais e as mudanças demográficas com o rápido envelhecimento da população se conjugam de forma perversa com os níveis de pobreza, com as mudanças nas estruturas familiares e um alto número de famílias chefiadas por mulheres de baixa renda, associadas à inserção feminina em trabalhos precários e de baixo rendimento, criando um círculo de vulnerabilidade e pobreza.

Pensar no cuidado como política integrada, que articule as distintas necessidades da reprodução cotidiana da vida, exige uma mudança nas relações sociais visando a romper com a cômoda e invisibilizada divisão sexual do trabalho, o que demanda ações em distintas áreas. Além da efetiva priorização de investimento na consolidação de uma rede de serviços públicos, distribuindo socialmente o alto custo pessoal do tempo e do trabalho despendido pelas famílias – leia-se mulheres – nas tarefas do cuidado, é preciso dar visibilidade à imensa desigualdade social que torna o acesso aos recursos necessários para o cuidado das pessoas um privilégio de classe.

CONSIDERAÇÕES FINAIS

A urgência por uma reorganização social dos cuidados lança luz em um conjunto de agentes sociais coletivos envolvidos, como famílias, Estado, mercado e comunidade. Os cuidados são um aspecto estratégico a partir do qual é possível questionar a perversidade de um sistema socioeconômico que nega a responsabilidade social pela sustentabilidade da vida. Faz recair sobre os grupos familiares essa responsabilidade, concentrando-se de forma excessiva no trabalho não pago das mulheres.

A premissa de que o cuidado das pessoas é central para o bem-estar é cada vez mais posicionado na sociedade saindo da esfera familiar para a esfera pública. Assim, a agenda em relação ao trabalho doméstico e de cuidados ganha cada vez mais relevância nos debates vinculados à formulação e implementação de políticas públicas, bem como é parte de estudos acadêmicos em várias disciplinas e no movimento feminista.

O fato é que há vários anos se identifica uma crise dos cuidados como um "complexo processo de desestabilização de um modelo prévio de divisão das responsabilidades sobre os cuidados e a sustentabilidade da vida que acarreta em uma redistribuição e reorganização do trabalho de cuidados" (PÉREZ OROZCO, 2012). Ou seja, mesmo que nunca tenha sido a realidade de todas as pessoas, já não é possível mais operar com a normatização de que há sempre uma mulher totalmente disponível para o trabalho doméstico e de cuidados em famílias heterossexuais mantidas pelo homem provedor com seu salário.

Porém um fator determinante no debate sobre a implementação de políticas públicas é o crescimento de orientações produzidas no âmbito dos organismos internacionais no interior do debate sobre desenvolvimento. Isso ganhou mais relevância a partir do reconhecimento da crise dos cuidados que foi intensificada pelos processos de liberalização da economia. Um elemento dessa crise e que pressiona a definição de respostas globais é o processo de migrações para os países desenvolvidos em que um dos elementos determinantes é a resposta à demanda por trabalhadoras(es) no cuidado de crianças e, em particular, dos idosos. Há um aumento da delegação dos cuidados nos países do Norte, fenômeno que ficou conhecido como globalização das cadeias de cuidado. As mulheres que migram para o trabalho de cuidados também precisam delegar o cuidado de seus filhos nos seus países de origem.

Afrontar a profunda desigualdade em relação ao trabalho doméstico e de cuidados pressupõe problematizar uma possível visão homogênea dos quatro níveis de provisão de cuidados: família, mercado, Estado e comunidade. Em particular, é fundamental reforçar o papel do Estado e buscar diminuir o papel do mercado. Essa perspectiva, inclusive, é o que poderá contribuir para que as políticas de conciliação sejam mais efetivas para garantir um horizonte de alteração das bases da desigualdade de classe, raça e gênero. Essa proposição vinculava à compreensão que a lógica do mercado de acumulação é incompatível com a lógica de colocar o cuidado no centro, como prioridade.

REFERÊNCIAS

BAKKER, I; GILL S. “Ontology, Method, and Hypotheses”. In: BAKKER, I; GILL, S. *Power, Production and Social Reproduction*. New York: Palgrave Macmillan, 2003.

BAKKER, I; GILL S. “Neo-liberal governance and the Reprivatization of Social Reproduction: Social Provisioning and Shifting Gender Orders”. In: BAKKER, I; GILL, S. *Power, Production and Social Reproduction.* New York: Palgrave Macmillan, 2003.

BAKKER, I; GILL S. “Social Reproduction and the constitution of a gendered political economy”. *New Political Economy.* Vol. 12, n. 4, p. 541 – 556, 2007.

BHATTACHARYA, T. *Social Reproduction Theory.* London: Pluto Press, 2017.

CARRASCO, C. “La economia feminista: uma apuesta por otra Economía”. In: VARA, M. J.*Estudios sobre género y economia.* Madrid: Coleccion Economia actual, Akal, 2006

CARRASCO, C.; BORDERÍAS, C.; TORNS, T. “Introducción. El trabajo de cuidados: antecedentes históricos y debates actuales”. In: CARRASCO, C.; BORDERÍAS, C.; TORNS, T. (Org.) *El trabajo de cuidados: historia, teoría y políticas. Colección Economía Crítica y Ecologismo Social.* Madrid: Catarata, 2011.

CARRASCO, C. “La economia feminista. Um recorrido a través del concepto de reproduccíon”. *Ekonomiaz.* Revista vasca de Economia, 2017, vol. 91, p. 50-75.

CEPAL. *La protección de la salud en el marco de la dinámica demográfica y los derechos,* Chile, marzo de 2011. https://repositorio.cepal.org/bitstream/handle/11362/7137/1/S1100140_es.pdf.

COMITÉ PARA LA ELIMINACIÓN DE LA DISCRIMINACIÓN CONTRA LA MUJER – CEDAW. *Recomendação Geral n. 16* Décimo período de sessões. 1991a. Disponível em: http://www.un.org/womenwatch/daw/cedaw/recommendations/recomm-sp. htm. Acesso em: 23 ago. 2018.

DANAWAY, W. "Through the Portal of the Household: Conceptualizing Women's Subsides to Commodity Chains". In: DANAWAY, W. *Gendered Commodity Chains: Seeing Women's Work and Households in Global Production.* California: Stanford University Press, 2014. pp. 1-15.

FRIEDRICH EBERT STIFTUNG, FES. *Los cuidados del centro de la vida al centro de la política.* Tomo 3, Cono Sur. Santiago, 2021.

FOLBRE, N. *Who pays for the kids? Gender and structures of constraint.* London and New York: Routledge, 2003.

FOLBRE, N., CLOSE, M. M., SUH, J. "Equivalence scales for Extended Income in the U.S., 2016". *Review of Economics of the Household.* Jun 2018, Vol, 16 pp. 189-227.

GODINHO, T; SILVEIRA, M.L. "O cuidado como fundamento da sustentabilidade da vida e a organização social dos cuidados". In: *Políticas Públicas para as Mulheres. Núcleo de Acompanhamento de Políticas Públicas* - Mulheres, Fundação Perseu Abramo, jan. de 2022.

GONZALEZ, L. *Primavera para as rosas negras. Lélia Gonzalez em primeira pessoa.* São Paulo: UCPA: Diáspora Africana, 2018.

HIRATA, H.; KERGOAT, D. "A divisão sexual do trabalho revisitada". In: MURUANI, M.; HIRATA, H. (Org.) *As novas fronteiras da desigualdade: homens e mulheres no mercado de trabalho.* São Paulo: Senac, 2003.

HIRATA, H. "Por uma arqueologia do saber sobre cuidado no Brasil: a influência da investigação sobre os cuidados na França no campo dos estudos de cuidado no Brasil". *Congresso Latinoamericano de Estudios de género y cuidados.* Apresentação oral. Montevidéu, 5 nov. 2018b.

INTERNATIONAL LABOR ORGANIZATION – ILO. *Care work and care jobs for the future of decente work.* Genebra: jun. 2018a.

INTERNATIONAL LABOR ORGANIZATION – ILO. *General Report, Report I, Twentieth International Conference of Labor Statisticians*, Genebra, Outubro, 2018b. Disponível em: https://www.ilo.org/stat/Publications/WCMS_644595/lang--en/index.htm.

JEFFERSON T.; KING, J. Never intend to be a theory of everything: domestic labor in neoclassical and marxian economics. *Feminist Economics,* Huston, vol. 7, n.3, pp. 71-101, 2001.

KON, A. "Considerações teóricas sobre a divisão sexual do trabalho na família: repercussões sobre o mercado de trabalho". *Seminário: As famílias e as políticas públicas no Brasil, ABP – GT População e Gênero, Anais.* Belo Horizonte, 2005.

MORENO, R. F. C. *Entre a família, o Estado e o mercado: mudanças e continuidades na dinâmica, distribuição e composição do trabalho doméstico e de cuidados.* Tese de doutorado. Universidade de São Paulo – USP. São Paulo, 2019.

ORGANIZAÇÃO DAS NAÇÕES UNIDAS – ONU. *Declaração e Plataforma de Ação da IV Conferência Mundial sobre a Mulher.* Pequim, 1995. Disponível em: http://www.onumulheres.org.br/wp-content/uploads/2015/03/declaracao_pequim1.pdf. Acesso em: 20 ago. 2018.

ORGANIZAÇÃO DAS NAÇÕES UNIDAS BRASIL – ONUBR. *Documentos Temáticos: objetivos de Desenvolvimento Sustentável.* Brasília, 2017. Disponível em: http://www.br.undp.org/content/brazil/pt/home/library/ods/documentos-tematicos--ods-1--2--3--5--9--14.html. Acesso em: 20 ago. 2018.

PÉREZ OROZCO, A. *Subversión feminista de la economía: aportes para um debate sobre el conflito capital-vida.* Madrid: traficantes de Suenos, 2014a.

PÉREZ OROZCO, A. "Del trabajo doméstico al trabajo de cuidados". In: CARRASCO, C. (Org.) *Con voz propia: la economía feminista como apuesta teórica y política.* Madrid: La Oveja Roja, 2014b.

PÉREZ OROZCO, A. "Ameaça tormenta: a crise dos cuidados e a reorganização do sistema econômico". In: FARIA, Nalu & MORENO, Renata (orgs). *Análises feministas: outro olhar sobre a economia e a ecologia.* São Paulo: SOF, 2012.

RODRÍGUEZ ENRÍQUEZ, C. "Organización social del cuidado y políticas de conciliación". In: PAUTASSI, L.; ZIBECCHI, C. (Org.) *Las fronteras del cuidado: agenda, derechos e infraestructura.* Colección Derechos sociales y políticas públicas. Buenos Aires: Editorial Biblos, 2013.

SOUZA-LOBO, E. *A classe operária tem dois sexos – trabalho, dominação e resistência.* São Paulo: Fundação Perseu Abramo, 2011.

UNITED NATIONS STATISTICS DIVISION – UNSD. *International Classification of Activities for Time Use Statistics 2016 (ICATUS, 2016).* Genebra, 2017. Disponível em: https://unstats.un.org/unsd/statcom/48th-session/documents/BG-3h-ICATUS-2016-13-February-2017-E.pdf. Acesso: 22 ago. 2018.

PICCHIO, A. "A macroeconomic approach to an extend standard of living". In: PICCHIO, A. (ed.) *Unpaid work and the Economy: a gender analysis of the standards of living.* London and New York: Routledge Taylor & Francis Group, 2003.

PICCHIO, A. *La economia política y la investigación sobre las condiciones de vida.* 2005. Disponível em: http://www.researchgate.net/profile/Antonella_Picchio/publication/ 228434690_La_economa_poltica_y_la_investigacin_de_las_condiciones_de_vida/links/0912f50ea895b07fc2000000.pdf. Acesso em: 10 jun. 2015.

PUJOL, M. *Feminism and Anti-Feminism in Early Economic Thought.* Cheltenham: Edward Elgar, 1992.

SAFFIOTI, H. *Emprego doméstico e capitalismo.* Petrópolis: Vozes, 1978.

SAFFIOTI, H. *A mulher na sociedade de classes: mito e realidade.* 3. ed. São Paulo: Expressão Popular, 2013.

SIERRA, I. P. "El escenario actual de los cuidados en Uruguay: desafíos para la sostenibilidad de la política y la apuesta a la regulación del trabajo de cuidados". In: FRIEDRICH EBERT STIFTUNG, FES. *Los cuidados del centro de la vida al centro de la política.* Tomo 3, Cono Sur. Santiago, 2021.

VOGEL, L. "Domestic labor revisited". *Science & Society*, Brooklin, vol. 64, pp. 151-170, 2000.

WARING, M. *If women counted: A new feminist economics*. New York: HarperCollins, 1990.

A ECONOMIA FEMINISTA E A SUSTENTABILIDADE: CAPITALISMO PATRIARCAL EXTRATIVISTA OU COLOCAR A VIDA NO CENTRO?

Margarita Olivera
Letícia Pereira

INTRODUÇÃO

O capitalismo patriarcal, especialmente na sua fase neoliberal, gera níveis de produção, consumo e financeirização que são insustentáveis, devastando o planeta. O sistema capitalista tem se reproduzido sobre a base de recorrentes crises que são multifacetadas (financeiras, econômicas, climáticas, sanitárias, de reprodução social) e estão vinculadas à estrutura de poder patriarcal capitalista colonial, profundamente ancorada no extrativismo, na exploração do trabalho humano e na exploração dos corpos e corpos-territórios, o que implica um ataque à vida em termos amplos (HERRERO, 2014; PEREIRA; OLIVERA, 2021; CARRASCO; TELLO, 2011).

Os eventos extremos (como aumento das secas e ondas de calor, incremento das chuvas e tempestades, enchentes, deslizamentos de terra, aumento do nível do mar, incêndios florestais, aumento de doenças por vetores, entre outros) decorrentes das mudanças climáticas têm se tornado e se tornarão cada vez mais frequentes, como resultado dos atuais níveis e estilos de produção e consumo de massa e, acima de tudo, de uma organização social que prioriza o lucro e a economia em vez da vida (OLIVERA et al., 2021). Assim, dentro do sistema capitalista, se perpetua uma profunda contradição entre a lógica da acumulação e do lucro, por um lado, e a continuidade e a sustentabilidade da vida, por outro (CARRASCO, 2006; RODRÍGUEZ ENRÍQUEZ, 2015).

Vários estudos e relatórios (como IPCC, 2023) têm indicado que a situação é catastrófica e urgente, a continuidade da vida de todas as espécies está em risco, e os efeitos da mudança climática são indiscutíveis, embora não atinjam igualmente a toda a população.[1] A exposição às consequências das mudanças climáticas, assim como os mecanismos de adaptação e mitigação dos quais dispõem as/os afetadas/os, estão fortemente determinados pela interseccionalidade das opressões, ao se considerar marcadores como gênero, etnia/raça, classe, localização geográfica, local de moradia, religião, casta, orientação sexual, identidade de gênero, pessoa com deficiência (PCD), condição de migrante, condição de periférica, entre outros (CRENSHAW, 1989; AKOTIRENE, 2018). Neste contexto, como destaca a economia feminista e o ecofeminismo, mulheres e corpos feminizados, especialmente as racializadas, são afetados pela multiplicidade e sobreposição de crises. A partir das crises ambientais e climáticas, as mulheres, que são sistematicamente colocadas como as principais responsáveis pelos cuidados, veem aumentos na carga e na intensidade das obrigações dentro dos lares. Portanto, situações como pandemias e outros eventos extremos tendem a incrementar fortemente as desigualdades já existentes na alocação do tempo para a realização de tais tarefas domésticas e de cuidados (OLIVERA, 2022). Por outro lado, a precariedade afeta mais as mulheres, devido à segmentação e segregação do mercado de trabalho, às disparidades salariais, às formas de contratação e às condições de emprego, também associadas com a feminização do cuidado (RODRÍGUEZ ENRÍQUEZ, 2015). Nesse sentido, em momentos de crise, as mulheres tendem a perder os seus empregos com maior facilidade e a apresentar graves transtornos mentais e físicos, dado o acirramento das desigualdades de tempo, de renda e de ocupações.

O principal objetivo deste capítulo é contribuir para um debate crítico sobre os efeitos do capitalismo patriarcal extrativista sobre os corpos feminizados e racializados e as possíveis alternativas, com foco na divisão sexual do trabalho e na organização social do cuidado. Em particular, o capítulo se propõe pensar nas lições que podem ser trazidas a partir dos feminismos subalternos, como o feminismo decolonial, o feminismo comunitário e o ecofeminismo, que colocam a vida no centro e defendem outras formas de produção e consumo mais sustentáveis, baseadas nas inter-relações entre os seres humanos, a natureza,

1 Por exemplo, como destaca o conceito de racismo ambiental, tais efeitos variam entre diferentes grupos étnico-raciais (FAUSTINO, 2017).

os seres vivos, a terra e as próprias organizações comunitárias, recuperando a cosmovisão dos povos originários e os seus saberes ancestrais.

Para alcançar esses objetivos, na primeira parte da seção 1 serão discutidos os conceitos de divisão sexual do trabalho e papéis sexuais de gênero a partir da economia feminista, percorrendo as diferentes formas de opressão; na segunda parte da seção se tratará especificamente da situação das mulheres racializadas a partir das lentes do feminismo decolonial e da interseccionalidade; no final da seção serão apontados alguns mecanismos de acirramento das formas de exploração das mulheres do Sul Global a partir da consolidação da globalização e das agendas de ajuste estrutural impostas pelo capitalismo patriarcal neoliberal. Na seção 2 serão apresentadas algumas contribuições teóricas do ecofeminismo e do Bem-Viver como propostas alternativas ao modo de produção e acumulação predatório. Por fim, serão apresentadas algumas considerações finais focando na necessidade de incorporar olhares de gênero e raça na elaboração de propostas de políticas econômicas.

AS MULHERES E CORPOS FEMINIZADOS NO CAPITALISMO PATRIARCAL

Na sociedade contemporânea, as mulheres são colocadas em espaços de subalternidade, tendo menos lugares de fala, escassa representação política, sindical e nos espaços de poder, falta de direitos, menor autonomia econômica, e sendo vítimas de inúmeros tipos de iniquidades e violências (BIROLI, 2018). São alguns exemplos dessas iniquidades a desigual distribuição entre os gêneros dos trabalhos domésticos e de cuidados não remunerados (FEDERICI, 2019), os papéis sociais de gênero que perpetuam certas hierarquias sociais (SCOTT, 1990) e a segmentação do mercado de trabalho que deixa como opções quase exclusivas para o emprego feminino os setores associados com a reprodução da vida, criando uma separação artificial entre trabalhos femininos e trabalhos masculinos onde os primeiros são pior remunerados e com menores direitos trabalhistas do que os segundos (FERNANDEZ, 2019).

Para entender a discriminação e a desigualdade nas condições de vida e de acesso que afetam especialmente as mulheres e meninas, mas também as dissidências, é necessário analisar o caráter sistêmico da opressão desde uma perspectiva interseccional e com um olhar desde a decolonialidade.

A Divisão Sexual do Trabalho

A família patriarcal configurada nas sociedades ocidentais pré-capitalistas se conformou sobre a base da dominância masculina, criando os mecanismos necessários para a sujeição e subordinação social, legal e política das mulheres que passam a ser, assim, excluídas dos espaços de poder (LERNER, 2019). Contudo, dado que nos modos de produção pré-capitalistas essa família patriarcal é a unidade econômica fundamental, todos os seus integrantes contribuem de alguma forma para a produção de bens necessários para garantir a subsistência, motivo pelo qual a hierarquização das tarefas realizadas nesse contexto não é tão pronunciada como no capitalismo, onde se dá uma separação entre o espaço da produção e o âmbito familiar (SAFFIOTI, 2013 [1978]).

O capitalismo trouxe consigo uma nova divisão da sociedade em classes, baseada na propriedade dos meios de produção e no sistema de mercado. Essa nova configuração social não aboliu as relações patriarcais, mas, em muitos casos, as reforçou ou reconfigurou de forma hierárquica. A partir da consolidação do novo sistema capitalista patriarcal, onde as antigas unidades de produção familiares foram substituídas pelas fábricas e outras unidades de produção centralizadas, se deu uma clara separação entre a esfera da reprodução de bens (âmbito público) e da reprodução da vida cotidiana (âmbito privado). Neste contexto, as mulheres passaram a ser confinadas à realização de tarefas não remuneradas dentro do lar, responsáveis pela reprodução da vida (e da classe trabalhadora), enquanto os homens assumiram o papel de provedores e responsáveis financeiros do núcleo familiar, trabalhando na esfera pública e vendendo sua força de trabalho para a classe capitalista, em troca de um salário (FEDERICI, 2017). Assim, a divisão sexual do trabalho (DST) associada ao capitalismo patriarcal é profundamente hierarquizada e violenta, dado que exclui as mulheres das esferas econômicas e políticas, subordinando-as ao poder e a decisão dos homens, tanto nas relações familiares quanto no acesso a recursos e oportunidades, num sistema que tem como base das relações sociais o dinheiro, o lucro e os mercados.

Como destaca Marx (1996[1867]), no sistema capitalista configuram-se essencialmente duas classes sociais – capitalistas e trabalhadores –, sendo que os primeiros possuem os meios de produção enquanto os segundos são os que, através do seu trabalho, geram valor. Sem trabalho, não existe acumulação possível. Desta forma, o trabalho doméstico e de cuidados é essencial para a sustentação do próprio sistema econômico, dado que reproduz a mercadoria mais preciosa: a força de trabalho (DALLA COSTA; JAMES, 1972). No entanto, este trabalho tem sido ignorado pela teoria econômica em geral (salvo contadas exceções, como a economia feminista), dado que é considerado como improdutivo e carente de valor econômico (e logo, também, social) já que estas tarefas são realizadas na esfera privada do lar e produzem valores de uso que não tem como destino o mercado (OLIVERA; FERNANDEZ, 2022). Assim, uma parcela importante do trabalho feminino se torna invisível, de forma que nenhuma contraprestação monetária é recebida por todo o esforço físico, mental e emocional do trabalho reprodutivo, que pode ser igual ou até maior do que o trabalho produtivo (BIROLI, 2018). Como sinaliza Silvia Federici:

> [A] condição não remunerada do trabalho doméstico tem sido a arma mais poderosa no fortalecimento do senso comum de que o trabalho doméstico não é trabalho, impedindo assim que as mulheres lutem contra ele, exceto na querela privada do quarto-cozinha, que toda sociedade concorda em ridicularizar, reduzindo ainda mais o protagonismo da luta. (2019, p. 43)

Dentro do capitalismo patriarcal, o sistema cria as condições materiais para a sujeição econômica das mulheres, enquanto se beneficia do trabalho feminino não remunerado. A ausência de contraprestação monetária pelos trabalhos associados com a reprodução da classe trabalhadora dentro do âmbito doméstico cria um mecanismo através do qual a exploração desses corpos feminizados é funcional à redução dos custos de subsistência da família nuclear trabalhadora que, em última instância, serve para conter ou até reduzir os salários e garantir maiores lucros, num contexto de conflito distributivo (VOGUEL, 1983). Por outro lado, as relações sociais dentro do sistema capitalista são mediadas pelo dinheiro e pela compra e venda de mercadorias, então, a exclusão das mulheres da possibilidade de gerar o próprio sustento cria as condições materiais para a opressão, exploração, submissão e a imposição de determinados condicionamentos sociais, políticos, econômicos e culturais, como os papéis sociais de gênero, a heterossexualidade compulsória, a maternidade e a conformação da família nuclear (RICH, 2010; DALLA COSTA; JAMES, 1972; HARTMANN, 1979).

Dada a injusta organização social do cuidado[2] na sociedade, uma parte substancial das mulheres realizam exclusivamente trabalhos domésticos e de cuidados não remunerados, enquanto aquelas que conseguem ser assalariadas têm uma inserção mais precária e com piores remunerações que os seus pares masculinos e continuam sendo as principais responsáveis pelos afazeres domésticos. Como analisa a economista feminista Cristina Carrasco (2006), essa feminização dos cuidados provoca a redução do tempo disponível para a realização de outras tarefas (educativas, de participação social e política, de trabalhos remunerados, entre outas), gerando pobreza de tempo par as mulheres e criando as duplas e triplas jornadas de trabalho (RODRÍGUEZ ENRÍQUEZ, 2015). Olivera, Vieira e Baeta destacam que:

> A subalternidade é reforçada pela imposição das construções sociais e dos papéis de gênero, segundo os quais os corpos feminizados são ensinados e educados para cumprir a tarefa de cuidar da vida dos outros, mesmo às custas de não viver as próprias vidas. O tempo, a possibilidade de gerar renda que garanta independência econômica, as oportunidades de estudar e de se qualificar para ter melhores oportunidades no futuro, o poder se dedicar à participação social e política, bem como ao lazer e à recreação, muitas vezes são cerceados pelas obrigações impostas com a reprodução da vida. (2021, p. 7)

Essas desigualdades de tempo entre homens e mulheres, assim como a maternidade e a responsabilidade pelos filhos, acabam sendo justificativas para múltiplas segregações e discriminações no mercado de trabalho, gerando grandes diferenças salariais e de emprego, e aumentando a exposição e a vulnerabilidade na qual as mulheres são colocadas. A economia feminista estuda assim os motivos pelos quais as trabalhadoras recebem remunerações inferiores que seus colegas homens. Para esta perspectiva, a diferença salarial pode ser explicada: i) através da discriminação sofrida pelas trabalhadoras por sua condição de mulher, o que é refletido nos níveis salariais – o que é muitas vezes justificado alegando-se que, devido à carga de cuidados e de tarefas de reprodução da vida, as trabalhadoras seriam menos produtivas, menos comprometidas, menos dedicadas (RODRÍGUEZ ENRÍQUEZ, 2015); ii) porque não conseguem alcançar funções com responsabilidade

2 Organização social do cuidado refere-se à distribuição das obrigações de reprodução da vida e da força de trabalho (tarefas domésticas e de cuidados) dentro das sociedades, considerando que essas estão compostas por famílias, Estado, setor privado e comunidade (RODRIGUEZ ENRIQUEZ, 2015).

e de tomada de decisões, cargos hierárquicos ou espaços de poder – devido às barreiras invisíveis que encontram para ascender nas suas carreiras, chamadas "teto de cristal", marcando a segregação vertical presente no mercado de trabalho (FERNANDEZ, 2019); iii) porque a sua inserção no mercado de trabalho se dá nos setores que registram maior informalidade, vulnerabilidade e piores condições de contratação, a partir da feminização dos empregos (OLIVERA; VIEIRA; BAETA, 2021).

As múltiplas opressões: uma leitura a partir da interseccionalidade

Para analisar as situações de opressão e exposição dos corpos feminizados, não se deve considerar as mulheres como categoria única e universal, pelo qual não basta analisar exclusivamente as segregações associadas a gênero. Como sinaliza Sueli Carneiro:

> As mulheres negras tiveram uma experiência histórica diferenciada que o discurso clássico sobre a opressão da mulher não tem reconhecido, assim como não tem dado conta da diferença qualitativa que o efeito da opressão sofrida teve e ainda tem na identidade feminina de essas mulheres. (2019, p. 313)

O passado escravagista marcou um caminho completamente diferente para as mulheres negras. Como evidenciou a ex-escrava Sojouner Truth no seu discurso de 1851 na Convenção dos direitos da Mulher de Akron, Ohio, "Eu não Sou Uma Mulher?"[3], a universalização da categoria mulher negava a realidade das milhares de mulheres negras.[4] Nenhuma mulher negra escrava era considerada frágil e delicada, como as mulheres brancas. Nesse sentido, os papéis sexuais de gênero são profundamente diferentes quando atravessados pela condição de classe e raça. Como analisa Angela Davis (2016), ao estudar a história das mulheres negras escravizadas no sul dos Estados Unidos, o nível de exigência entre escravos não distinguia por gênero, enquanto as punições eram sempre piores para as mulheres (aos tradicionais chicotes somavam-se os estupros e todas as formas de assédio como mecanismo de submissão, e inclusive castigo, quando os objetivos de produtividade imposto pelo amo não eram alcançados ou quando se rebelavam).

---

3 Ver Ribeiro (2019).

4 Mas também das mulheres de outras raças, etnias, orientações sexuais, de outras identidades de gênero, religiões, regiões periféricas, PCD etc.

As mulheres negras escravas foram exploradas tanto quanto os homens, os seus corpos foram estuprados, os seus filhos arrancados e vendidos como escravos e suas famílias desfeitas. Assim, os papéis sociais de gênero, a questão da maternidade e da sexualidade têm também as suas especificidades quando atravessadas por questões raciais (GONZALEZ, 2019). Essas situações de opressão e submissão não acabaram com a "abolição" e o "fim" das relações coloniais. O racismo estrutural é o mecanismo através do qual o sistema de acumulação superexplora uma grande parte da população, que se converteu na mão de obra superabundante, barata e marginalizada da sociedade. As mulheres negras continuaram a realizar os mesmos trabalhos que nos tempos da escravidão e nenhuma mobilidade social aconteceu para elas (NASCIMENTO, 2019).

Como sinaliza a teoria decolonial, a partir da colonização europeia se criaram categorias dicotômicas hierárquicas que foram a base para a subalternização dos povos colonizados. Mas essas categorias não se extinguiram com o fim dos períodos coloniais, essa colonialidade está imbricada na modernidade que utiliza tais categorias como mecanismo de opressão e exploração dentro do *Sistema Moderno Colonial de Gênero*:

> A ideia de raça organiza a população mundial segundo uma ordem hierárquica de povos superiores e inferiores que passa a ser um princípio organizador da divisão internacional do trabalho e do sistema patriarcal global. Contrariamente ao que afirma a perspectiva eurocêntrica, a raça, a diferença sexual, a sexualidade, a espiritualidade e a epistemologia não são elementos que acrescem às estruturas econômicas e políticas do sistema-mundo capitalista, mas sim uma parte integrante, entretecida e constitutiva desse amplo "pacote enredado" a que se chama sistema-mundo patriarcal/capitalista/colonial/moderno europeu (GROSFOGUEL, 2008, p. 124).

Através da colonialidade do poder, do ser e do saber (BALLESTRIN, 2013) se reproduz a hierarquia racial e econômica da época da colônia, que apaga os saberes locais, destaca como única fonte do saber o conhecimento criado no centro, inferioriza aos "outros" que são todos aqueles diferentes do homem branco europeu e, finalmente, que cinde a identidade nacional, uma vez que ela é marcada por um imaginário colonizado pelo racismo. Cria-se assim uma matriz de dominação capitalista-patriarcal econômica e intelectual onde o Sul Global é dominado e subjugado e as "*outredades*"[5] são subalternizadas e exploradas.

Assim, mulheres e corpos feminizados do Sul Global vivenciam situações de desigualdade muito marcadas que podem ser explicadas apenas com a incorporação de diversos marcadores sociais da opressão, como raça e classe. Mulheres, meninas e dissidências são subalternizadas através de diferentes formas de opressão que se interseccionam (CRENSHAW, 1989), ou seja, existem diferentes marcadores sociais da opressão quando comparados a esse padrão normativo hegemônico europeu e que não podem ser considerados isoladamente: o gênero, a raça, a etnia, a classe social, a posição econômica, a escolha religiosa, a orientação sexual, a identidade de gênero, o local de moradia, a condição de periférica ou de migrante, ser pcd, entre muitas outras. Esses corpos são vítimas de discriminação sexista, racista e classista. Um racismo que é histórico, estrutural, institucional e cotidiano (KILOMBA, 2019). Um racismo que não só interfere nas relações sociais, mas que também aparece nas relações econômicas, políticas, culturais e pessoais.

Desta forma, através da socialização das mulheres racializadas, se perpetuam formas de opressão profundas no capitalismo patriarcal, colocando-as na pior das situações: são as que mais cuidam não remuneradamente, são as que participaram da força de trabalho com uma inserção mais precarizada, informal e com piores remunerações, são as que têm menos representação nas instâncias de poder e são as mais pobres (OLIVERA, 2022).

Efeitos da globalização e o capitalismo neoliberal sobre os corpos feminizados no Sul Global

As situações de opressão e exploração de gênero mencionadas, que, como sinalizado, são atravessadas por questões de raça/etnia e classe, têm se agravado para as mulheres e corpos feminizados do Sul Global com o início do novo milênio, especialmente a partir dos processos de globalização e internacionalização da produção e dos programas de ajuste estrutural baseados nas agendas neoliberais.

5 O termo outredade é utilizado pelos teóricos pós-coloniais e decoloniais para identificar o sujeito construído pelo olhar do colonizador europeu que, mediante o processo de apagamento da história, das vivências e da existência do colonizado e através da criação de categorias hierárquico-dicotômicas que impôs a colonização, define o outro como aquele diferente do colonizador, como aquele carente de razão, inferior e selvagem, alimentando a ideia da necessidade de civilizá-lo (CASTRO-GÓMEZ, 2000).

Em primeiro lugar, a globalização e a nova divisão internacional do trabalho, a partir da qual se expandiu o capitalismo predatório na sua forma extrativista, impôs novas e recuperou antigas formas de exploração e opressão para as mulheres do Sul Global. Como destaca Silvia Federici:

> [A] globalização da economia provocou uma grande crise na reprodução social da população da África, da Ásia e da América Latina, e essa crise se manifesta por meio de uma nova divisão internacional do trabalho, que se aproveita da mão de obra feminina dessas regiões a fim de assegurar a reprodução da força de trabalho nas "metrópoles". Isso significa que todas as mulheres estão sendo "integradas" à economia mundial e exercem uma dupla função produtiva, produzindo trabalhadores para as economias locais e os países industrializados, além de mercadorias baratas destinadas à exportação. (2019, p. 157).

Assim, a partir da expansão atrelada à internacionalização da produção se mercantilizam os trabalhos reprodutivos, com a criação da chamada economia do cuidado. Embora esses trabalhos tenham passado à esfera pública, as suas características permaneceram similares a quando eram realizados de forma privada, ou seja, continuaram sendo trabalhos feminizados e com baixa valorização social e econômica (HIRATA; KERGOAT, 2007). De fato, trabalhos reprodutivos remunerados são geralmente informais e/ou pior pagos, contam com menos direitos trabalhistas e são essencialmente realizados por mulheres negras, indígenas, pobres, migrantes, periféricas e/ou trans. Com a globalização, junto às cadeias globais de valor, através das quais as multinacionais têm procurado aumentar seus ganhos e reduzir seus custos mediante a superexploração dos corpos, dos territórios e dos recursos naturais do Sul Global, se desenvolveram também as cadeias globais de cuidado, através das quais mulheres periféricas, pobres, racializadas, refugiadas se deslocam geograficamente para garantir a reprodução da força de trabalho do Norte Global (PÉREZ OROZCO, 2009). O capitalismo potencializa o seu caráter de sistema racializado, estratificado, generificado e sexualizado para explorar os corpos e aumentar o lucro (ARRUZZA, BHATTACHARYA, FRASER, 2019).

Em segundo lugar, a globalização consolida-se a partir de uma agenda de política neoliberal baseada no ajuste estrutural com "cortes massivos no gasto público em serviços sociais, desvalorizações cambiais contínuas e congelamento de salários" (FEDERICI, 2019, p. 146). A partir da ideia da necessidade de uma reestruturação do Estado, se pautaram as reduções da oferta de bens e serviços públicos, com foco nas privatizações das empresas públicas e nos cortes orçamentários de programas como saúde, educação e aposentadorias, entre os principais. Essas políticas de austeridade, longe de terem efeitos neutros, afetam especialmente as mulheres, sobretudo racializadas, que passam a ser responsáveis pela realização das tarefas e os trabalhos que o Estado já não garante, como cuidar dos doentes e dos idosos, e educar, cuidar e brincar com filhas e filhos, sobretudo na primeira infância. Desse modo, com o avanço das políticas neoliberais, as mulheres do Sul Global acabam sendo mais afetadas, passando por um processo de profundo empobrecimento multidimensional, enquanto pobreza monetária e de tempo (ESQUÍVEL; ESPINO; RODRÍGUEZ ENRÍQUEZ, 2012). Fica evidente que, para colocar as mulheres em pé de igualdade, seria necessária uma organização social do cuidado mais equitativa e justa, intrafamiliarmente e também com o Estado, o setor privado e a comunidade (RODRÍGUEZ ENRÍQUEZ, 2015).

Assim, no capitalismo patriarcal predatório neoliberal, a partir das suas estratégias de acumulação e de produção e consumo de massa, se acirram as condições de exploração e opressão dos corpos feminizados e racializados, junto com a superexploração de trabalhadoras e trabalhadores, sobretudo do Sul Global, e da natureza e dos territórios. Nesse sentido, como destaca a economia feminista, é necessário repensar as relações sociais e produtivas, colocando a vida no centro (CARRASCO, 2006), e para isso é fundamental considerar formas de organização alternativas "através da experimentação da diferença econômica em processos que constroem outras economias aqui e agora" (GAGO, 2020).

POR QUE É NECESSÁRIO UM OLHAR DESDE OS FEMINISMOS SUBALTERNOS?

Como foi sinalizado na seção anterior, as crises que se multiplicam no sistema capitalista estão profundamente vinculadas com a dinâmica da reprodução social, enraizada na estrutura de poder patriarcal capitalista colonial. Como elabora o ecofeminismo, todos os seres estão interconectados e, portanto, o equilíbrio no planeta e a nossa própria existência dependem de relações harmônicas de cooperação. No entanto, o capitalismo industrial e sua busca permanente por lucro intensifica seu caráter extrativista e impõe, por meio da globalização, sua estrutura de dominação sobre o Sul Global por parte do Norte Global, perpetuando as relações hierárquicas coloniais. Vandana Shiva (2020) destaca que o capitalismo colonial patriarcal opera essas formas de extrativismo e superexploração a partir de três grandes separações: entre os humanos e a natureza, entre os próprios seres humanos por meio da imposição de divisões de gênero, raça e classe, entre outras e a separação entre o nosso ser, nossa essência e a nossa espiritualidade, a partir do individualismo, da competição e do desejo ilimitado de poder.

Neste sentido, o sistema capitalista ancorado no extrativismo extensivo, na exploração do trabalho humano, dos corpos, dos recursos, dos seres vivos e também dos territórios, está colocando a existência planetária à beira da extinção e precisa ser substituída por alguma forma de organização social que coloque novamente a vida no centro, entendendo a vida em sentido amplo, não exclusivamente a vida humana, mas toda a vida existente no planeta. Fica evidente a necessidade de pensar os cuidados de forma integralizada, a partir do território-corpo e do território-terra[6], imbricando a cosmovisão indígena e o entendimento de que fazemos parte de um sistema interconectado. Nesse caminho, deve-se pensar a perspectiva socioambiental do cuidado que faz parte da reflexão dos feminismos subalternos, entendendo o cuidado como um processo de preservação da existência de todos os seres vivos através do qual se geram e regeneram laços humanos e não humanos.

Feminismo decolonial e feminismo comunitário

Um olhar que se afaste e desconstrua a colonialidade histórica que caracterizou os estudos de desenvolvimento das relações sociais, econômicas e políticas contribui para pensar a perspectiva socioambiental do cuidado e a situação de opressão desde um olhar que inclua a diversidade das mulheres e dissidências. O feminismo decolonial nomeia uma corrente dos feminismos subalternos, contra-hegemônicos, que incluem também os feminismos pós-coloniais, negro, comunitário e indígena, cujas representantes, intelectuais não brancas, denunciam o racismo de gênero e a forma como a geopolítica do conhecimento silencia as vozes das intelectuais e dos intelectuais subalternos, isto é, todas as pessoas não brancas, indígenas, negras, chicanas, latinas, indianas, asiáticas, afrodescendentes, mestiças, imigrantes, islâmicas e as vozes de sexualidade dissidente, pessoas

6 Conceitos cunhados pela feminista comunitária guatemalteca Lorena Cabnal, nos quais território-terra se define como a relação do tempo com a natureza e território-corpo a relação do corpo com o território-terra (CABNAL, 2018).

transexuais, intersexuais, gays, lésbicas e não binárias dos países periféricos do capitalismo – antes chamados de países do terceiro mundo, em desenvolvimento (CASTRO, p. 29, 2020).

O feminismo subalterno se consolida então como pensamento epistêmico que rompe com a colonialidade do poder, do ser e do saber (BALLESTRIN, 2020), tríade que dá sustentação ao *Sistema Moderno Colonial de Gênero*. Segundo a autora Maria Lugones, a colonialidade do gênero é essa imposição dicotômica e binária do padrão heteropatriarcal e capitalista que, como mencionamos, utiliza esse conceito de família nuclear como alavanca do sistema. De fato, a autora destaca "a centralidade dessa lógica de categorias, dicotomias e hierarquia para o pensamento moderno, colonial e capitalista sobre raça, gênero e sexualidade" (LUGONES, 2019, p. 358).

Aqui, hierarquia e dicotomia aparecem no mesmo nível de importância, como elementos estruturantes do sistema heteropatriarcal capitalista extrativista. A dicotomia reflete essa relação binária de subalternidade entre o feminino e o masculino a partir das construções sociais coloniais dos papéis de gênero, que são essenciais para explorar o corpo das mulheres e garantir assim a reprodução do sistema. A hierarquia reflete essa relação de subalternidade criada a partir dos conceitos impostos pela modernidade que diferenciam entre humanos (os colonizadores) e não humanos (os colonizados):

> Sob a imposição de uma estrutura de gênero, os burgueses brancos europeus eram civilizados; eles eram seres humanos completos. A dicotomia hierárquica como uma marca de humanidade também se tornou uma ferramenta normativa de condenação dos colonizados. Os comportamentos e as personalidades/almas das pessoas colonizadas eram julgadas como bestiais e, consequentemente, não atribuídas de gênero, promíscuas, grotescamente sexuais e pecaminosas. (LUGONES, 2019, p. 359)

Segundo a autora, o projeto de transformação civilizatória justificou a colonização da memória, marcando não só a subjetividade dos povos originários colonizados e escravizados, como também sua relação com o "mundo espiritual, com a terra, com a matéria de sua concepção sobre a realidade, a identidade, e a organização social, ecológica e cosmológica." (LUGONES, 2019, p. 361). Nessa direção, Lugones expande o conceito de colonialidade do poder cunhado por Aníbal Quijano, no qual o autor versa sobre o projeto europeu de colonização das Américas. Calcado na teoria pseudocientífica de raça como desculpa para a expropriação capitalista da mão de obra escrava e para o acúmulo do capital globalizado, a ideia de *Sistema Moderno Colonial de Gênero*, tem não só o gênero incluído como categoria de análise, como também a relação das mulheres com os comuns a partir de seus territórios.

A feminista comunitária guatemalteca Lorena Cabnal traz a sua contribuição para os feminismos subalternos desde a Abya Yala, nome que defende ser o verdadeiro para a América Latina, reforçando a negação do nome imposto pelo colonialismo para esse território. Para Cabnal, a relação harmônica construída pelos povos originários de Abya Yala, há milhares de anos, foi rompida, de modo que "Havia outras relações entre os corpos, porque os povos indígenas acreditam no princípio da pluralidade da vida. Assim, neste mundo, que foi gerado há milhares de anos, não havia corpos de homens e de mulheres, mas a existência do corpo plural." (2018, p. 24)

É através desse rompimento que as pessoas racializadas foram "desumanizadas, separadas entre machos e fêmeas, enquanto os seus corpos eram explorados física e sexualmente e os seus saberes apagados pelo sistema heteropatriarcal capitalista extrativista". (OLIVERA et al., 2021, p. 40).

É importante ressaltar que a ruptura desse corpo plural que menciona a Lorena Cabnal, a partir do processo de colonização, não necessariamente indica o início das relações patriarcais no território colonizado. Mesmo que existam leituras diferentes a respeito[7], dá-se início a um processo extremamente violento e hierárquico, que reconfigurou as relações de poder subjugando e excluindo as mulheres originárias e as escravizadas.

7 Para Cabnal (2018), Paredes e Guzman (2014) e Segato (2021), entre outras, existiriam formas de hierarquia de gênero dentro das comunidades de Abya Yala, inclusive antes da colonização, porém não se tratava de um patriarcado tão aprofundado, excludente, hierarquizado e violento como o da Europa ocidental. As diferenças hierárquicas de gênero presentes nas sociedades ancestrais comunitárias, chamadas pelas autoras de patriarcado ancestral originário ou patriarcado de baixa intensidade, convergiram com as formas mais violentas de exclusão que trouxe a colonização eropeia com a imposição do patriarcado ocidental, e alguma forma patriarcal ancestral africana (CABNAL, 2018, p. 25), que chegou em Abya Yala através do envio forçado de corpos negros escravizados. Como resultado, tem-se, como aponta Cabnal, uma convergência patriarcal com "o encontro dos patriarcados indígena, ocidental e africano", que se instala no território latino-americano, gerando formas de opressão e violência nunca antes vistos. Outras autoras decoloniais, como Maria Lugones (2019) e Oyèrónkẹ́ Oyěwùmí (2021), também analisam as consequências profundamente opressoras e violentas que teve a imposição do patriarcado europeu a partir do processo de colonização sobre os corpos das mulheres comunitárias indígenas e escravizadas africanas, dando lugar a formas específicas de DST e à construção dos papéis de gênero das fêmeas na sociedade latino-americana. Porém, para estas autoras, as relações sociais nos povos originários antes da colonização não se caracterizavam por uma DST hierárquica, sendo que em muitos casos, como para os Iorubás, as relações sociais eram regidas pela ancianidade e não pelo gênero (OYĚWÙMÍ, 2021). Excede, porém, ao objeto do presente capítulo desenvolver mais aprofundadamente os debates a respeito da existência ou não de relações patriarcais pré-coloniais, dado que isso não modifica substancialmente as formas violentas e opressoras que se gestaram sobre os corpos das mulheres originárias e escravizadas e, possivelmente, as várias e divergentes leituras tenham origem nas múltiplas e ricas experiências de vida comunitária que se registravam em Abya Yala e África antes da chegada do colonizador.

> Assim viviam os povos em Abya Yala, quando há 526 anos sofremos a colonização sobre a terra e sobre os corpos. Do outro lado do mar, veio uma forma patriarcal diferente - com seu próprio tempo, seu próprio contexto, sua própria maneira. Em barcos, chegaram até aqui trazendo consigo o machismo colonial patriarcal ocidental [...]. Não tínhamos um modelo econômico nem a propriedade privada da terra – nada disso existia. (CABNAL, 2018, p. 25).

A partir da imposição do patriarcado ocidental sobre os povos originários e africanos escravizados, se deu uma convergência entre formas de opressão e exploração profundamente cruéis e violentas, que se instalaram no território latino-americano sobre toda a sua territorialidade e, consequentemente, sobre todos os corpos, especialmente sobre os corpos das mulheres indígenas e negras, utilizando como forma de sujeição a violência sexual massiva. Lorena Cabnal conclui então que:

> Assim, se cria e se funde um novo modelo econômico sobre os corpos e a terra. Toda a territorialidade Abya Yala vai ser expropriada, bem como os corpos de homens e mulheres indígenas e os corpos de homens e mulheres negras. Compreender essas categorias é importante para compreender a forma de economia que se consolida em Abya Yala, visto que a violência sexual, genocídio, saques e invasões são as bases fundamentais desse modelo. (2018, p. 25)

Essa hierarquia estruturante foi se reconstruindo e se adequando, mas sempre se manteve, de forma que as relações hierárquicas resultantes permanecem até os dias de hoje, perdurando também o extrativismo como forma de exploração capitalista[8] dos países periféricos. É com base na divisão internacional do trabalho que se determina um esquema de desenvolvimento que tem como alavanca a produção e exportação de matérias-primas e que perpetua o avanço sobre os territórios. Da mesma forma que aconteceu durante a colonização, o avanço se dá em territórios onde os corpos racializados e femininos são mais descartáveis e vulneráveis[9]. No entanto, é desses mesmos corpos que surgem as resistências "que lutam para reivindicar seus direitos." (CABNAL, 2018, p. 26).

---

8 O capitalismo neoliberal é um sistema de produção e consumo predatório, no qual trabalhadoras e trabalhadores, territórios, natureza e animais são explorados. (OLIVERA et al., 2021)

9 Como desenvolve Achille Mbembe no conceito de necropolítica, o poder do sistema radica na possibilidade e capacidade de decidir quem pode viver e quem deve morrer (MBEMBE, 2018).

Os comuns

A filósofa Silvia Federici (2019) trouxe a relação histórica entre a divisão sexual do trabalho e o confinamento das mulheres ao trabalho reprodutivo, apontando que criou-se assim uma maior dependência das mulheres aos recursos comuns, tornando-as suas guardiãs. A relação intrínseca entre essas mulheres e a terra, a sua ancestralidade e os saberes comuns colocaram-nas mais conectadas e comprometidas com o seu cuidado e a sua defesa.

> Apesar de uma tentativa sistemática das potências coloniais de destruir os sistemas femininos de agricultura, as mulheres hoje constituem a maior parte dos trabalhadores agrícolas do planeta e estão na vanguarda da luta por um uso não capitalista dos recursos naturais (terra, florestas e águas). Mediante a defesa da agricultura de subsistência, o acesso comunal à terra e a oposição à expropriação da terra, as mulheres estão construindo internacionalmente o caminho para uma nova sociedade não exploradora, na qual a ameaça da fome e da devastação ecológica desaparecerá. (FEDERICI, 2019, p. 277)

Federici destaca ainda outros dois aspectos atuais das mulheres em relação aos comuns:

> Primeiro, tem ocorrido a formação de sistemas regionais autossuficientes com o objetivo de garantir a "segurança alimentar" e manter uma economia baseada na solidariedade e na recusa da concorrência [e], em segundo lugar, em todo o mundo as mulheres lideraram a luta para evitar a extração comercial de madeira e salvar ou reconstruir florestas, que são a base das economias de subsistência, proporcionando nutrição, combustível e remédio, e fortalecendo relações comunitárias. (2019, p. 296-297)

Para pensar essa relação das mulheres com a produção de resistência em seus territórios, contribuem as lentes oferecidas pelos feminismos comunitários e pelo ecofeminismo, que versam sobre a recuperação dos saberes teóricos e práticos dos povos originários em Abya Yala. É comum, dentre essas perspectivas, a concepção de que existe uma necessidade imanente de que qualquer estratégia de desenvolvimento econômico inclua o equilíbrio entre produção, consumo, meio ambiente, ecologia e natureza.[10]

10 Como referências importantes do ecofeminismo, podem ser lidos os textos de Vandana Shiva e Maria Mies (2014), Yayo Herrero (2014) e Lorena Cabnal (2018).

Os feminismos comunitários trazem o entendimento sobre a realidade das mulheres mais exploradas e as suas possibilidades de emancipação para que seja possível apresentar alternativas que descolonizem e desneoliberalizem o gênero através da produção e visibilização da resistência protagonizada por elas (PEREIRA; OLIVERA, 2021). Para o feminismo comunitário, a solução das múltiplas opressões e da subalternidade é a despatriarcalização, a descolonização e a desneoliberalização através do resgate dessa comunidade – o resgate de espaço, tempo e movimento dos povos originários. E a sociedade proposta é a do Bem-Viver, uma sociedade onde caibam todas as mulheres, os homens, as pessoas não binárias, as pessoas trans, os seres vivos e a natureza, tratadas no respeito das diferenças, porém de forma igual (PAREDES; GUZMÁN, 2014).

Em conjunto com o ecofeminismo, a economia feminista e demais feminismos subalternos, os feminismos comunitários propõem como discussão central pensar em outras formas de organização social, econômica e produtiva, discutindo o machismo, o racismo, o patriarcado, o colonialismo, o neoliberalismo e a globalização, uma vez que: "[d]efender o território-terra e não defender o território-corpo das mulheres é uma incoerência política" (CABNAL, 2018, p. 27), de forma que os corpos emancipados tenham territórios emancipados onde possam florescer. Para tanto, o feminismo comunitário vem como possibilidade de interpelar o processo de mercantilização da vida sobre a terra e sobre os corpos, calcado nos laços de solidariedade dentro da comunidade.

A economia feminista vai consolidar a defesa de novas ideias de desenvolvimento econômico que foquem em outras formas de organização da produção e do consumo: sustentáveis, inclusivas, antirracistas e antissexistas. Isso é, que sejam parte de uma economia baseada na solidariedade e na recusa do individualismo capitalista, trazendo a cooperação e a associação no lugar da competitividade e a busca permanente pelo lucro. O Bem-Viver traz então alternativas que a autora Miriam Nobre (2017) sistematiza em sua análise "A auto-organização das mulheres"[11] a partir de repensar e lutar pela transformação de quatro elementos fundamentais: i) o *nosso tempo*, para acabar com pobreza do tempo e sua desigual alocação, dada a desigualdade na distribuição das tarefas de cuidados onde as necessidades das mulheres são sempre colocadas no segundo

11 Dossiê presente na publicação "Rumos das políticas de desenvolvimento: balança crítico, alternativas e cenários futuros" (Instituto PACS, 2017).

plano; ii) o *nosso espaço*, para sair do contexto de aprisionamento das mulheres dentro dos entornos domésticos, o que exclui elas da vida pública, para começar a disputar o território físico, político, econômico e social; iii) os *nossos corpos*, para romper com a lógica heteropatriarcal de apropriação do corpo das mulheres através da qual se perpetuam as relações de sujeição; e iv) as *nossas tecnologias*, para que os avanços tecnológicos sejam utilizados em prol das melhorias nas condições e qualidade de vida de todas pessoas e não com o objetivo de acumular maiores lucros para poucos. Desta forma, a valorização de experiências alternativas que garantam a autonomia dos territórios e que incorporem esses quatro elementos, é fundamental para garantir a autonomia das mulheres nos processos produtivos e reprodutivos.

Por fim, é pela já mencionada relação das mulheres com os comuns e a imposição social de responsáveis pelos cuidados, dada a DST, que elas estão milhares de anos à frente na busca de soluções para a manutenção da vida como um todo, principalmente no que tange à segurança alimentar e hídrica. Essa posição as coloca na linha de frente das lutas contra as expropriações e privatizações, defendendo a agricultura de subsistência e mostrando formas de produção, consumo e organização social com bases colaborativas, em contraponto àquelas com bases individualistas e competitivas. (NOBRE, 2017).

À luz do conhecimento teórico sobre a origem do capitalismo heteropatriarcal racista e as opressões que advém desse para os corpos e territórios, principalmente aqueles feminizados, buscou-se nessa seção expor parte do conhecimento construído por meio das vivências das mulheres, materializado nas várias formas de organização, protagonismo e luta, e através das quais se pensam e propõem alternativas ao modo de viver estabelecido dentro da modernidade. Os olhares aqui colocados buscaram se juntar ao desafio coletivo de sistematizar teorias e práticas feministas, para assim cooperar com a construção de soluções estruturais e estruturantes, colocando a vida no centro e pensando em outros mundos possíveis.

CONSIDERAÇÕES FINAIS

As mulheres e corpos feminizados, especialmente as racializadas, estão profundamente atravessadas por situações de opressão e exploração no capitalismo patriarcal extrativista. Elas são essencialmente as mais prejudicadas diante dos eventos extremos provocados pelas mudanças climáticas que, por sua vez, são o resultado de um estilo de produção e consumo que visa aos lucros e não à sustentabilidade da vida.

Através da divisão sexual do trabalho e dos papéis sexuais de gênero, as mulheres são colocadas como as principais responsáveis pela reprodução da vida e da força de trabalho, se inserindo no mercado de trabalho (quando possível, dado que quase a metade ainda está fora da força de trabalho)[12] em condições de maior precariedade e exposição, nos setores associados aos cuidados, com menores salários e menores direitos, considerando a informalidade nas contratações.

Ainda mais, a partir da globalização, a expansão das cadeias globais de valor, fenômeno que se deu junto com o desenvolvimento das cadeias globais de cuidados, colocaram as mulheres do Sul Global em condições ainda piores. Situação agravada pelas políticas neoliberais de ajuste estrutural que reduzem o papel do Estado e o fornecimento de bens e serviços públicos, prejudicando a organização social do cuidado.

Como foi colocado, o trabalho reprodutivo é essencial para o funcionamento do sistema capitalista patriarcal e racista, mas a teoria econômica em geral não estuda o papel da reprodução e das mulheres no processo de produção, acumulação e distribuição. Nesse sentido, a economia feminista é uma lente de análise essencial para entender o funcionamento do sistema. Como foi abordado ao longo do capítulo, a economia feminista se desenvolve através de dois caminhos fundamentais: por um lado, estudar e entender o papel da reprodução da vida e da DST no processo de acumulação; e, por outro, colocar a vida e os cuidados no centro, pensando em experiências de produção e consumo que saiam da lógica capitalista dos lucros e que sejam sustentáveis, harmônicas com todos os seres e o meio ambiente (a partir da cosmovisão de que todos somos seres interconectados) e mais justas (perseguindo o fim de toda forma de discriminação, racismo e sexismo).

Considerando essas premissas, é importante sublinhar que, para começar a pensar em uma situação mais igualitária entre gêneros, tanto no meio urbano quanto no rural, é urgente uma melhor distribuição dos cuidados. Nesse sentido,

---

12 No caso do Brasil, em 2019, segundo os dados da PNADC, 46,8% das mulheres em idade ativa estavam fora da força de trabalho, enquanto para os homens essa porcentagem era de 28,3% (OLIVERA, VIEIRA, BAETA, 2021).

é necessário repensar a organização social do cuidado através da redistribuição da corresponsabilidade social entre Estado, famílias, comunidade e iniciativa privada. Um desenvolvimento mais inclusivo deve focar na construção de políticas públicas e investimentos em infraestrutura que ajudem a reorganizar a distribuição desses cuidados, por exemplo através da criação de um sistema integral de cuidados (ver VIECELI, TEIXEIRA, 2024), como ferramentas para colocar as mulheres em pé de igualdade.

Ao discutir estilos de desenvolvimento e estratégias de sustentabilidade, os investimentos públicos e privados devem pensar formas de inclusão das mulheres e corpos feminizados, especialmente aqueles atravessados por opressões raciais, no sentido de gerar não só patamares de produção e consumo compatíveis com a continuidade do planeta, mas também incluir a preocupação por gerar mais oportunidades de ocupação, emprego e renda, garantir um acesso mais igualitário à propriedade, às tecnologias e ao conhecimento, aliviar a carga de esforço nos trabalhos no lar e fora dele, além de dar autonomia a elas, garantindo uma maior equidade e uma redução de todas as formas de pobreza, tanto monetárias como de tempo.

Por outro lado, é importante entender que as políticas públicas não são neutras, especialmente em sociedades desiguais, tendo efeitos diferenciados sobre os vários grupos sociais. Assim, a política pública deve ter um olhar interseccional de gênero e raça e para isso é necessária uma maior participação das mulheres, sobretudo racializadas, em seu processo de formulação e implementação, assim como os fóruns decisórios de questões ambientais.

Finalmente, é fundamental trazer as experiências de organização territorial e comunitária para recuperar os saberes populares e ancestrais da organização social e produtiva, de forma a superar os desafios estruturais e construir redes de fortalecimento social. É importante que isto aconteça, especialmente, dentro das instituições governamentais, garantindo a conexão entre lideranças locais e o desenho e implementação de políticas regionais, nacionais e internacionais.

REFERÊNCIAS

AKOTIRENE, Carla. *Interseccionalidade*. Série Feminismos Plurais. São Paulo: Pólen Produção Editorial, 2018.

ARRUZZA, Cinzia; BHATTACHARYA, Tithi; FRASER, Nancy. *Feminismo para os 99%: um manifesto*. São Paulo: Boitempo, 2019.

BALLESTRIN, Luciana. "Feminismo de(s)colonial como feminismo subalterno latino-americano". *Revista Estudos Feministas*, vol. 28, 2020.

BALLESTRIN, Luciana. "América Latina e o giro decolonial". *Revista brasileira de ciência política*, 2013, pp. 89-117.

BIROLI, Flávia. *Gênero e desigualdade: limites da democracia no Brasil*. São Paulo: Boitempo, 2018.

CABNAL, Lorena. "Defender o território-terra e não defender o território-corpo das mulheres é uma incoerência política". In: PACS. *Outras economias: alternativas ao capitalismo e ao atual modelo de desenvolvimento*. Rio de Janeiro: Instituto PACS, 2018, pp. 23-29.

CARNEIRO, Sueli. "Enegrecer o feminismo: a situação da mulher negra na América Latina a partir de uma perspectiva de gênero". In: BUARQUE DE HOLLANDA, Heloísa (Comp). *Pensamento feminista: conceitos fundamentais*. Rio de Janeiro: Bazar do Tempo, 2019, pp. 313-322.

CARRASCO, Cristina. "La economía feminista: una apuesta por otra economia". In: VARA, María Jesús (Org.). *Estudios sobre género y economía*. Madrid: Akal, 2006, pp. 29-62.

CARRASCO, Cristina; TELLO, Enric. "Apuntes para una vida sostenible". In: FREIXANET, María (Coord.). *Sostenibilitats. Polítiques públiques des del feminisme i l'ecologisme*. Collecció Grana nº 30. Barcelona: Institut de Ciències Polítiques i Socials, 2011, pp. 13-53.

CASTRO, Susana. "Origem e ideias centrais". *Dossiê Digital: O que é o feminismo decolonial*. Cult–262, 2020.

CASTRO-GÓMEZ, Santiago. "Ciencias sociales, violencia epistémica y el problema de la 'invención del otro'". In: LANDER, Edgardo (Org.). *La colonialidad del saber: eurocentrismo y ciencias sociales, perspectivas latino-americanas*. Buenos Aires: Clacso, 2000. pp. 145-162.

CRENSHAW, Kimberlé. "Demarginalizing the intersection of Race and Sex: A Black feminist Critique of Antidiscrimiation Doctrine, Feminist Theory and Antiracist Politics". *Feminist Theory and Antiracist Politics*, University of Chicago Legal Forum, 1989.

DALLA COSTA, Mariarossa; JAMES, Selma. *The Power of Women and the Subversion of the Community*. Falling Wall Pres, Ltd, 1972.

DAVIS, Angela. *Mulheres, Raça e Classe*. São Paulo: Boitempo, 2016.

ESQUÍVEL, Valeria; ESPINO, Alma; RODRÍGUEZ ENRÍQUEZ, Corina. "Crisis, regímenes económicos e impactos de género en América Latina". In: ESQUÍVEL, Valeria (Coord.). *La economía feminista desde América Latina: una hoja de ruta sobre los debates actuales en la región*. Santo Domingo: GEMLAC – ONU MUJERES, 2012.

FAUSTINO, Cris. "O racismo e o patriarcado nas injustiças ambientais como entraves para a construção de uma nova sociedade". In: QUINTELA, Sandra (coord.). *Rumos das Políticas de Desenvolvimento.* São Paulo: Instituto PACS, 2017.

FEDERICI, Silvia. *Mulheres e caça às bruxas.* São Paulo: Boitempo, 2017

FEDERICI, Silvia. *O ponto zero da revolução.* Tradução Coletivo Sycorax. São Paulo: Elefante, 2019.

FERNANDEZ, Brena P. M. "Teto de vidro, piso pegajoso e desigualdade de gênero no mercado de trabalho brasileiro à luz da economia feminista: por que as iniquidades persistem?" *Cadernos de Campo: Revista de Ciências Sociais*, vol. 26, 2019, pp. 79-104.

GAGO, Verónica. *A potência feminista, ou o desejo de transformar tudo.* São Paulo: Elefante, 2020.

GONZALEZ, Lélia. "Racismo e Sexismo na Cultura Brasileira". In: BUARQUE DE HOLLANDA, Heloísa (Comp.). *Pensamento Feminista Brasileiro.* Rio de Janeiro: Bazar do Tempo, 2019, pp. 237-258.

GROSFOGUEL, Ramón. "Para descolonizar os estudos de economia política e os estudos pós-coloniais: Transmodernidade, pensamento de fronteira e colonialidade global". *Revista Crítica de Ciências Sociais* v. 80, 2008.

HARTMANN, Heidi. "The unhappy marriage of Marxism and feminism: Towards a more progressive union". *Capital & Class*, vol. 3, n. 2, pp. 1 33, 1979.

HERRERO, Yayo. "Retos del movimiento ecologista ante la crisis global". *Revista Andaluza de Antropología*, n. 6, 2014, pp. 99-119.

HIRATA, Helena; KERGOAT, Danièle. "Novas configurações da divisão sexual do trabalho". *Cadernos de pesquisa,* vol. 37, 2007, pp. 595-609.

IPCC. IPCC AR6. *Synthesis Report 2023.* PNUMA, 2023.

KILOMBA, Grada. *Memórias da plantação: episódios de racismo cotidiano.* Rio de Janeiro: Cobogó, 2019.

LERNER, Gerda. *A criação do patriarcado: história da opressão das mulheres pelos homens.* São Paulo: Cultrix, 2019.

LUGONES, Maria. "Rumo a um feminismo decolonial". In: BUARQUE DE HOLLANDA, Heloísa (Comp.). *Pensamento feminista: conceitos fundamentais.* Rio de Janeiro: Bazar do Tempo, 2019, pp. 357-378.

MARX, Karl. *O Capital.* vol 1, Tomo 1. São Paulo: Nova Cultural, 1996 [1867].

MBEMBE, Achille. *Necropolítica: Biopoder, soberania, estado de exceção, política da morte.* São Paulo: N-1 Edições, 2018.

NASCIMENTO, Beatriz. "A mulher negra no mercado de trabalho". In: BUARQUE DE HOLLANDA, Heloísa (Comp.). *Pensamento Feminista Brasileiro*, Rio de Janeiro: Bazar do Tempo, 2019, pp. 259-264.

NOBRE, Miriam. "A auto-organização das mulheres". In: PACS. *Rumo das políticas de desenvolvimento: balanço crítico, alternativas e cenários futuros*, 2017.

OLIVERA, Margarita (Trad.: CASTELLITTI, Carolina). "Relações entre a covid-19, sexismo e racismo no Brasil: uma análise da economia feminista". *Revista Praia Vermelha*, vol. 32, n.1, 2022, pp. 5-23

OLIVERA, Margarita; FERNANDEZ, Brena P. M. "A Questão da Mulher em Marx, seus Problemas e a Contribuição das feministas marxistas ao Debate". In: FERNANDEZ, Brena P. M. (Org.). *Mulheres na história do pensamento econômico*. Florianópolis, SC: Editora Peregrinas. 2022, pp.105-124.

OLIVERA, Margarita et al. *A dimensão de gênero no Big Push para a Sustentabilidade no Brasil: as mulheres no contexto da transformação social e ecológica da economia brasileira*. São Paulo: FES, CEPAL, 2021.

OLIVERA, Margarita; VIEIRA, Clarice; BAETA, Fernanda. "Mulheres no mercado de trabalho brasileiro: uma análise das segregações e discriminações a partir da economia feminista". *TD Instituto de Economia 18*. Rio de Janeiro: IE/UFRJ, 2021.

OYĚWÙMÍ, Oyèrónkẹ́. *A invenção das mulheres: construindo um sentido africano para os discursos ocidentais de gênero*. Rio de Janeiro: Bazar do Tempo, 2021

PAREDES, Julieta; GUZMÁN, Adriana. *El tejido de la rebeldía: ¿Qué es el feminismo comunitario? Bases para la Despatriarcalización*. La Paz: Comunidad Mujeres Creando Comunidad, 2014.

PEREIRA, Letícia; OLIVERA, Margarita. "A centralidade das mulheres na resistência ao capitalismo: Um olhar sobre as redes de saberes feministas alternativos na América Latina". In: MANTELLI, G; MASCARO, L. (Org.). *Direitos Humanos em Múltiplas Miradas*. São Paulo: Escola Superior de Advocacia da OAB, 2021, pp. 472-49

PÉREZ OROZCO, Amaia. *Cadenas globales de cuidados: ¿Qué derechos para un régimen global de cuidados justo?* Santo Domingo: ONU-INSTRAW, 2009.

RIBEIRO, Djamila. *Lugar de fala*. Série Feminismos Plurais. São Paulo: Pólen Produção Editorial, 2019.

RICH, Adrianne. "Heterossexualidade compulsória e existência lésbica". *Bagoas-Estudos gays: gêneros e sexualidades*, vol. 4, n. 05, 2010, pp. 17-44.

RODRÍGUEZ ENRÍQUEZ, Corina. "Economía feminista y economía del cuidado. Aportes conceptuales para el estudio de la desigualdad". *Revista Nueva Sociedad*, n. 256, 2015, pp. 30-44.

SAFFIOTI, Heleieth. *A mulher na sociedade de classes: mito e realidade*. São Paulo: Expressão Popular, 2013 [1978].

SCOTT, Joan. Gênero: uma categoria útil de análise histórica. *Educação e Realidade*, vol. 16 n.2, 1990, pp. 71-99.

SEGATO, Rita. *Crítica da colonialidade em oito ensaios: e uma antropologia por demanda*. Bazar do Tempo, 2021.

SHIVA, Vandana. *ONENESS vs the 1%: Shattering illusions, seeding freedom*. Chelsea Green Publishing, 2020.

SHIVA, Vandana; MIES, Maria. *Ecofeminismo*. Barcelona: Icaria, 2014.

VIECELI, Cristina P.; TEIXEIRA, Marilane O. *A Economia Feminista e Reprodução Socia*l: uma análise conceitual e histórica dos trabalhos reprodutivos não remunerados e de cuidados. In: TEIXEIRA, M. O.; OLIVEIRA, M.; VIEIRA, C. M. (org.) *Economia Feminista no Brasil. Contribuições para pensar uma nova sociedade*. São Paulo: Fundação Perseu Abramo/Autonomia Literária, 2024.

VOGEL, Lise. *Marxism and the Oppression of Women: Toward a Unitary Theory*. Chicago: Haymarket Books, 2013 [1983].

A ECONOMIA FEMINISTA E OS DADOS: O QUE DIZEM E CALAM AS ESTATÍSTICAS

Clarice Menezes Vieira[1]

INTRODUÇÃO

A economia feminista vem se articulando em torno de um conjunto de ideias e de uma crítica, a saber, à invisibilização das mulheres das análises econômicas, ou ao seu caráter androcêntrico. Nesse percurso, as economistas feministas vêm lidando com todas as dificuldades e desafios que se colocam ao tentarem pensar sobre problemas que já foram de partida considerados inexistentes pela própria definição da ciência que praticam, a ciência do homem econômico racional. Esta crítica e a busca pela produção de conhecimentos específicos as levou a amplas reflexões acerca dos traços teóricos e metodológicos da economia, bem como de seus aspectos epistemológicos e ontológicos. Nestes desenvolvimentos, já se tornou patente que as barreiras colocadas pela inviabilização das mulheres são profundas, resistentes e surgem em quase todos os aspectos da prática científica. Por um lado, o elevado grau de abstração exigido do saber "econômico" impõe severos limites às análises que de partida não aceitam a eleição de um agente econômico racional abstrato sem gênero (ou raça/território) como objeto de estudos. Por outro, ao abrir-se mão desse nível de abstração, os conhecimentos produzidos pelas economistas feministas frequentemente perdem, aos olhos da comunidade acadêmica, o *status* de ciência legítima. Estes desafios e dificuldades se multiplicam quando se trata de conduzir a economia feminista desde países periféricos, pois à invisibilidade das mulheres soma-se então a ausência de tratamento aos problemas específicos da realidade das mulheres periféricas, onde as soluções de "mercado" ou da economia "formal" não atingem a maioria de suas populações[2].

1 Agradeço a leitura cuidadosa e as sugestões de João Hallack e Margarita Olivera.

2 Sobre a economia feminista, ver Carrasco, 1999; Teixeira, 2018; Fernandez, 2018; sobre a economia feminista a partir da América Latina, ver Esquivel, 2012a.

Dentre estes desafios, destacam-se os aspectos metodológicos. A economia se tornou um campo específico do saber científico por, entre outras coisas, abordar os fenômenos sociais a partir de aspectos quantificáveis, e, portanto, por utilizar abordagens metodológicas quantitativas. Assim, não apenas as metodologias qualitativas não fazem parte da formação das/os economistas, como sua utilização é vista com desconfiança por sua comunidade. Ocorre que metodologias desta natureza poderiam, para muitas economistas feministas, contribuir aos seus estudos, antes não fosse como complementação às pesquisas qualitativas. Por outro lado, quando buscam utilizar métodos quantitativos, as economistas feministas se deparam com um obstáculo: a natureza das informações passadas pelos dados disponíveis para suas pesquisas, natureza esta que reflete diretamente o androcentrismo contra o qual se colocam[3].

Diante do exposto e dada a multiplicidade de desafios a serem enfrentados pela economia feminista, este capítulo buscará lidar especificamente com o aspecto metodológico relativo à produção de dados. Após esta introdução, a próxima seção apresentará brevemente o processo histórico de apagamento das mulheres da ciência econômica para então mostrar como este se materializa nos dados, com foco sobre as estatísticas oficiais do trabalho[4], visto que estas se constituem como uma das principais fontes utilizadas pela economia; na seção seguinte, serão discutidos os caminhos que a economia feminista/periférica vem tomando para fugir do apagamento nos dados, com destaque para a produção de dados no Brasil; o capítulo se encerra com uma síntese e algumas considerações gerais.

A SUPRESSÃO DAS MULHERES DA ECONOMIA E DE SUAS ESTATÍSTICAS

O objetivo desta seção é descrever os principais problemas das estatísticas oficiais do trabalho colocados às análises da economia feminista, mostrando como estas acabam invisibilizando as questões pertinentes a mulheres e mulheres periféricas. Esta invisibilização, porém, é apenas uma dentre diversas, sendo todas resultantes da constituição histórica da ciência econômica moderna enquanto

3 Sobre questões metodológicas, ver a parte II do *Routledge handbook of feminist economics*, editado por Günseli Berik and Ebru Kongar em 2021.

4 Ou seja, aquelas produzidas no âmbito dos Sistemas Nacionais de Estatísticas (SNEs).

ciência da escolha racional; e, podem, portanto, ser compreendidas no contexto mais geral daquela constituição.

Embora as mulheres sempre tenham contribuído para a criação e a manutenção da sociedade humana, o conhecimento histórico produzido a partir de uma estrutura patriarcal, por um lado, atribui como secundárias e inferiores todas aquelas contribuições; e, por outro, impede que as mulheres participem do processo de escrever sua própria história. De fato, as mulheres foram excluídas da "empreitada humana de construção do pensamento abstrato" (LERNER, 2019, p. 330) e, por isso, deixaram de ser sujeitos e objetos de sua própria existência.

Essa estrutura patriarcal encontra contornos específicos com a constituição do pensamento científico moderno. Como se sabe, este pensamento reflete uma transformação ocorrida, ao longo dos séculos XVI e XVII, na percepção acerca da relação entre o homem e a natureza. A partir da visão cartesiana do mundo, a natureza passa a ser vista como dissociada da humanidade e passível de controle. A dicotomia homem *versus* natureza e a hierarquização que carrega passam a ser associadas aos pares correlatos masculino *versus* feminino, razão *versus* emoção, objetivo *versus* subjetivo, geral *versus* particular, abstrato *versus* contingente etc. (NELSON, 1993).

Neste sentido, embora se possa dizer que todas as ciências carregam os traços do androcentrismo patriarcal vinculado ao pensamento moderno, para a economia estes se tornaram radicalmente pronunciados em seu processo de desenvolvimento histórico, especialmente com a ascensão do paradigma neoclássico a partir de fins do século XIX. Pois uma das consequências que a imposição deste paradigma trouxe foi a afirmação de uma percepção específica acerca do objeto da economia. Ao atribuir ao mundo e à natureza um caráter estático e finito, e à raridade a origem do valor dos bens econômicos, o paradigma neoclássico transfere seu foco, antes ainda centrado no processo de criação e distribuição da riqueza material, para a forma como indivíduos lidam com a escassez dos recursos através da operação de suas escolhas racionais. Se, ao longo dos séculos XVII e XIX, autores como Adam Smith e John Stuart Mill já houvessem excluído as mulheres de suas análises ao refletirem abstratamente sobre a natureza "humana" ou sobre o comportamento do "homem" econômico, apenas com a ascensão do pensamento neoclássico a economia se tornaria a ciência das escolhas dos indivíduos racionais. Como, na estrutura simbólica patriarcal, os homens são os agentes dotados das faculdades necessárias ao ato da escolha, a economia se torna a ciência do *homem* econômico. Com a transformação do paradigma neoclássico no "núcleo duro" do pensamento dominante da ciência a partir de fim dos anos 1930, e com a sucessiva exclusão, desde então, de abordagens alternativas de seu *mainstream*, a economia configura-se hoje, do ponto de vista metodológico, como uma ciência radicalmente patriarcal, sexista e misógina (PUJOL, 1995)[5].

Estas características se refletem diretamente nos dados que a economia produz e utiliza. De fato, a invisibilização e/ou inferiorização às quais as mulheres estão sujeitas, no caso dos dados, podem se dar em todas as etapas da constituição das estatísticas (planejamento, coleta e divulgação), mas tendem a ter consequências mais severas quando ocorrem no momento de definição dos conceitos e das classificações utilizados para estruturar as pesquisas. Como se sabe, a percepção da realidade que os dados buscam representar depende do aparato teórico-conceitual que define previamente o objeto de investigação[6]. No caso da produção de estatísticas, este aparato surge no momento em que são estabelecidas suas definições e classificações e, como estas refletem o estado de desenvolvimento das ciências sociais, bem como os valores culturais dominantes, são em geral carregadas de vieses patriarcais, andro e/ou eurocêntricos. Já na fase da coleta dos dados, os instrumentos e agentes da coleta, bem como a própria autopercepção dos/as entrevistados/as, podem induzir uma série de equívocos nas informações (por exemplo, o sub-registro da atividade econômica das mulheres ou a subnotificação da violência contra as mulheres). E, finalmente, é frequente que os dados e/ou o nível de desagregação selecionados nos planos de divulgação das pesquisas não incluam informações relevantes para as mulheres e mulheres periféricas.

Observando as estatísticas oficiais do trabalho, os problemas se iniciam, de fato, com o próprio conceito de *trabalho* a partir do qual são construídas, já que este associa-se em geral apenas à execução de atividades diretamente vinculadas à esfera mercantil (ver à frente). Como sabemos, um dos pilares

5 Sobre o viés androcêntrico da economia, ver Grecco, 2018; para o processo de apagamento das mulheres na história do pensamento econômico em outros autores, ver o artigo de Marilane Teixeira e Cristina Vercelli nesta coletânea.

6 FEIJÓ; VALENTE, 2005; COOPER, 2003.

da formação e da dinâmica da economia capitalista é uma divisão sexual do trabalho que impõem às mulheres uma carga de trabalhos não remunerados, de afazeres domésticos e/ou de cuidados, realizados na esfera privada, que se mantêm mesmo quando ingressam no mercado de trabalho formal. Esta divisão traz consigo, por sua vez, uma hierarquização que reflete os padrões patriarcais da sociedade capitalista. A ciência econômica forneceu o aparato conceitual e teórico que sanciona e perpetua esta divisão/hierarquização ao considerar como "trabalho" unicamente as atividades vinculadas a transações de mercado; e contribuiu para o apagamento das mulheres ao negar a dependência que a esfera produtiva tem com relação às tarefas domésticas de reprodução. As estatísticas oficiais do trabalho, ancorando-se em grande medida nesta perspectiva teórica fornecida pela ciência econômica, igualou de partida, até anos bastante recentes, o trabalho com a execução de atividades mercantis e, com isso, ocultou boa parte do que as mulheres fazem e vivem dos dados que produzem.

Estas estatísticas são construídas em geral a partir de pesquisas domiciliares amostrais periódicas e tratam do tamanho e da estrutura do mercado de trabalho e de características dos/as trabalhadores/as, dos empregos e dos/as empregadores/as (ocupação, renda, tempo de trabalho, acidentes de trabalho, entre outros)[7]. Até anos recentes, o conceito de trabalho utilizado nos SNEs estava circunscrito apenas às atividades vinculadas à produção mercantil, coincidindo, portanto, com a fronteira de produção do Sistema de Contas Nacionais (ver à frente), o que significa que o trabalho realizado no interior dos domicílios sem vínculos diretos com os mercados estava totalmente ausente de registros estatísticos[8].

Nesse contexto, a alteração deste conceito sempre foi um objetivo estratégico das feministas, o que viria a ocorrer apenas em 2013, com a 19ª CIET[9]. A partir de então, este passou a incluir "todas as atividades realizadas por pessoas de qualquer sexo e idade com o objetivo de produzir bens ou prestar serviços para consumo alheio ou para uso final próprio"[10]. As resoluções da

---

7 Sobre estas, ver Simões; Dick, 2016.

8 As orientações para estas definições nos SNEs são fornecidas pela Organização Internacional do Trabalho (OIT), especialmente através das resoluções de suas Conferências Internacionais de Estatísticas do Trabalho (CIETs) que ocorrem a cada cinco anos, dependendo da adesão (total ou parcial) à sua Convenção nº 160, de 1988, que versa sobre as Estatísticas do Trabalho; o Brasil é signatário da Convenção, exceto para as cláusulas referentes ao custo de mão de obra e a lesões profissionais (SIMÕES, DICK, 2016).

9 Para detalhes do processo, ver Informe II, 2013.

10 O critério para orientar se uma atividade é ou não considerada como "trabalho" é o chamado "critério da terceira pessoa", ou seja, uma atividade cuja realização possa ser substituída (ao menos teoricamente) por outra pessoa.

Conferência indicavam ainda que as estatísticas deveriam doravante medir e contabilizar separadamente as cinco formas de trabalho então definidas, sendo uma destas o "trabalho para o autoconsumo"[11]. Deve-se notar que esta categoria inclui atividades muito distintas, podendo tratar-se tanto de afazeres domésticos e de atividades de cuidados, como da produção de bens para o autoconsumo ou a execução de serviços de construção para uso próprio. Desta forma, apenas sua medição agregada revela pouco sobre sua natureza, intensidade e características, especialmente em sua articulação com o trabalho remunerado e com a divisão do trabalho entre homens e mulheres[12].

Diversas outras questões relativas às estatísticas tradicionais do trabalho têm atraído a atenção e a atuação das economistas feministas em função de suas consequências sobre o apagamento e a opressão das mulheres. No que refere aos dados sobre o tamanho e a estrutura do mercado de trabalho, uma problemática central é que, por uma série de razões, as pesquisas tendem a inadvertidamente sub-registrar a atividade das mulheres. Dentre essas razões, destaca-se especialmente a utilização de conceitos rígidos de ocupação e desocupação e para a participação na força de trabalho, focados na atividade formal em tempo integral, e que, portanto, não são capazes de abranger a realidade de boa parte das mulheres e mulheres periféricas. Esta realidade inclui com frequência, por exemplo, a combinação do trabalho doméstico com o trabalho remunerado informal, sazonal ou por conta própria, e o trabalho não remunerado em empreendimentos familiares. A rigidez dos conceitos utilizados ou os vieses no momento da coleta (do/a entrevistador/a e/ou do/a entrevistado/a) fazem com que, frequentemente, nestes casos, as mulheres sejam classificadas como fora da força de trabalho ou desocupadas, mesmo quando contribuem substancialmente para a renda domiciliar.

Outro problema diz respeito à definição do período de referência das pesquisas. A classificação de um indivíduo em termos de desocupação

11 As demais são: trabalho na ocupação, trabalho não remunerado em formação, trabalho voluntário e outras atividades produtivas; estas formas são mutuamente excludentes, mas podem ser feitas de forma concomitante no período de referência das pesquisas, e, portanto, cada pessoa é classificada de acordo com sua atividade principal.

12 A 19ª CIET manteve o critério para julgar se um indivíduo trabalhou em qualquer uma destas formas, ou seja, que tenham sido executadas tarefas daquela natureza durante *pelo menos uma hora no período de referência*; indicou, porém, que o período de referência deveria variar entre as formas de trabalho, sendo de sete dias anteriores à entrevista para o trabalho na ocupação; quatro semanas para a produção de *bens* para o autoconsumo e trabalho voluntário; e um ou mais dias para a para a produção de *serviços* para o autoconsumo (ou seja, afazeres domésticos e tarefas de cuidados), sendo que, neste último caso, deveriam ser levantadas as horas de trabalho realizadas (SIMÕES; DICK, 2016).

versus exclusão da força de trabalho depende de sua resposta sobre ter buscado emprego e/ou estar disponível para começar a trabalhar em um certo período de referência. Ocorre que, em função das características da divisão sexual do trabalho e de suas responsabilidades domiciliares, as mulheres tendem a enfrentar restrições relativamente rígidas em termos do período para ambas as atividades (pouco tempo ou baixo engajamento para a busca/ longo tempo necessário para estar disponível para o emprego) e são inadvertidamente classificadas como fora da força de trabalho em função da utilização pelas pesquisas de períodos de referências muito curtos. Em linhas gerais, natureza semelhante de problemas surge quando se trata das características dos/as trabalhadores/as, dos empregos e dos empregadores, ou seja, definições e categorias elaboradas a partir dos padrões de referência de um trabalhador formal em tempo integral[13].

Finalmente, uma série de questões específicas impostas às mulheres pela divisão sexual do trabalho e/ou pela estrutura patriarcal não podem ser captadas pelas estatísticas oficiais em função do próprio formato das pesquisas domiciliares utilizadas. Este formato, em geral, estabelece como ponto de partida a estrutura das relações entre os moradores do domicílio e, a partir desta, passa a tratar cada um destes como indivíduos isolados[14]. Desta forma, estas pesquisas não conseguem captar como a dinâmica das relações intradomiciliares influencia a realidade dos moradores, questão central para a percepção de todas as consequências da divisão sexual do trabalho.

A economia feminista, portanto, tem buscado desenvolver estatísticas que: i) visibilizem o trabalho doméstico não remunerado; ii) reflitam as condições específicas experimentadas pelas mulheres no que diz respeito ao mercado de trabalho e acesso a recursos, especialmente a partir de sua articulação com a esfera familiar privada; e tem feito isso tanto atuando para rever e alterar as estatísticas tradicionais do trabalho, como desenvolvendo ferramentas próprias para a produção de dados. Estes desenvolvimentos serão objeto da próxima seção.

13 Para uma apresentação e descrição detalhada destes problemas, ver Mata-Greenwood, 1997.

14 Em geral, solicita-se que seja indicado pelos membros do domicílio o "chefe do domicílio" (no inglês, *the head of household*) ou a "pessoa de referência" (termo utilizado nas pesquisas brasileiras), e os demais moradores são classificados a partir de sua relação com ele/ela; este formato já reflete portanto uma concepção de domicilio correspondente à família uniparental heteronormada (ver, a respeito, BRÜCKWEH, 2016); em anos recentes, esforços têm sido feitos para incorporar novos arranjos familiares e domiciliares nas estatísticas oficiais, para o Brasil, ver, por exemplo, Saboia; Cobo; Matos, 2012.

DADOS PARA A ECONOMIA FEMINISTA

As pesquisadoras feministas vêm historicamente tentando superar as limitações impostas pelos dados produzidos pelas estatísticas oficiais e, a partir da década de 1990, esse movimento atinge a esfera institucional, quando as principais agências internacionais passam a dedicar esforços para incorporar questões de gênero naquelas estatísticas. Difunde-se a partir de então o campo das *estatísticas de gênero*, ou seja, estatísticas que consideram problemas relativos ao gênero em todas as etapas de sua construção[15].

A produção das estatísticas de gênero diz respeito tanto a rever a metodologia de elaboração das pesquisas dos SNEs quanto a desenvolver novas ferramentas para tratar de forma adequada as questões de gênero. No que diz respeito a este último aspecto, destaca-se a utilização e o aperfeiçoamento das Pesquisas de Uso do Tempo.

As Pesquisas de Uso do Tempo são pesquisas domiciliares amostrais que registram o tempo dedicado a todas as atividades realizadas pelos indivíduos ao longo de um dia da semana. Estes dados, combinados com as características socioeconômicas gerais do domicílio e de seus moradores e com o contexto no qual cada atividade é realizada, fornecem diversas informações relevantes às pesquisas feministas, em geral ausentes em outras pesquisas domiciliares[16]. De fato, embora a presença destas pesquisas nos SNEs venha se ampliando em anos recentes, especialmente nos países centrais, variam sobremaneira sua frequência e amplitude, sendo de difícil implementação em países periféricos, tanto por serem relativamente caras, como por certas características específicas de suas populações dificultarem sua aplicação (ESQUIVEL, 2012b; FLORO, 2021).

O Brasil não conta com uma pesquisa específica de uso do tempo, tendo havido, no entanto, uma pesquisa piloto em 2009, no âmbito dos testes

15 A IV Conferência Mundial sobre a Mulher de 1995 da ONU é um marco institucional relevante deste processo; o trabalho de Hedman, Perucci e Sundstrom (1996) é considerado como pioneiro para o desenvolvimento do "campo" das estatísticas de gênero, que já conta atualmente com guias e manuais próprios (por exemplo, UN, 2016; UNECE, 2010); esse movimento institucional ganha representação no Brasil com a instituição em 2008 do *Comitê Técnico de Gênero e Uso do Tempo*, formado pela Secretaria Especial de Política para as Mulheres, pelo IBGE e pelo Ipea; a respeito destes desenvolvimentos, ver Cobo; Santos; Agostinho, 2018.

16 Para um panorama histórico, aspectos metodológicos e experiências, ver Vieceli, 2020; Ramos, 2011; Santos; Simões, 2018; e Lopez Barajas, 2016.

da PNAD Contínua[17]. Porém, no que se refere à medição do trabalho não remunerado, a PNAD incorporou em 2001 uma pergunta acerca da realização de atividades domésticas. Com a PNAD Contínua em 2012, foi incluído um módulo de perguntas específico dedicado a "outras atividades", que seria ainda revisto e ampliado a partir de outubro de 2015[18]. Atualmente, portanto, a PNAD investiga: a realização de tarefas de cuidados para moradores do domicílio, com especificação da tarefa realizada; a indicação dos moradores que receberam algum tipo de cuidado; a realização de tarefas de cuidados para parentes não moradores do domicílio (sem especificação da tarefa); a realização de tarefas domésticas para o próprio domicílio, com especificação da tarefa realizada; a realização de tarefas domésticas no domicílio de parentes (sem especificação da tarefa); e o número de horas total dedicado a tarefas de cuidados e afazeres domésticos[19].

Além das informações referentes ao trabalho não remunerado, a PNAD Contínua permite um tratamento detalhado das características do mercado de trabalho (incluindo questões relativas à subocupação, desalento e informalidade), escolaridade, trabalho infantil, rendimentos, acesso a recursos e características dos domicílios, entre outros temas. Estas informações, quando considerado o recorte de gênero, e ainda agregando os recortes de cor ou raça, etário e de espacialidade, representam uma importante fonte para as pesquisas feministas,

17 O IBGE instituiu, a partir de 2006, um Sistema Integrado de Pesquisas Domiciliares, que conta atualmente com a PNAD Contínua, a Pesquisa Nacional de Saúde – PNS, e a Pesquisa de Orçamentos Familiares – POF; a PNAD Contínua, principal pesquisa do SIPD, surge em 2012 substituindo e ampliando as anteriores PNAD e PME (Pesquisa Mensal do Emprego); ver, a respeito, IBGE, 2022; sobre a pesquisa piloto de uso do tempo realizada pelo IBGE em 2009, ver Cavalcanti; Paulo; Hany, 2010; e Pinheiro, 2018; algumas iniciativas regionais de pesquisas de uso do tempo vem sendo feitas no Brasil, como é o caso da pesquisa conduzida em 2020 pelo Companhia de Planejamento do Distrito Federal no âmbito da pesquisa de Emprego e Desemprego do Distrito Federal (CODEPLAN, 2021).

18 A PNAD Contínua coleta e divulga trimestralmente informações sobre trabalho e rendimento através da aplicação de um questionário básico em todas as visitas feitas aos domicílios da amostra (cada domicílio selecionado para a pesquisa é visitado cinco vezes); são aplicados, além disso, módulos específicos em uma destas visitas (ou em um dos trimestres) buscando coletar informações sobre outros temas, que têm, portanto, divulgação anual; um destes temas são as "outras formas de trabalho", cujo módulo é aplicado na quinta visita aos domicílios; o questionário da PNAD Contínua foi reformulado a partir do quarto trimestre de 2015 para incorporar as alterações conceituais estabelecidas na 19º CEIT, sendo então alteradas as perguntas deste módulo; esta alteração, portanto, inviabiliza a comparabilidade direta com os dados dos anos anteriores a 2016 (ver, a respeito, IBGE, 2017 e 2022; e PINHEIRO, 2018).

19 A lista de tarefas de cuidados é: i) auxiliar nos cuidados pessoais; ii) auxiliar em atividades educacionais; iii) ler, jogar ou brincar; iv) monitorar ou fazer companhia dentro do domicílio; v) transportar ou acompanhar para a escola, médico, exames, parque praça, atividades sociais, culturais, esportivas ou religiosas; vi) outras tarefas de cuidados. Já a lista de afazeres domésticos inclui: i) preparar ou servir alimentos, arrumar mesa ou lavar louça; ii) cuidar da limpeza ou manutenção de roupas e sapatos; iii) fazer pequenos reparos ou manutenção do domicílio, do automóvel, de eletrodomésticos ou de outros equipamentos; iv) limpar ou arrumar o domicílio, a garagem, o quintal ou o jardim; v) cuidar da organização do domicílio (pagar contas, contratar serviços, orientar empregados etc.; vi) fazer compras ou pesquisar preços de bens para o domicílio; vii) cuidar dos animais domésticos; viii) outras tarefas domésticas. A contagem do número de horas de forma agregada foi justificada pela simultaneidade de muitas atividades (IBGE, 2017; PINHEIRO, 2018), o que, de fato, constitui-se como um dos principais desafios metodológicos das pesquisas de uso do tempo.

especialmente através do acesso aos microdados da pesquisa. No que diz respeito à divulgação de estatísticas de gênero, o IBGE vem mantendo a publicação periódica de estudos e relatórios específicos, além de uma interface que permite consulta direta a dados relativos a gênero[20].

Como iniciativa para padronizar e estimular o desenvolvimento das estatísticas de gênero, a ONU criou, em 2013, o Conjunto Mínimo de Indicadores de Gênero (CMIG), recomendado como guia para a sua produção em nível nacional[21]. De fato, índices e indicadores vêm sendo privilegiados pelas agências internacionais como instrumentos de acompanhamento de programas e políticas públicas, especialmente no âmbito dos Objetivos do Desenvolvimento Sustentável. Neste contexto, as economistas feministas têm contribuído para promover tanto indicadores e índices que meçam distintos aspectos da desigualdade entre homens e mulheres, quanto índices gerais de bem-estar que sejam sensíveis a gênero, ou seja, que incluam questões pertinentes ao bem-estar das mulheres[22].

Finalmente, as economistas feministas vêm propondo e desenvolvendo metodologias para incluir o trabalho doméstico não remunerado nas Contas Nacionais. Como citado anteriormente, o trabalho doméstico não remunerado não é contabilizado pelos Sistemas de Contas Nacionais (SCNs)[23]. Para lidar com esta ausência, são elaboradas as chamadas Contas Satélites como forma de valorar as atividades não incluídas no Sistema. A economia feminista vem se concentrando especialmente nas Contas de Produção Doméstica, que, através da valoração monetária do trabalho doméstico, podem quantificar sua contribuição à formação do Produto Interno Bruto[24]. Embora haja discordâncias teóricas entre

20 Disponível em: https://www.ibge.gov.br/estatisticas/multidominio/genero.html (consulta em novembro de 2022); para detalhes sobre estas publicações, ver Cobo; Santos; Agostinho, 2018; deve-se destacar, igualmente, o material produzido pelo IPEA, tanto de pesquisas especificas sobre uso do tempo e gênero (por exemplo, BARBOSA, 2018), quanto de divulgação de dados, com destaque para a Plataforma *Retrato das desigualdades de gênero e raça* (https://www.ipea.gov.br/retrato/index.html; acesso em novembro de 2011).

21 Sendo 51 indicadores qualitativos e 11 quantitativos distribuídos em cinco dimensões: i) estruturas econômicas, participação em atividades produtivas e acesso a recursos; ii) educação; iii) saúde e serviços relacionados; iv) vida pública e tomada de decisão; v) direitos humanos de mulheres e meninas; para detalhes, ver https://gender-data-hub-2-undesa.hub.arcgis.com/.

22 Sobre questões de gênero nos ODS, ver Cobo; Santos; Agostinho, 2018; sobre o desenvolvimento de índices e indicadores de gênero, ver Teixeira, 2012; e Soares, 2010.

23 Rigorosamente, todo o trabalho doméstico não remunerado é considerado como atividade produtiva pelo SCN (ou seja, está incluída em sua fronteira geral de produção); porém os serviços domésticos não remunerados e os serviços voluntários não são contabilizados pelo Sistema (estão fora de sua fronteira de produção); sobre o SCN e sobre essas diferenças, ver Melo; Considera; Sabbato, 2007.

24 Para questões conceituais e metodológicas, ver Melo; Morandi, 2021; Budlender; Brathaug, 2010; Folbre, 2015.

as feministas acerca da pertinência e adequação de equivaler monetariamente os trabalhos remunerado e não remunerado, estas iniciativas apresentam-se como importantes ferramentas de visibilização do trabalho das mulheres[25].

CONSIDERAÇÕES FINAIS

Como discutido neste trabalho, diante da invisibilização das mulheres e das questões a elas pertinentes nos dados produzidos pelas estatísticas oficiais, especialmente no que se refere ao trabalho, as economistas feministas vêm liderando uma série de iniciativas para produção de novas informações que possam ser utilizadas como fontes em suas pesquisas. Essas iniciativas vêm sendo agrupadas no campo das estatísticas de gênero, e tratam especialmente de rever as pesquisas tradicionais dos SNEs, especialmente as estatísticas oficiais do trabalho, propor novas pesquisas, com destaque para as pesquisas de uso do tempo, gerar e disseminar o uso de novos índices e indicadores e desenvolver metodologias que possam incorporar o trabalho "invisível" das mulheres nos SCNs.

É importante ressaltar, porém, que a mesma distinção que vem sendo proposta por algumas autoras entre *economia e gênero* e *economia feminista* deve ser aplicada à produção de estatísticas. De fato, com o desenvolvimento histórico do campo da economia feminista, gradativamente emerge uma divisão teórica em seu interior e a possibilidade de agrupar suas produções em dois grandes grupos, quais sejam: estudos de *economia e gênero* e de *economia feministas*. Enquanto o primeiro grupo aposta na igualdade de gênero, acreditando ser possível permanecer dentro dos cânones tradicionais da ciência econômica, o segundo defende mudanças estruturais, tanto do sistema político e econômico vigente, quando do marco analítico da economia[26].

De modo correspondente, as estatísticas de gênero têm como pano de fundo teórico em geral a igualdade de gênero. Trata-se, acima de tudo, de produzir dados que indiquem o quanto as mulheres têm conseguido alcançar os mesmos padrões de bem-estar que aqueles observados para os homens.

25 Ver Benaria,1999; Waring, 2004; no Brasil, destacam-se as inciativas lideradas por Hildete Pereira de Melo (MELO; CONSIDERA; SABBATO, 2007; MELO; MORANDI, 2021).

26 Ver, a respeito, Perez Orozco, 2005; Carrasco, 2005; e Teixeira, 2012.

Assim, quando incorporam as questões de gênero, o fazem a partir de uma visão dicotômica das esferas pública e privada da vida, o que implica em um tratamento esquemático da relação existente entre os trabalhos mercantil e doméstico. Com isso, deixam de captar que, para além de trabalhos comparáveis e substituíveis, estes compõem um único processo, e articulam diversas dimensões das relações sociais, incluindo relações de gênero patriarcais. Cristina Carrasco, comentando especificamente as estatísticas do trabalho, afirma:

> [...] os principais obstáculos que as estatísticas do trabalho devem enfrentar são de natureza teórica, já que examinar o emprego e o trabalho doméstico separadamente impede a observação de sua forte inter-relação, ao mesmo tempo em que cria a falácia de um mercado de trabalho semelhante para mulheres e homens e bane o que são consideradas "restrições familiares" ao domínio não econômico e à divisão sexual do trabalho [...]. Consequentemente, as estatísticas atuais pouco servem para analisar o tempo e o trabalho femininos, e também são cúmplices na legitimação do modelo de emprego baseado no mercado/masculino. (2010, p. 211, tradução nossa)

Neste contexto, ainda que a alteração do conceito de trabalho, bem como o desenvolvimento das estatísticas de gênero, representem importantes avanços institucionais para a produção de dados, trata-se antes de alterar o arcabouço teórico a partir do qual estes são obtidos. Assim, independentemente de seu formato, as pesquisas devem ser elaboradas de forma a captar o papel destinado às mulheres na reprodução social da vida, que envolve tarefas que articulam de forma profunda e complexa, centrada no gênero, as esferas pública e privada. Em outras palavras, precisam incorporar como ponto de partida teórico o conceito de reprodução social (PICCHIO, 2018; CARRASCO, 2010; 2012 e 2018). Em resumo, é necessário que ocorra:

> [...] uma mudança essencial de perspectiva na forma como os dados são compreendidos, coletados e analisados, que pode ser assim resumida: (a) a esfera da reprodução é onde a vida é organizada; (b) as esferas do mercado e da família são indissociáveis e, portanto, devem ser consideradas conjuntamente para analisar as necessidades globais de trabalho para a reprodução familiar, as inter-relações entre as atividades realizadas e as necessidades de empregos no campo dos cuidados; e (c) tanto o trabalho remunerado ou de mercado

> quanto o trabalho doméstico são estruturados por meio de relações hierárquicas de gênero. Assim, o novo objeto de medição é o trabalho global em vez do emprego. (CARRASCO, 2010, p. 215, tradução nossa)[27]

E, finalmente, no caso dos países periféricos, as estatísticas devem ser capazes de identificar como a dinâmica da reprodução social se articula com as características específicas daquelas regiões. Elementos como a heterogeneidade econômica, a precariedade dos mercados de trabalho, a inserção em posições inferiores em cadeias globais de transferência desigual de valor, entre outros, devem ser considerados, em especial observando como a entrada e a saída das mulheres no mercado de trabalho, a partir de sua dinâmica com as atividades domésticas, cumpre papel contracíclico central para a estabilização econômica (VÁSCONEZ, 2012).

REFERÊNCIAS

BANDEIRA, Lourdes Maria; PRETURLAN, Renata Barreto. "As pesquisas de uso do tempo e a promoção da igualdade de gênero no Brasil. In: ARAÚJO, Clara; FONTOURA, Natália. (Orgs.). *Uso de Tempo e Gênero*. Rio de Janeiro: UERJ, 2016.

BARBOSA, Ana Luiza Neves de Holanda. "Tendências nas horas dedicadas ao trabalho e lazer: uma análise da alocação do tempo no Brasil". *Texto para discussão*, 2416. Brasília: Rio de Janeiro: Ipea, 2018.

BENERIA, Lourdes. "The enduring debate over unpaid labour". *International Labour Review*, vol. 138, n. 3, pp. 287-309, 1999.

BERIK, Günseli; KONGAR, Ebru (Eds.). *The Routledge handbook of feminist economics*. New York: Routledge, 2021.

BRÜCKWEH, Kerstin. The "Head of Household". *Administory*. Journal for the history of public administration, vol. 1, 2016.

BUDLENDER, Debbie; BRATHAUG, Ann Lisbet. "Calculating the Value of Unpaid Labor". In: Pan American Health Organization. *The Invisible Economy and Gender Inequalities*. The Importance of Measuring and Valuing Unpaid Work. Washington, D.C.: PAHO, 2010.

CARRASCO, Cristina. "Introducción: Hacia una Economía Feminista". In: ______. (Ed.). *Mujeres y economia*. Nuevas perspectivas para viejos e nuevos problemas. Barcelona: Icaria, 1999.

27 Cristina Carrasco vem, neste contexto, defendendo e propondo a construção de estatísticas não androcêntricas como contraponto às estatísticas de gênero (2010; 2012); sobre essas limitações, ver, também, Bandeira; Preturlan, 2016.

CARRASCO, Cristina. "La economía feminista: una apuesta por otra economía". In: VARA, Maria Jesús (Coord.). *Estudios sobre género y economia*. Madrid: Akal, 2005.

CARRASCO, Cristina. "Time and Work from a Feminine Perspective". In: Pan American Health Organization. *The Invisible Economy and Gender Inequalities*. The Importance of Measuring and Valuing Unpaid Work. Washington, D.C.: PAHO, 2010.

CARRASCO, Cristina. *Estatísticas sob suspeita*: proposta de novos indicadores com base na experiência das mulheres. São Paulo, SOF Sempreviva Organização Feminista, 2012.

CARRASCO, Cristina. "A economia feminista: um panorama sobre o conceito de reprodução". *Temáticas*, Campinas, vol. 26, n. 52, pp. 31-68, ago./dez. 2018.

CAVALCANTI, Lara Gama de Albuquerque; PAULO, Maira Andrade; HANY, Fatmato Ezzahrá Schabib. "A pesquisa piloto de uso do tempo do IBGE 2009/2010". *Fazendo Gênero*, 9. Diásporas, Diversidades, Deslocamentos, 23 a 26 de agosto de 2010.

COBO, Barbara; SANTOS, Caroline; AGOSTINHO, Cíntia Simões. "Abordagem de gênero nas estatísticas sociais". In: SIMÕES, André; ATHIAS, Leonardo; BOTELHO, Luanda. (Orgs.). *Panorama nacional e internacional da produção de indicadores sociais*: grupos populacionais específicos e uso do tempo. Rio de Janeiro: IBGE, Coordenação de População e Indicadores Sociais, 2018.

CODEPLAN. "Diferenças no uso do tempo entre mulheres e homens no Distrito Federal: resultados preliminares da pesquisa uso do tempo em trabalhos não remunerados". *Nota Técnica*. Brasília: Dipos – Codeplan, 2021.

COOPER, Brian P. "Social classifications, social statistics, and the "facts" of "difference" in economics". In: BARKER, Drucilla K.; KUIPER, Edith. *Toward a feminist philosophy of economics*. London: Routledge, 2003.

ESQUIVEL, Valeria. "Introducción: Hacer economia feminista desde América Latina". In: _______. (Ed.). *La economía feminista desde América Latina*: Una hoja de ruta sobre los debates actuales en la regió. Santo Domingo: ONU Mujeres, 2012a.

ESQUIVEL, Valeria. "Cuidado, economía y agendas políticas: una mirada conceptual sobre la "organización social del cuidado" en América Latina". In: _______. (Ed.). *La economía feminista desde América Latina*: Una hoja de ruta sobre los debates actuales en la regió. Santo Domingo: ONU Mujeres, 2012b.

FEIJÓ, Carmen; VALENTE, Elvio. "As estatísticas oficiais e o interesse público". *Bahia Análise & Dados*, Salvador, vol. 15, n. 1, 2005.

FERNANDEZ, Brena Paula Magno. "Economia feminista: metodologias, problemas de pesquisa e propostas teóricas em prol da igualdade de gêneros". *Revista de Economia Política*, vol. 38, n. 3 (152), pp. 559-583, julho-setembro/2018.

FLORO, Maria S. "Time allocation and Time-Use Surveys". In: BERIK, Günseli; KONGAR, Ebru (Eds.). *The Routledge handbook of feminist economics*. New York: Routledge, 2021.

FOLBRE, Nancy. Valuing Non-market Work. *UNDP Human Development Report Office*. New York: UNDP, 2015.

GRECCO, Fabiana Sanches. "O viés androcêntrico da ciência econômica e as críticas feministas ao *homo economicus*". *Temáticas*. Campinas, vol. 26, n. 52, ago./dez. 2018.

HEDMAN, Birgitta; PERUCCI, Francesca; SUNDSTROM, Pehr. *Engendering Statistics*: A Tool for Change. Stockholm: Statistics Sweden, 1996.

IBGE. *Nota Técnica. Reformulação do questionário da PNAD Contínua a partir do 4º trimestre de 2015.* Rio de Janeiro: IBGE, 2017.

IBGE. *Pesquisa Nacional por Amostra de Domicílios Contínua. Notas técnicas Versão 1.10.* Rio de Janeiro: IBGE, 2022.

INFORME II: estadisticas del trabajo, el empleo y la subutilizacion de la fuerza de trabajo. Ginebra: Organizacion Internacional del Trabajo - OIT, 2013. Trabalho apresentado na *19a Conferencia Internacional de Estadisticos del Trabajo* – CIET, 2013.

LERNER, Gerda. *A criação do patriarcado*: história da opressão das mulheres pelos homens. São Paulo: Cultrix, 2019.

LÓPEZ BARAJAS, Maria de la Paz. "Avanços na América Latina na medição e valoração do trabalho não remunerado realizado pelas mulheres". In: ARAÚJO, Clara; FONTOURA, Natália. (Orgs.) *Uso de Tempo e Gênero*. Rio de Janeiro: UERJ, 2016.

MATA-GREENWOOD, Adriana. "Incorporating gender issues in labour statistics". *Working paper* 99-1. Bureau of Statistics, International Labour Office: Geneva, 1997.

MELO, Hildete Pereira de; CONSIDERA, Claudio Monteiro; SABBATO, Alberto Di. "Os afazeres domésticos contam". *Economia e Sociedade*, Campinas, vol. 16, n. 3, pp. 435–454, 2007.

MELO, Hildete Pereira de; MORANDI; Lucilene. "Mensurar o trabalho não pago no Brasil: uma proposta metodológica". *Economia e Sociedade*, Campinas, vol. 30, n. 1 (71), pp. 187-210, 2021.

NELSON, Julie A. "The study of choice or the study of provisioning? Gender and the definition of economics". In: FERBER, Marianne A.; NELSON, Julie A. *Beyond economic man*: feminist theory and economics. The University of Chicago Press, 1993.

PEREZ OROZCO, Amaia. "Economía del género y economía feminista: ¿Conciliación o ruptura?". *Revista Venezolana de Estudios de la Mujer*, n. 24, v. 10, jan-jun. 2005.

PICCHIO, Antonella. "Trabalho feminino no cerne do mercado de trabalho". *Temáticas*, Campinas, 26, (52): 69-104, ago./dez. 2018.

PINHEIRO, Luana Simões. *O trabalho nosso de cada dia*: Determinantes do trabalho doméstico de homens e mulheres no Brasil. Tese (Doutorado). Universidade de Brasília, Instituto de Ciências Sociais. Programa de Pós-Graduação em Sociologia. Porto Alegre, 2018.

PUJOL, Michèle. "Into the margin!" In: KUIPER, Edith; Sap, JOLANDE. *Out of the margin*. Feminist Perspectives on Economics. Rputledge:1995.

RAMOS, Daniela Peixoto. "Pesquisas de Uso do Tempo: um instrumento para aferir as desigualdades de gênero". In: BONETTI, Aline; ABREU, Maria Aparecida. (Orgs.). *Faces da desigualdade de gênero e raça no Brasil.* Brasília: Ipea, 2011.

SABOIA, Ana Lucia; COBO, Bárbara; MATOS, Gilson Gonçalves. "Desafios e possibilidades da investigação sobre os novos arranjos familiares e a metodologia para identificação de família no Censo 2010". *Textos para discussão.* Diretoria de Pesquisas, n. 39. Rio de Janeiro: IBGE, Coordenação de Contas Nacionais, 2012.

SANTOS, Caroline; SIMÕES, André. "Estatísticas de uso do tempo: classificações e experiências no Brasil e no mundo". In: SIMÕES, André; ATHIAS, Leonardo; BOTELHO, Luanda. (Orgs.). *Panorama nacional e internacional da produção de indicadores sociais*: grupos populacionais específicos e uso do tempo. Rio de Janeiro: IBGE, Coordenação de População e Indicadores Sociais, 2018.

SIMÕES, André; DICK, Paulo. "Indicadores de trabalho". In: SIMÕES, André; FRESNEDA, Betina. (Orgs.). *Panorama nacional e internacional da produção de indicadores sociais.* Rio de Janeiro: IBGE, Coordenação de População e Indicadores Sociais, 2016.

SOARES, Cristiane. "Índices de Desenvolvimento de Gênero: uma análise do avanço social das mulheres no Brasil e nas Unidades da Federação". Trabalho apresentado no *XVII Encontro Nacional de Estudos Populacionais*, ABEP. Caxambú-MG – Brasil, 2010.

TEIXEIRA, Marilane Oliveira. "A economia feminista e a crítica ao paradigma econômico predominante". *Temáticas.* Campinas, 26, (52), ago./dez. 2018.

TEIXEIRA, Marilane Oliveira. "Sistema de indicadores de gênero: instrumento para conhecer e reconhecer a experiência das mulheres". In: CARRASCO, Cristina. *Estatísticas sob suspeita*: proposta de novos indicadores com base na experiência das mulheres. São Paulo, SOF Sempreviva Organização Feminista, 2012.

UN. United Nations. "Integrating a gender perspective into statistics". *Studies in Methods*, Series F Nº 111. New York, 2016.

UNECE. United Nations Economic Comission for Europe. *Developing gender statistics*: a practical tool. Geneva: Unece, 2010.

VÁSCONEZ, Alison. "Reflexiones sobre economia feminista, enfoques de análisis y metodologías: aplicaciones relevantes para América Latina". In: ESQUIVEL, Valeria. (ed.). *La economía feminista desde América Latina*: Una hoja de ruta sobre los debates actuales en la regió. Santo Domingo: ONU Mujeres, 2012.

VIECELI, Cristina Pereira. *Economia feminista e trabalhos reprodutivos não remunerados*: conceito, análise e mensuração. Tese (Doutorado). Universidade Federal do Rio Grande do Sul, Faculdade de Ciências Econômicas, Programa de Pós-Graduação em Ciências Econômicas. Porto Alegre, 2020.

WARING, Marilyn. *Counting for nothing*: what men value ant what women are worth. Toronto: University of Toronto Press, 2004.

OLHA LÁ! A ECONOMIA FEMINISTA NO BRASIL: VOZES E AÇÕES NOS ANOS 1970/1980

Hildete Pereira de Melo

INTRODUÇÃO

É com muita alegria que saúdo a publicação desta coletânea sobre a economia feminista, com artigos escritos por economistas ousadas do século XXI e que representam muitas décadas de lutas, juntando memórias e escritos, para lembrar os passos que outras mulheres deram, ao longo dos últimos duzentos anos, e que a minha geração trilhou, na segunda metade do século XX, e segue na estrada na luta para entender onde se encontram as brechas de gênero que mantêm as mulheres alijadas das esferas de poder. E esse conhecimento possibilita que a geração atual de economistas feministas dê este passo com a publicação desta coletânea sobre o estado das artes da Economia Feminista nacional. São estudos plurais sobre a condição feminina, escritos à luz das diversas teorias econômicas, sem pretensão de terem as melhores respostas para as discriminações e desigualdades que ainda rondam nossas vidas.

O porquê dos trabalhos que reproduzem a vida (cuidados/afazeres domésticos) serem executados predominantemente por mulheres é, provavelmente, o maior desafio do nosso tempo. Por que a articulação entre família e o mercado do trabalho foi e ainda é vivida com tanto estresse pelas mulheres? Porque a luta centenária das mulheres de "*salário igual para trabalho igual*", uma consigna das trabalhadoras do mundo, desde o século XIX, ainda permanece nas agendas feministas na terceira década do século XXI.

De forma desafiante deve-se indagar por que as teorias econômicas *per si* têm pouco ou nada a dizer, ainda atualmente. Estas têm muito a dizer a respeito das discriminações e desigualdades por gênero no mercado de trabalho como mostram os estudos desta coletânea. E muito pouco de por que os trabalhos de cuidar das pessoas e dos afazeres domésticos são "quase" uma exclusividade das mulheres! É inegável que houve um grande avanço da participação feminina no mercado de trabalho nos últimos 40 anos, tanto no Brasil, como no mundo. Mas isso não implicou em igualdade entre os sexos nos cuidados com a família, doentes e idosos. Estes trabalhos prestados por "amor" cabiam e cabem às mulheres e ainda são atribuições delas (MELO; MORANDI & MORAES, 2022). Na vida, essa articulação entre trabalho pago e não pago tem resultado numa sobrecarga de trabalho para as mulheres, tanto no passado como no presente, como observou Cristiane Soares "a inserção é restringida e moldada para se enquadrar em um modelo social de família em que elas são mães, esposas e responsáveis pelos afazeres domésticos e cuidados" (2020, p. 77).

Assim, na segunda metade do século XX ressurgiu o movimento feminista internacional e este teve como marco a publicação, em 1949, do livro escrito pela escritora francesa Simone Beauvoir (1908-1986) *O Segundo Sexo.* Um texto corajoso que colocou a autora no panteão da filosofia mundial, ao relacionar o desenvolvimento psicológico das mulheres com os condicionamentos de sua socialização, que a tornam apenas um "apêndice" do sexo masculino. Este livro foi um dos pontapés, nos anos 1950 e 1960, da explosão do movimento de mulheres no mundo. Junto com o livro da escritora norte-americana Betty Friedan (1921-2006) *A mística feminina*, em 1963. Este livro teve como propósito explicar "o mal que não tem nome", a submissão feminina, a insatisfação com seu cotidiano e rapidamente tornou-se um fenômeno de vendas em todo o mundo. Porque sua "leitura permitia que as mulheres vocalizassem suas opressões ao domínio masculino na sociedade conjugal e em suas vidas" (MELO, 2022, p. 398). Ora, o texto da Betty Friedan referia-se, sobretudo, às frustações das mulheres educadas de classe média, confinadas à domesticidade de seus lares – retratados pelos seriados hollywoodianos como a "A feiticeira" e "Jeannie é um gênio", transmitidos nessas décadas com enorme sucesso e que divertiu tantas de nós (MELO & THOMÉ, 2018, p. 20-23).

O que havia acontecido? Nos anos de 1950 a 1970 viu-se que a forte expansão do capitalismo não tinha contribuído para reduzir as diferenças entre os sexos na sociedade e tampouco entre as raças e as classes sociais, seja nos países desenvolvidos como nos chamados países do Terceiro Mundo (como então eram conhecidos). Isso provocou um crescimento de movimentos e manifestações feministas denunciando o sistema econômico como o androcentrismo (patriarcado) vivido na sociedade. Estas manifestações espalharam-se pelas universidades norte-americanas, europeias e correram o mundo. E a pergunta: de onde vem e começa a subordinação das mulheres na família, na economia e na sociedade? Estas questões foram suscitadas tanto pelo texto de Beauvoir como pelo de Betty Friedan[1], e outras mulheres emergiram no cenário universitário discutindo que o confinamento das mulheres no interior da família ao longo do tempo, no interior de uma classe social, seja dos proprietários ou dos trabalhadores no interior de uma estratificação sexual, onde o poder e os privilégios pertencem aos homens, onde um sexo é subordinado e oprimido pelo outro (MICHEL, 1977, pp. 7-8).

Assim, outras pesquisas e livros foram escritos nestes anos e tiveram grande repercussão, como a inglesa Juliet Mitchell (1940-). Psicóloga e professora universitária, publicou em 1966 na revista *New Left* o artigo "Mulher, a mais longa revolução", que teve uma grande repercussão mundial; no ano seguinte, a *Revista Civilização Brasileira* no seu número 14, de julho/1967, publicou-o com tradução de Rodolfo Konder. Neste artigo, Juliet Mitchell afirma "A situação das mulheres é diferente da de qualquer outro grupo social. [...] são metade de uma totalidade: a espécie humana. As mulheres são essenciais e insubstituíveis; [...] sendo, contudo, marginais em seus papéis econômico, social e político. [...] fundamental e marginal a um só tempo – que lhes tem sido fatal" (*Revista Gênero*, Vol. 6, n. 2 e vol. 7, n. 1, p. 203). E argumenta que no mundo masculino sua posição é de uma minoria oprimida e, ao mesmo tempo, elas existem fora do mundo dos homens, porque as mulheres recebem a oferta de um universo próprio: a família. Mas afirma que a família, assim como a mulher, aparece como um objeto natural, mas, na verdade, ambas são uma criação cultural. E que a discriminação entre os sexos está presente em todas as classes sociais e reflete-se na produção, reprodução, sexualidade e socialização das mulheres.

Logo, outras autoras trilharam este mesmo caminho nos EUA e, em 1970, Kate Millett (1934-2017) publica com enorme sucesso sua tese de

1 Estes livros estão citados com os títulos em português, ambos foram traduzidos ainda nos dois primeiros anos da década de 1970: Simone de Beauvoir, *O segundo Sexo*, em dois volumes: 1. Fatos e Mitos e 2. A experiência vivida, pela Difusão Europeia do Livro, SP, 1970; O livro da escritora norte-americana Betty Friedan, *A mística feminina*, Editora Vozes, Petrópolis (RJ), 1971. Veja também Branca Moreira Alves & Jacqueline Pitanguy, *Feminismo no Brasil* – Memórias de quem fez acontecer. Rio de Janeiro, Bazar do Tempo, 2022, p. 350.

doutorado, defendida na Universidade de Columbia – *Política sexual* – este foi seu livro mais importante e sua definição de patriarcado como um sistema universal de dominação presente em todas as culturas como forma de controle da sexualidade feminina. No mesmo ano, outra autora feminista canadense-americana Shulamith Firestone (1945-2012) publicou *A Dialética do Sexo: o caso da revolução feminista.* Neste livro, ela, também a partir da noção de patriarcado, discutia Freud, Reich, Marx, Engels e Simone de Beauvoir. Melo & Thomé apresentam estas autoras como liberais desencantadas com as contradições da sociedade norte-americanas, que era uma sociedade de classe, racista e imperialista, e oriundas do movimento estudantil dos anos 1960, que havia explodido tanto nos EUA como na Europa. Tanto a Millet como a Firestone haviam irrompido no cenário acadêmico internacional a partir da teoria do patriarcado, que define os homens como superiores e sua ferramenta de opressão é o "sexismo", que gera uma sociedade baseada no poder masculino (2018, p. 22-24).

Estes textos foram marcantes na explosão da revolta das mulheres na segunda metade do século XX, tanto no Brasil como em todo o mundo. E, assim, atendendo às pressões dos movimentos feministas que haviam explodido nos EUA, Europa, América Latina, Ásia e África, a Organização das Nações Unidas (ONU) declarou 1975 como o "Ano Internacional da Mulher", e milhares de mulheres de diferentes países se reuniram na cidade do México para debater a condição feminina no planeta. O Brasil compareceu com uma delegação chefiada pela líder feminista da luta pelo direito ao voto, a bióloga Bertha Lutz (1894-1976). Esta, aos 81 anos, já doente, compareceu à conferência e este foi seu último ato em prol da melhoria da condição feminina (MELO, 2017, p. 66-67).

Nesse momento o país vivia um grande silêncio imposto pelos governos militares, mas nas brechas líamos as crônicas "inocentes" da jornalista Carmen da Silva (1919-1985) na revista *Claudia* – estas discutiam "cartas" que suas leitoras enviavam para sua coluna na revista e tratavam do "mal sem nome", ou seja, a opressão feminina. E Carmen, com muita sabedoria, fazia reflexões sobre a modernização dos costumes em relação às representações do sexo feminino e aos papéis atribuídos às mulheres na década de 1960 no Brasil (DUARTE, 2005, p. 17). E a conferência da ONU de 1975 foi muito bem aproveitada por um grupo de mulheres cariocas que organizou um seminário histórico nos salões da Associação Brasileira de Imprensa (ABI) no Rio de Janeiro. Intitulado "O papel e o comportamento da mulher na realidade brasileira", este foi o pontapé para desencadear rapidamente, em diversas capitais e cidades brasileiras, a organização de grupos feministas, como relatam Branca Moreira Alves e Jacqueline Pitanguy (2022).

Em 1985, nas comemorações da Década da Mulher (1975-1985), que se realizaram em diversos países, diante do enorme impacto que a Conferência da ONU na cidade do México em 1975 tinha tido, tanto na difusão do ideário da igualdade como na denúncia das discriminações vividas pelas mulheres, Eva Blay declarou "seu resultado mostrou que em todos os países, independentes do seu grau de desenvolvimento econômico, a mulher era um ser tratado de forma desigual e inferior"(ROSEMBERG & PINTO, 1985). No caso brasileiro, estas décadas encontraram as mulheres das camadas médias mais escolarizadas, que tinham entrado massivamente nas universidades, e isto havia mudado o perfil das gerações femininas mais jovens. Estas mulheres reinventaram a luta revolucionária feminista no país (MELO & RODRIGUES, 2017, p.110).

Notem que estas décadas viram renascer uma revolução das mulheres que ousava desmistificar o quadro pintado pelos papéis masculino e feminino, que relegava às mulheres a situação sagrada de mães, donas de casa e/ou trabalhadoras secundárias. O advento da pílula anticoncepcional separando a sexualidade da reprodução e o movimento de mulheres gritando por igualdade – "nosso corpo nos pertence", "o privado é político" – transformaram nossas vidas. Foram para o mundo do trabalho fora de casa, com maior escolaridade, e tiveram menos filhos. Mas nem tudo foi rompido: continuamos com a dupla jornada de trabalho, apenas mais educadas e mais velhas. Em meados dos anos 1970, outro silêncio transformou-se num grito e a violência contra as mulheres ganhou as manchetes de jornais com os rumorosos assassinatos de Angela Diniz, Eloisa Balesteros e Eliana de Gramont, mulheres assassinadas pelos seus companheiros em Minas Gerais e São Paulo.

Remexendo nos baús da História, vemos que a luta por direitos não era nova, mas depois da conquista da cidadania, em 1932, o movimento feminista andou devagar no Brasil, das décadas de 1940 a 1960, mas nos 1970, com a convocação da Organização das Nações Unidas (ONU) da Conferência Internacional da Mulher, em 1975, na cidade do México, a luta feminista explodiu no cenário político nacional e espalhou-se, rápido no meio acadêmico das Ciências Sociais, da História e timidamente na Economia.

Assim, estas notas têm como objetivo resgatar as lutas das economistas feministas, para que no ambiente acadêmico das Ciências Econômicas fosse possível escrever sobre as diversas realidades da vida das mulheres. Penso que o episódio narrado por estas notas foi, provavelmente, um dos primeiros ousados pela geração de jovens economistas dos anos 1960/70. Abraçar as lutas pela igualdade – "salário igual para trabalho igual", "nosso corpo nos pertence", "o privado é político" – foi um caminho espinhoso que a nossa geração enfrentou para que fosse possível viver a efervescência feminista do século XXI.

No caso brasileiro, as mulheres das camadas médias haviam vencido barreiras e chegado nas universidades nos anos 1960/70. Estas novas mulheres mais instruídas ouviram os brados de revolta das mulheres norte-americanas e europeias e apesar do regime militar, também foram à luta. Somos umas dessas mulheres.

O ACONTECIMENTO

Os fatos aconteceram nos anos 1984 e 1985. Havia um grande diálogo entre os/as docentes dos cursos de Ciências Econômicas no Rio de Janeiro e de Niterói. Eu entrei como docente da Faculdade de Economia da Universidade Federal Fluminense em 1973 e conheci a professora Maria Valéria Junho Pena (IE/UFRJ), em 1978, no Seminário Internacional sobre a Mulher na Força de Trabalho que a professora Neuma Aguiar organizou no antigo Instituto Universitário de Pesquisas do Estado do Rio de Janeiro (IUPERJ), hoje IESP/UERJ. Neste seminário, assisti sua apresentação sobre a presença das mulheres na construção do sistema fabril brasileiro, fala baseada na sua tese de doutorado, defendida no Departamento de Ciências Sociais da Universidade de São Paulo (USP) e posteriormente publicada, em 1981, pela Editora Paz e Terra: *Mulheres e Trabalhadoras – Presença feminina na constituição do sistema fabril.* Este livro ainda é uma fonte preciosa de informações sobre o trabalho das mulheres na formação industrial do Brasil. Assim nasceu nossa parceria. O ideário feminista nos uniu e a partir de então estabeleceu-se uma relação militante entre nós e um aprofundamento da conexão entre nossas instituições acadêmicas.[2]

2 Maria Valeria Junho Pena, economista (UFMG), doutora em Sociologia/USP, em 1978, professora do Instituto de Economia Industrial da UFRJ. Foi também Diretora Técnica do Conselho Nacional dos Direitos da Mulher, no Ministério da Justiça na gestão da presidenta Jacqueline Pitanguy.

Até a eclosão do movimento feminista no final dos anos 1960/70, no espaço institucional das universidades brasileiras não havia lugar para os feminismos (ALVES & PITANGUY, 2022). Neuma Aguiar, ousadamente, afirma que o feminismo é uma visão que se apreende tanto no movimento feminista quanto na área acadêmica. E completa: "sem querer discutir esta afirmação, mas apenas explicitar que o feminismo tornou público o que era oculto na subjetividade, ou recluso entre as quatro paredes da vida cotidiana", o que significava instituir uma proposta de construção de nova identidade da mulher brasileira, não apenas como perspectiva individual, mas também como projeto coletivo, sendo essa uma das bases do movimento social (1997, p. 10-11). E nossas vivências pessoais corroboram esta reflexão.

No campo das Ciências Econômicas nacionais, a novidade na renovação dos estudos econômicos era o reconhecimento da noção de *desenvolvimento*. E esta remetia a uma concepção masculina dos fenômenos econômicos e sociais e as mulheres eram atores invisíveis do processo de desenvolvimento. Foram processos dirigidos pelos homens e que excluíram as mulheres do exercício do poder estatal. Sim, é verdadeiro para os organismos internacionais, consultores e as ONGs, estas são femininas nos setores humanitários, não em projetos de desenvolvimento (BOSERUP, 1983). Era preciso revirar estas teorias e introduzir novos olhares na abordagem dos fenômenos econômicos, o que ainda estava em gestação e que só nos tempos atuais as diferentes teorias econômicas as reescrevem, através das abordagens da reprodução social. Embora este não seja o objeto destas notas, e sim relatar as dificuldades encontradas pelas docentes feministas nas disciplinas que ministrávamos no dia a dia das salas de aulas e nas pesquisas que "timidamente" davam seus primeiros passos.

Estas notas relembram as vivências das economistas feministas acadêmicas brasileiras que ainda nos anos 1970 e primeira metade de 1980 ousaram refletir sobre a dura realidade vivida pelas mulheres. Porque as mulheres não começaram a trabalhar fora de casa em 1970, e sim a contar suas histórias, que outras, desde o século XIX, já haviam iniciado, mas tinham permanecido esquecidas. E a história aqui narrada conta um episódio protagonizado pela autora e Maria Valéria.

O caso aconteceu porque um dos meus colegas na Faculdade de Economia da UFF, Claudio Monteiro Considera, era funcionário do Ipea/Inpes e, naqueles anos, editor da revista *Literatura Econômica*, uma publicação daquela instituição.

Assim, fizemos uma proposta para que um dos números desta revista publicasse artigos sobre a condição feminina. A proposta foi aceita e ele propôs que nós duas fôssemos responsáveis pela organização desse número.

A REVISTA LITERATURA ECONÔMICA NO FEMININO

O avanço das teorias feministas, a partir dos anos 1980, possibilitou recuperar a obra de Harriet Taylor Mill e reconhecê-la como uma parceira igual a John Stuart Mill, até porque este nunca escondeu o significado desta parceria na elaboração de sua obra. Assim, a economia feminista tem afirmado seu lugar como coautora de Mill, tanto em *Principles of Political Economy* (1848), como em *On Liberty* (1871).

Stuart Mill e Harriet protagonizaram as lutas das mulheres pelo sufrágio e melhores condições de salários para os/as trabalhadores/as, lutas que se iniciavam na Inglaterra, pois as mulheres de todas as classes sociais na Inglaterra eram, como todas as demais mulheres, privadas dos direitos políticos e econômicos.

Reconhecendo esta opressão das mulheres na sociedade, Mill escreveu no primeiro capítulo de *A Sujeição das Mulheres*:

> Minha opinião é que o princípio que regula as relações sociais existentes entre os sexos – a subordinação legal de um sexo ao outro – está errado em si mesmo, e, portanto, é um dos principais obstáculos para o desenvolvimento humano; tal subordinação deveria ser substituída por um princípio de igualdade perfeita, sem qualquer poder ou privilégio para um lado e incapacidade para o outro. (2006, p. 15)

e esta opinião foi defendida até a sua morte.

Harriet Taylor Mill publicou, em 1851, o artigo "The enfranchisement of women" (A privação dos direitos das mulheres), na *Westminster Review*. Sua leitura mostra que ela estava bem à frente do seu tempo quanto ao respeito dos direitos das mulheres, já defendia o direito ao voto em 1858, e tratou também a respeito da violência doméstica nos escritos públicos e privados, desde 1831-1833. Estes estudos e publicações continuaram nos anos 1846-1851, quando ela e John Stuart Mill escrevem uma série de artigos para jornais sobre o assunto.

A Sujeição das Mulheres foi escrito e publicado por John Stuart Mill em 1869, onze anos após a morte de Harriet, o autor parte das reflexões feitas em conjunto com Harriet e ampliadas a partir do artigo *The Enfranchisement of women*, em que ela faz a defesa da igualdade de direitos para as mulheres, argumentando que as mulheres não são inferiores aos homens, apenas diferentes. Esta ideia, ainda nos anos 1970 e 1980, era usada como *slogan* do movimento feminista ("diferentes, mas iguais"), o que demonstra a perspicácia de Harriet e Mill na argumentação a respeito à igualdade entre os sexos. Este texto era, até aquele momento (1984), praticamente desconhecido no Brasil e se enquadrava perfeitamente nos objetivos da revista, para a emergente economia feminista nacional e um grande passo na difusão do ideário da igualdade entre mulheres e homens na sociedade. Apenas o capítulo 1 do texto de Mill foi traduzido neste número da revista (MELO & MORANDI, 2022).

Para completar o número sobre "A Condição Feminina e a Teoria Econômica", foram publicados mais cinco artigos sobre a subordinação das mulheres de autor/as contemporâneas (anos 1970/80), estrangeiros e nacionais de diferentes correntes teóricas da Ciência Econômica, como apresentaremos em seguida:

O primeiro artigo escolhido foi "O consumo e o conceito de família", capítulo do livro *A economia e o objetivo público* de John Kenneth Galbraith (1908-2006).[3] Este foi um destacado economista, diplomata e cientista político do século XX que, na explosão dos movimentos feministas americanos, ousou escrever o texto que publicamos nesta revista. Corajoso, Galbraith defendia que a Ciência Econômica deveria destacar a enorme contribuição das mulheres na reprodução da vida. Para ele a grande diferença era que a produção doméstica (afazeres domésticos e cuidados) prestados no seio da família eram "gratuitos" – trabalhos realizados por amor. Mas esta característica não deveria implicar na sua negação do papel econômico desses trabalhos dos cuidados (afazeres domésticos/cuidados) na sociedade. E escreve:

> A realidade corriqueira é que a família moderna envolve uma simples, mas importantíssima divisão do trabalho. No caso mais comum, quem recebe a renda tem uma autoridade básica sobre sua destinação. Isso geralmente cabe ao homem. Parte de essa autoridade é considerada normal. [...] A administração da família pertence à mulher.

3 Este texto é extraído do capítulo IV do livro *A economia e o objetivo público* de John Kenneth Galbraith, São Paulo, Livraria Martins Editora, 1975, p. 30-37.

E acrescenta:

> Na economia estabelecida, a família é essencialmente um disfarce para o exercício da autoridade masculina. [...] Em poucos setores o sistema econômico foi tão bem-sucedido no estabelecimento de valores e na conformação do comportamento às suas necessidades quando na modelagem da atitude e do comportamento feminino. (1985, p. 45-47)

Estas ideias escritas por um prestigiado economista da época tinham enorme significado na luta por um lugar dos movimentos feministas norte-americano e europeu com repercussão no Brasil e que, a partir de 1975, explodiram com muita força em nosso país. E com essa visão liberal na fronteira entre Economia e Sociologia, desenvolveram-se as pesquisas sobre a subordinação das mulheres na sociedade capitalista, particularmente os trabalhos de Germaine Greer (MELO et al., 1997, p. 152-153; MELO & THOMÉ, 2018, cap. 2 e 3).

O terceiro texto escolhido foi extraído do artigo de Francine D. Blau e Carol L. Jusenius,[4] "Economist's approaches to sex segregation in the labour market: appraisal", publicado pelo *Journal of Women in Culture and Society*, vol.1, nº 3, segunda parte (primavera de 1976). Para esta publicação foi selecionada apenas a segunda parte do artigo que tinha como objetivo avaliar a contribuição da teoria econômica para a compreensão das causas da segregação sexual e das diferenças salariais entre os sexos no mercado de trabalho. As autoras partiam de três pontos: a) a segregação sexual no mercado de trabalho é alta; b) as mulheres estão segregadas segundo categorias ocupacionais; e c) elas ganham menos que os homens no mercado de trabalho. E a partir de conhecimentos empíricos relativos às autoras privilegiam analisar estas perspectivas na economia. E concluem que o mercado de trabalho interno, embora possa ser relativamente eficiente, não é necessariamente racional no tratamento dado às mulheres e minorias.

O quarto texto, de Marina Figueira de Melo[5], "A discriminação informal da mão de obra feminina", analisa a participação feminina no mercado de trabalho nacional a partir da década de 1950, e particularmente os anos 1970 até meados dos anos 1980, tendo como fio condutor o caráter segregacionista desta

4 Francine Dee Blau (1946 -), nasceu em Nova York (EUA). Economista, doutora em Economia para Universidade de Haward em 1975. Pesquisa relações de trabalho e Economia. Em 2010 ganhou o Prêmio IZA em Economia do Trabalho e 2017 o Prêmio Jacob Mincer. Carol L. Jusenius é uma economista norte-americana.

5 Marina Figueira de Mello, economista do Departamento de Economia da PUC-RJ.

expansão. Assim, o estudo analisa a existência de um diferencial de salários entre os homens e as mulheres no Brasil, já no primeiro emprego e para um mesmo tempo de permanência na força de trabalho. Elas são recrutadas para postos de trabalho cujo rendimento é inferior ao de seus equivalentes masculinos. E essa discriminação é principalmente marcante para aquelas mulheres mais escolarizadas, sobretudo para aquelas com cursos superiores completos. A mão de obra feminina é segregada a algumas poucas ocupações e que na realidade é a divisão sexual do trabalho quem determina, em última análise, quais os postos de trabalho que a economia oferece para homens e mulheres. E conclui que os salários femininos não crescem na mesma velocidade que os masculinos, à medida que se aumenta o tempo de serviço no emprego.

O quinto texto, "Trabalho Feminino e Mercado Informal: algumas considerações" de Jacqueline Pitanguy e Leila Linhares Barsted,[6] analisa a inserção da mulher no mercado de informal nacional. O artigo destaca o "sexo" como indicador de diferenciação e discriminação no setor formal e sua inserção na economia informal. O significado e as consequências dessa inserção têm sido pouco estudados e busca mensurar sua magnitude e seus efeitos. O mercado informal ocupa um contingente expressivo de mulheres, mas acentua a "invisibilidade" do trabalho feminino. Não gera benefícios previdenciários, tampouco reconhecimento sindical e "inexiste" legalmente e "inexiste" ao nível das representações sociais. E conclama que é preciso desvendar essa invisibilidade trazendo à tona o fato de que o trabalho feminino no informal produz valor.

O sexto estudo intitula-se "Trabalho Feminino: de olho na Literatura" de Cynthia Sarti.[7] Na segunda metade do século XX, o trabalho das mulheres tornou-se um objeto de estudo a partir dos estudos sobre a divisão sexual do trabalho na sociedade capitalista. Seguramente esta formulação deve-se à emergência dos movimentos, a análise abrangeu tanto para sua ausência da produção como para as diferenças qualitativas na forma de participação dos homens e das mulheres na atividade econômica. E a ideia de que a raiz da opressão feminina está na exclusão do mundo produtivo era o fundamento do feminismo tanto na sua vertente liberal (Betty Friedan, Germane Green) como na marxista (Juliet Mitchell,

6 Jacqueline Pitanguy, socióloga, na época, técnica do Conselho Nacional de Pesquisa - CNPq/Rede de Informação Tecnológica Latino-Americana. Leila Linhares Barsted, advogada, Instituto de Ação Cultural (IDAC).

7 Cynthia Sarti, antropóloga, entre 1983-1985 foi pesquisadora (bolsista) da Fundação Carlos Chagas/SP. Neste levantamento bibliográfico, contou com a colaboração de Albertina de Oliveira Costa e Carmen Barroso.

Margareth Benston) e isso conferiu ao trabalho feminino um problema teórico (SARTI, 1985, p. 93). Assim, a legitimação do feminismo no espaço acadêmico brasileiro teve nos estudos do trabalho das mulheres sua legitimidade garantida no contexto de um país capitalista em desenvolvimento.

O artigo discute a constituição deste campo de estudos ainda nos anos 1979 e 1980, tendo os temas da desigualdade e da discriminação como eixos centrais dessas reflexões sobre o mundo do trabalho pago, tendo como pioneiras as sociólogas Heleieth Saffiotti (1976), Eva Blay (1978) e Neuma Aguiar. A explosão destes estudos aconteceu com a realização do Seminário "A Mulher na Força de Trabalho na América Latina", em 1978, organizado pela professora Neuma Aguiar no Instituto Universitário de Pesquisas do Estado do Rio de Janeiro (IUPERJ/Rio de Janeiro). Sarti faz, neste artigo, uma rica resenha sobre o "estado das artes" da literatura feminista nacional naqueles anos, e ainda hoje útil para os estudos de gênero, discute esta literatura sobre as mulheres nas cidades, no campo, a relação trabalho feminino e família, trabalho doméstico e por último o significado da divisão sexual do trabalho na articulação entre produção e reprodução, que não são dicotômicas, mas relacionadas, sendo que nesta relação são identificadas e diferenciadas as práticas femininas e masculinas. Por fim, a autora, nas suas referências, fez um levantamento do estado das artes da literatura feminista publicada no Brasil até aqueles anos (1984). E, seguramente, é ainda hoje relevante para os estudos das relações de gênero no Brasil.

A PEQUENA GRANDE VITÓRIA!

A publicação, no início de 1985, deste número da *Literatura Econômica* sobre a condição feminina e a teoria econômica foi na contramão do ambiente acadêmico econômico. Porque, naqueles anos, bem como nos seguintes até a primeira década do século XXI, as economistas feministas enfrentavam dificuldades para trabalharem especificamente com este campo de investigação.

Hoje, na terceira década do século XXI, reflito sobre a ousadia deste número da *Literatura Econômica* que no início de 1985 atrevia-se a apresentar uma discussão sobre o pensamento acadêmico feminista. Reconheço a coragem do seu editor em aceitar sem preconceito um outro olhar sobre as Ciências Econômicas, porque a revista dedicava uma parte substancial de seu número (fevereiro de

1985) a um tema ainda não reconhecido "plenamente" no seio dos economistas. Embora as lutas feministas tenham uma estreita relação com a Economia – "salário igual para trabalho igual", o estranhamento que este número da revista causou no espaço acadêmico deveu-se ao poder social que concede as pessoas, sobretudo do sexo masculino. E foi explicitado pela reação velada de colegas economistas ao despropósito do editor da revista, naquele momento, de ter abraçado o pleito daquelas professoras feministas, que ousavam conspurcar as teorias econômicas com aquelas ideias.

Houve risos e brincadeiras nas salas da instituição na cidade do Rio de Janeiro. Não sei os nomes dos brincantes machistas que o editor Claudio Considera teve que aturar naqueles dias. Transformadas em brincadeiras na hora do cafezinho, estes colegas mostravam seus preconceitos com relação às mulheres. Estas eram fantasiadas de piadas referentes às alopradas editoras do dossiê.

Nunca conseguimos saber os nomes dos autores de tais "brincadeiras", também nunca procuramos sabê-lo, estávamos convencidas de que a história estava a nosso favor. E lembrávamos ao Claudio Considera que ele, por ter filhas e estas meninas seriam futuras mulheres, que devia pensar no futuro delas. Nós lutávamos por um mundo em que elas não precisassem passar pelas dificuldades que as mulheres tinham e lamentavelmente ainda têm para conciliação de trabalho e família. As brincadeiras e os assédios morais e sexuais ainda estão presentes nas vidas femininas, mas agora temos leis que as tipificam como crimes.

Este artigo foi escrito para que esta história não seja esquecida e lembrar que o patriarcado ainda não foi vencido. E recordando as palavras de Andrée Michel (1982) sobre a necessidade da contestação das feministas e sobre a Ciência Econômica dos homens. Porque essa oculta a produção não mercantil das mulheres [e isso nos leva] a examinar com espírito crítico o conjunto das ciências humanas e das ciências sociais. Michel afirma ainda que nós as feministas, fomos igualmente inovadoras em recusar o domínio da vida privada sobre nossa vida cotidiana como uma barreira entre a vida privada e a vida pública (1982, p. 88). E, felizmente, nesta estrada seguimos todas: as velhas e as jovens do século XXI.

REFERÊNCIAS

AGUIAR, Neuma. *Gênero e Ciências Humanas – desafio às ciências desde a perspectiva das mulheres.* Rio de Janeiro: RECORD, Rosa dos Tempos, 1997.

ALVES, Branca Moreira; PITANGUY, Jacqueline. *Feminismo no Brasil – Memórias de Quem Fez Acontecer.* Rio de Janeiro: Bazar do Tempo, 2022.

BLAY, Eva. *Trabalho domesticado: a mulher na indústria paulista.* São Paulo: Ática 1978.

BEAUVOIR, Simone. *O segundo Sexo em dois volumes: 1. Fatos e Mitos e 2. A experiência vivida.* São Paulo: Difusão Europeia do Livro, 1970.

BENERIA, Lourdes; SEN, Gita. "Desigualdades de classe y gênero y el rol de la mujer em el desarollo econômico: Implicaciones teóricas y practicas". In: LEÓN, Magdalena (Ed.), *Presentation*, Bogotá, Asociación Colombiana para el Estudio de la Population (ACEP), 1982, pp. 65-80.

BOSERUP, Ester. *La Femme face au développment économique.* Paris, Presses Universitaires de France, 1983.

FRIEDAN, Betty. *A mística feminina.* Petrópolis: Editora Vozes, 1971.

DUARTE, Ana Rita Fonteles. *Carmem da Silva: o feminismo na imprensa brasileira.* Fortaleza: Expressão Gráfica Editora, 2005.

GALBRAITH, J.K. *A Economia e o Objetivo Público.* São Paulo: Livraria Martins Fontes. 1975.

MELO, Hildete Pereira de Melo; MORANDI, Lucilene. "Harriet Taylor Mill". In: DAFLON, V.T. & COSTA, L. R., (orgs). *Pioneiras da Sociologia – Mulheres Intelectuais nos séculos XVIII e XIX.* Niterói: EDUFF, 2022, pp. 95-111. Disponível em: eduff.com.br//produto/pioneiras-da-sociologia-e-book-pdf-692.

MELO, Hildete Pereira de; MORANDI Lucilene; MORAES, Lorena de L. *Os Cuidados no Brasil: mercado de trabalho e percepções.* São Paulo: Friedrich Ebert Stiftung (FES), outubro de 2022. Disponível em: https://library.fes.de/pdf-files/bueros/brasilien/19650.pdf.

MELO, Hildete Pereira de. "*Óculos de Rose Marie Muraro".* In: MAGALHÃES, A. M.; BOTELHO, A. A., BEZERRA, R., Z., (orgs.) *História do Brasil, 100 objetos do Museu Histórico Nacional, 1922-2022.* Edição Comemorativa dos 100 Anos do Museu Histórico Nacional, Rio de Janeiro, MHN, IBRAM, Secretaria Especial de Cultura, Ministério do Turismo, 2022, pp. 397-400;

MELO, Hildete Pereira de; THOMÉ, Debora. *Mulheres e Poder* – Histórias, Ideias e Indicadores. Rio de Janeiro: FGV Editora, 2018, p. 192.

MELO, Hildete Pereira de. "Reflexões e vivências sobre a militância feminista na segunda metade do século XX". Rio de Janeiro/Brasil. In: TAMANINI, Marlene et al. (Orgs.): Curitiba: Ed.UFPR, 2017, pp. 65-88.

MELO, Hildete Pereira de; RODRIGUES, Cintia. "La trayectoria de las mujeres comunistas brasileñas: una historia sin contar". In: VALOBRA, A., y YUSTA, M., (eds), Buenos Aires, Mino y Dávila editores, 2017, p. 91-111.

MELO, Hildete Pereira et al. "A mulher como objeto da teoria econômica". In: AGUIAR, Neuma, (Org). *Gênero e Ciências Humanas – desafio às ciências desde a perspectiva das mulheres.* Rio de Janeiro: Rosa dos Tempos, 1997, pp. 137-159.

MICHEL, Andrée. *O feminismo – uma abordagem histórica.* Rio de Janeiro: ZAHAR Editores, 1982.

MICHEL, Andrée. *Femmes, sexisme et sociétés.* Paris, Presse Universitaires de France (PUF), Sociologie D´Aujourd´Hui, 1977.

PENA, Maria Valéria Junho. *Mulheres e Trabalhadoras – presença feminina na constituição do sistema fabril.* Rio de Janeiro: Paz e Terra, 1981, p. 227.

REVISTA GÊNERO, Vol. 6, n. 2 e Vol. 7, n. 1, p. 203.

ROSEMBERG, Fulvia; PINTO, Regina Pahim. *A Educação da Mulher.* São Paulo: NOBEL, Conselho Estadual da Condição Feminina, 1985. (Década da Mulher)

SAFFIOTTI, H. I. B. *A mulher na sociedade de classe: mito e realidade.* Petrópolis: Vozes, 1976.

SOARES, Cristiane. "A importância das informações de uso do tempo para os estudos de gênero no Brasil: algumas considerações sobre as pesquisas domiciliares oficiais". In: MELO, Hildete Pereira de; MORAES, Lorena Lima de (Orgs). *A arte de tecer o tempo – perspectivas feministas.* Campinas: Pontes Editores, 2020, p. 75-108.

STOLCKE, Verena. "Los trabajos de las Mujeres". In: LEÓN, Magdalena (Ed.) *Presentation,* Bogotá, Asociación Colombiana para el Estudio de la Population (ACEP), 1982, p. 11-32.

BLOCO II

TEMAS ATUAIS

ENVELHECIMENTO POPULACIONAL E CRISE DO CUIDADO NO BRASIL: UM PANORAMA DO PRESENTE, UM ALERTA PARA O FUTURO

Liana Bohn

INTRODUÇÃO: E QUEM CUIDARÁ DE VOCÊ NA VELHICE?

Nasce uma menina e nasce socialmente um projeto de mãe: a primeira boneca, as 'brincadeiras de casinha', o desenvolvimento das habilidades do cuidado. Logo essa jovem mulher será questionada sobre os desejos da maternidade e, conforme for passando o tempo (e o relógio biológico começar a apitar), a ausência de filhos se tornará mais pronunciada. E é nesse momento que ganha espaço outra interrogação: *mas sem filhos, quem vai cuidar de você na velhice?*

Embora recorrente, a pergunta é equivocada. Como somente a metade feminina dos nascidos traz consigo o signo do cuidado, deveria haver uma reformulação necessária na sentença – *mas sem filhas mulheres, quem vai cuidar de você na velhice?* Além disso, o direcionamento do questionamento a um sujeito em específico (à mulher, não a um casal qualquer) coloca o projeto de longo prazo de cuidado como uma responsabilidade apenas daquelas que podem engravidar, já que aparentemente sua decisão sobre a maternidade condiciona as perspectivas futuras na velhice. E os demais? Não precisam de cuidados?

A ampliação da longevidade, ainda que mais pronunciada para a população feminina, não é uma conquista de um gênero em específico. Homens e mulheres envelhecem, e ambos necessitam de cuidados. Se apenas às mulheres o questionamento é feito, isso deveria ser evidenciado pela própria interrogação:

Mulher! Sem filhas mulheres, quem vai cuidar de você na velhice? Por trás desse simples jogo de palavras se esconde uma preocupação generificada que, nos últimos anos, tem ganhado espaço no debate feminista mediante os termos *crise do cuidado* ou *déficit do cuidado* (GUIMARÃES; HIRATA, 2020).

Assim como *crise* e *déficit* remetem a conceitos econômicos, a definição dos termos acima pode se dar, de maneira simplificada, como um problema de oferta e demanda. De um lado, tem-se a demanda de toda a sociedade, já que as necessidades de cuidado são uma constante na vida humana, adensando-se na infância e na velhice. De outro lado, tem-se uma oferta de cuidado que é histórica e socialmente feminizada, realizada de forma majoritariamente gratuita, o que já sinaliza um descompasso entre as duas forças em questão. Para além disso, a distância entre a oferta e a demanda de cuidado pode variar conforme a configuração cultural, demográfica e econômica de uma sociedade, sendo a crise uma manifestação latente da ampliação deste distanciamento. Na atualidade, tal diferença se manifesta pelo confronto entre a inversão da pirâmide etária e seu respectivo incremento da razão de dependência[1] (que aumentam o número de demandantes), com a carência de mão de obra feminina gratuita para realizar tais atividades (que reduz o tempo e a disposição da oferta). A iminência desse fenômeno no Brasil é preocupante porque, diante da escassez de cuidado, emergem dois questionamentos principais: quem cuidará? E quem será cuidado?

Da metáfora da *Mulher!* e das *filhas mulheres* que abre esse capítulo, tem-se uma deixa para a reflexão de que a crise do cuidado não afeta homogeneamente a sociedade porque, conforme ganha força a terceirização e a mercantilização das atividades de cuidado, o acesso a elas passa a ser cada vez mais restritivo àqueles que têm condições de arcar privadamente com seus custos ou de acessar os serviços quando oferecidos gratuitamente (DOWLING, 2021). Para o caso do Brasil, que não dispõe de um amplo sistema de proteção social e de políticas públicas adequadas para o cuidado de idosos, os desafios vislumbrados se mostram ainda mais amplos, já que a marca histórica da desigualdade de renda imporá novas penalizações sobre a base da pirâmide social – os pobres, os negros e as mulheres.

1 Conforme o IBGE, a razão de dependência relaciona o segmento etário da população definida como economicamente dependente (as pessoas menores de 15 anos de idade e aquelas com 60 anos ou mais) e o segmento etário potencialmente produtivo (entre 15 e 59 anos). Esses limites não são estáticos e, recentemente, tem sido crescente o número de estudos que passam a definir os idosos a partir de 65 anos.

Diante deste cenário, o presente capítulo tem por objetivo explorar o panorama dos idosos demandantes de cuidado no Brasil, discutido na primeira seção, e confrontá-lo com a oferta de cuidado de idosos no país, o que é tratado na segunda parte do estudo. Deste confronto, tem-se uma reflexão que sinaliza os desafios já existentes associados às mudanças demográficas e que servem como uma evidência para as adversidades que serão enfrentadas em um futuro próximo. A crise dos cuidados é uma crônica anunciada que, para ser confrontada, reivindica uma reorganização social do trabalho produtivo e reprodutivo, bem como uma nova forma de compreensão do envelhecimento.

A FORÇA DA DEMANDA POR CUIDADO: OS IDOSOS NA CENTRALIDADE DO DEBATE

A transição demográfica, que compreende uma mudança na estrutura etária da população, é um processo em curso no Brasil. Conforme dados dos Censos Demográficos, as últimas décadas presenciaram uma queda da taxa geométrica de crescimento populacional[2], acompanhada do amplo decréscimo da taxa de mortalidade[3], da significativa redução da taxa de fecundidade[4] e da ampliação da expectativa de vida[5]. Juntos, esses indicadores se refletem nos grupos etários majoritários que, no decorrer das décadas, vão passando por um processo de envelhecimento. Marca disso é que, em 1980, o grupo com mais de 60 anos compreendia 6,1% da população brasileira, ampliando-se para 11% em 2010. Conforme Camarano, Kanso e Fernandes (2016, p. 64), "são os *baby boomers* que estão se transformando em *elderly boomers*".

As projeções da continuidade desse processo indicam que a representatividade da população menor de 15 anos e daquela com 65 anos ou mais deverá ser igual em 2039, quando o índice de envelhecimento (relação entre a população idosa e a população jovem) chega a 100%. A partir daí o peso da população idosa tende a permanecer em crescimento, podendo atingir 25%

2 A taxa geométrica de crescimento populacional passou de 2,39% em 1950 para 1,17% em 2010 (IBGE).

3 A taxa de mortalidade caiu de 19,7 óbitos/1.000 habitantes em 1950 para 6,9 óbitos/1.000 habitantes em 2000 (IBGE).

4 A taxa de fecundidade se reduziu de 6,21 filhos por mulher em 1950 para 1,87 filhos por mulher em 2010 (IBGE).

5 Em 1950, a esperança de vida ao nascer era de 45,5 anos, passando para 73,4 anos em 2010. No caso da esperança de vida da população com 80 anos, em 1991 era de 5 anos para os homens e de 6 anos paras as mulheres, passando para 8,7 anos e 10,6 anos, respectivamente, em 2020 (IBGE).

em 2060. O principal efeito econômico desse movimento, pela interpretação tradicional, é o impacto sobre a Previdência Social, com a concomitante redução da capacidade de arrecadação da população economicamente ativa, o que onerará as gerações mais novas e imporá medidas alternativas em questões orçamentárias. Entretanto, à contabilidade em desequilíbrio somam-se outras diversas implicações[6] e demandas derivadas, dentre as quais a mais urgente é a necessidade de ampliação do cuidado dos idosos – que envolve uma ampla gama de atividades cotidianas voltadas à reprodução da vida –, desafiando a atual organização social do cuidado.

A reduzida preocupação com esta interface da inversão da pirâmide populacional se associa principalmente a dois fatores: (i) à invisibilização do trabalho reprodutivo não pago e à desvalorização daquele que é remunerado – o que será discutido com mais detalhes na próxima seção; e (ii) ao "fato de os idosos serem vistos como pessoas que já não são produtivas" (FEDERICI, 2019, p. 255). A evidência pode ser observada no descaso com o cuidado já na primeira infância: mesmo que os recursos direcionados a essas atividades possam ser mais facilmente justificáveis quando colocadas em termos de um investimento na força de trabalho futura, com vistas à ampliação da produtividade, o aporte para isso é reduzido (e constantemente ceifado no processo de redução do papel do Estado nas demandas sociais), de modo que os pais (e, especialmente, a mãe) são os cuidadores primários por excelência e a responsabilização social é quase inexistente. No extremo oposto do ciclo de vida, se o foco da discussão recai no cuidado à terceira idade, a relação de responsabilização é mais turva porque inexiste, a não ser por questões culturais, sociais e legais, alguém diretamente responsável e, no caso da atuação governamental, não há uma expectativa de retorno futuro, apenas uma compensação pela 'vida útil' prévia.

No Brasil, a tradição e a força da lei, conforme o Art. 230 da Constituição Federal de 1988 (que será a base para o Plano Nacional do Idoso de 1994[7] e para o

6 Mester (2018), ao discutir algumas das implicações das mudanças demográficas sobre a economia, destaca o vínculo entre o envelhecimento populacional e seus possíveis efeitos sobre os níveis de desemprego, a produtividade, as decisões de consumo, poupança e investimento e, consequentemente, sobre o crescimento econômico de longo prazo.

7 "Composta de 22 artigos, o PNI busca promover a longevidade com qualidade de vida, preocupando-se não apenas com os idosos, mas também com as pessoas que irão envelhecer. [...] a PNI nasce para ratificar questões fundamentais, como os princípios de que o envelhecimento diz respeito à toda a sociedade e não só às pessoas idosas; de que as transformações necessárias na estrutura social exigem que o idoso seja o agente e o destinatário delas" (BITENCOURT; DALTO, 2021, p. 291).

Estatuto do Idoso de 2003[8]), definem o tripé família-sociedade-Estado como base para o amparo ao idoso. No primeiro parágrafo do artigo, entretanto, é designada uma responsabilização individualizante do envelhecimento, colocando a família como central nas atividades relacionadas à defesa da dignidade, do bem-estar e do direito à vida, que devem ser preferencialmente realizadas no lar[9]. Para sustentar isso, apenas se garante, através do Art. 203/ CF 1988, um salário mínimo ao idoso que comprovar não possuir condições de arcar com suas próprias despesas, ou de contar com recursos de familiares[10].

A centralidade da família espelha a forma como as agências governamentais, já no início dos anos 1980, passam a refletir sobre uma agenda de política para a terceira idade, manifesta na Assembleia das Nações Unidas para o Envelhecimento (1982). As proposições daí decorrentes tratam o idoso como um novo agente social, ampliando para ele as condições materiais da população economicamente ativa (emprego e aposentadoria, educação e moradia, por exemplo), sem refletir sobre o próprio processo de envelhecimento e as características específicas dessa população. Opta-se deliberadamente por tomá-la como autônoma e financeiramente independente, sem realizar uma reflexão mais ampla das demandas desse grupo etário (CAMARANO, 2016).

Se, de um lado, tal interpretação pode ser não capacitista, já que "o envelhecimento não é sinônimo de incapacidades e dependência, mas de maior vulnerabilidade", de outro parece minimizar as especificidades desse processo. Embora seja natural e irreversível, o envelhecer é individual, "marcado pela heterogeneidade entre os idosos, em função de suas características sociais,

8 "O estatuto indica instrumentos mais eficientes para dar efetividade às garantias determinadas" na Constituição Federal de 1988, tendo o mérito de ser "responsável por criar o sistema de garantias, que, apesar de vários percalços, busca efetivar os direitos sociais dos idosos brasileiros" (BITENCOURT; DALTO, 2021, p. 292).

9 A definição da Constituição Federal com relação ao amparo das pessoas idosas parece tentar mitigar, de maneira legal, o 'direito em tensão' que se cria frente a situações semelhantes. Esse termo, de acordo com Esquivel (2012), faz referência à duplicidade de direitos criados: de um lado, tem-se um grupo de dependentes que tem direito a receber o amparo; de outro, as pessoas ou instituições envolvidas na repartição das obrigações de provisão também deveriam ter o direito de cumpri-las ou não. Ao definir constitucionalmente os direitos e os deveres, abre-se mão da escolha na realização do cuidado, sob a possibilidade de punição pela omissão.

10 Conforme Camarano (2016, p. 23), "em 1993, foram regulamentados os princípios constitucionais referentes à assistência social, com a aprovação da Lei Orgânica da Assistência Social (Loas). Esta lei estabeleceu programas e projetos de atenção ao idoso, em corresponsabilidade nas três esferas de governo, e regulamentou a concessão do Benefício de Prestação Continuada (BPC) às pessoas com idade igual ou superior a 70 anos pertencentes a famílias com renda mensal *per capita* inferior a um quarto do salário mínimo". Apesar dessa garantia, a pobreza entre os idosos é preocupante – em 2020, 69% deles viviam com renda pessoal mensal de até 2 salários mínimos (OBSERVATÓRIO NACIONAL DA FAMÍLIA, 2021).

pessoais, econômicas e culturais que foram estruturando ao longo da vida" (HOFFMANN; LOBO, 2014, p. 23), o que acaba impondo diferentes demandas de cuidado, indo desde o acompanhamento de pequenas atividades até a atenção em tempo integral. A fim de atender a este princípio, a Política Nacional de Saúde da Pessoa Idosa, por exemplo, define três categorias associadas ao nível de fragilidade e, portanto, de demanda por cuidado: (i) o idoso independente, que não necessita de auxílio para realizar as atividades da vida diária (AVD)[11]; (ii) o idoso independente, mas com dificuldades nas atividades instrumentais da vida diária (AIVD)[12]; e (iii) o idoso frágil ou em situação de fragilidade[13] que, além das características próprias, abarca o grupo com 75 anos ou mais de idade.

A partir de informações da Pesquisa Nacional de Saúde para os anos de 2013 e 2019, é possível observar o incremento do percentual de pessoas com 60 anos ou mais de idade com limitação funcional, atingindo 14,1% dos idosos quando o recorte são as AVD e 20,4% dos idosos quando se considera as AIVD, conforme Tabela 1. Por trás desses valores está a heterogeneidade do processo de envelhecimento e a forma como diferentes marcadores sociais podem se entrelaçar, reforçando-se mutuamente. A maior presença de idosos independentes, mas com dificuldades nas atividades instrumentais da vida diária, está nos grupos de maior idade, entre as mulheres, no meio rural, na população negra (pretos e pardos) e nos grupos de menor renda e sem instrução, refletindo como diferentes segmentos vulnerabilizados acumulam desvantagens ao longo da vida que, na velhice, manifestar-se-ão na forma de uma maior fragilidade e dependência de terceiros.

11 Conforme a Pesquisa Nacional de Saúde (IBGE), as Atividades da Vida Diária (AVD) incluem: comer sozinho(a) com um prato colocado à sua frente, tomar banho sozinho(a), ir ao banheiro sozinho(a), vestir-se sozinho(a), andar em casa sozinho(a) de um cômodo a outro em um mesmo andar e deitar-se ou levantar-se da cama sozinho(a). Em 2019, inclui-se ainda a atividade de sentar-se ou levantar-se sozinho(a).

12 Conforme a Pesquisa Nacional de Saúde (IBGE), as Atividades Instrumentais da Vida Diária (AIVD) incluem: fazer compras sozinho(a), administrar as finanças sozinho(a), tomar os remédios sozinho(a) e sair sozinho(a) utilizando um transporte. Em 2019, inclui-se a atividade de ir ao médico sozinho(a).

13 Conforme a Política Nacional de Saúde da Pessoa Idosa, publicada na Portaria 2.528/2006, o idoso em situação de fragilidade é aquele que vive em Instituições de Longa Permanência (ILPIs), "encontra-se acamado, esteve hospitalizado recentemente por qualquer razão, apresente doenças sabidamente causadoras de incapacidade funcional – acidente vascular encefálico, síndromes demenciais e outras doenças neurodegenerativas, etilismo, neoplasia terminal, amputações de membros –, encontra-se com pelo menos uma incapacidade funcional básica, ou viva situações de violência doméstica".

Tabela 1 Percentual de pessoas com 60 anos ou mais de idade com limitação funcional para realizar Atividades de Vida Diária (AVD) e Atividades Instrumentais da Vida Diária (AIVD), conforme características selecionadas - Brasil (2013 e 2019)

Características selecionadas	AVD		AIVD	
	2013	2019	2013	2019
Total	6,8	9,5	14,1	20,4
Por grupos de idade				
60 a 64 anos	2,8	5,3	5,0	8,6
65 a 74 anos	4,4	6,9	9,4	14,5
75 anos ou mais	15,6	18,5	33,2	43,2
Sexo				
Masculino	6,1	7,3	11,0	15,0
Feminino	8,2	10,6	16,6	24,6
Situação de domicílio				
Urbano	6,7	9,6	13,8	20,1
Rural	7,1	9,4	16,4	22,6
Cor ou raça				
Branca	6,7	9,6	13,4	19,4
Preta	7,9	10,5	16,8	23,5
Parda	6,8	9,2	14,6	21,0
Rendimento mensal domiciliar per capita				
Sem rendimento até 1/4 do salário mínimo	7,1	10,5	16,1	18,0
Mais de 1/4 a 1/2 do salário mínimo	11,0	12,1	20,2	26,8
Mais de 1/2 a 1 salário mínimo	8,3	11,8	18,2	26,8
Mais de 1 a 2 salários mínimos	6,3	9,1	12,8	19,1
Mais de 2 a 3 salários mínimos	3,9	6,1	8,6	14,5
Mais de 3 a 5 salários mínimos	4,0	7,5	7,2	12,8
Mais de 5 salários mínimos	2,8	6,1	6,0	10,4
Nível de instrução				
Sem instrução	11,3	16,0	25,1	38,4
Fundamental incompleto	6,5	9,7	13,7	21,5
Fundamental completo e mais	3,7	6,3	6,2	10,4

Fonte: Elaboração própria com base nos dados da Pesquisa Nacional de Saúde (IBGE).

O cuidado na velhice poder ser, em alguma medida, postergado em função da atenção à saúde individual, que possibilita minimizar a manifestação de muitas limitações na vida dos idosos. Entretanto, a ampliação da expectativa de vida se dá paralelamente à transição epidemiológica, manifesta "no aumento progressivo da prevalência de doenças e agravos crônicos não transmissíveis (DANT), responsáveis por uma crescente demanda por cuidados contínuos" (DUARTE; BERZINS; GIACOMIN, 2016, p. 457). Assim, o maior número de anos vividos pode ser experenciado com alguma debilidade física ou mental.

Conforme dados da Pesquisa Nacional de Saúde (2019), dos idosos com idade entre 60 e 64 anos, apenas 52% avaliavam seu estado de saúde como 'muito bom' ou 'bom', percentual que cai para 41,1% para o grupo com idade igual ou superior a 75 anos[14]. Essa percepção está diretamente associada à ocorrência de diferentes problemas de saúde. Entre 2013 e 2019, identifica-se um crescimento da presença de doenças na população idosa e dentre os principais relatos daqueles com mais de 75 anos estão a hipertensão arterial (62,1% dos idosos), os problemas crônicos de coluna (30,3%), o colesterol alto (24,4%), a diabete (21,1%), a artrite ou reumatismo (19,7%) e as doenças do coração (17,4%). Nos diagnósticos elencados, apenas a depressão tem menor incidência entre os idosos comparativamente a outros grupos etários mais jovens.

À alta incidência de doenças crônicas em 2019 (em 75,1% dos idosos com idade entre 60 e 64 anos e em 84% naqueles com idade superior a 75 anos) somam-se as multimorbidades que, segundo Duarte, Berzins e Giacomin (2016), atingem quase 60% dos idosos. Na ocorrência de múltiplas morbidades, o destaque fica para as síndromes demenciais[15] que, de acordo com as estimativas de Burlá et al. (2013) poderiam chegar a uma taxa de prevalência de quase 8% na população com 65 anos ou mais em 2020 (o que, no período considerado pelos autores, representaria uma média de 55 mil novos casos anuais). Tais síndromes são caracterizadas pelo declínio das capacidades físicas e cognitivas, reduzindo significativamente o grau de autonomia individual e, por seu turno, exigindo cuidados específicos e prolongados.

Diante desse cenário, é evidente a importância da avaliação global da saúde do idoso, identificando quais são suas necessidades e as melhores

14 Da Silva, França e Julião (2020) buscaram identificar quais variáveis poderiam ser associadas à boa percepção de saúde dos idosos no Brasil. Indo ao encontro das informações discutidas a partir da tabela 1, concluem que tal percepção está positivamente relacionada a maior escolaridade, a ser branco, a ter maior renda, a praticar atividades físicas regularmente, a ter plano de saúde e a não ter diagnóstico de doenças crônicas.

15 Para maiores detalhes sobre as características dos idosos com doença de Alzheimer, ver o estudo de Feter et al. (2021).

estratégias de cuidado (HOFFMANN; LOBO, 2014), inclusive em termos do delineamento de políticas específicas para esse segmento. Pelos mecanismos tradicionais já existentes no Brasil – o Estatuto do Idoso e a Política Nacional do Idoso (PNI) – o grupo focal compreende um segmento demográfico apoiado na idade (60 anos ou mais) que lhe confere características próprias e, portanto, medidas específicas, mas não é possível que se esqueçam as heterogeneidades que o caracterizam (CAMARANO, 2016). Se esse processo já é problemático na atualidade, quando o percentual da população com 65 anos ou mais é de 10,8%, o que esperar para as próximas duas décadas, quando deverá chegar a quase 20%?

A FORÇA DA OFERTA POR CUIDADO: NOVAS E VELHAS ARTICULAÇÕES ENTRE TRABALHO INVISÍVEL E TRABALHO PAGO

A perda de autonomia advinda do processo de envelhecimento é uma dentre tantas outras formas de vulnerabilidade demonstradas ao longo da vida, de modo que "estamos todos e todas envolvidos/as nas malhas do *care* e dele dependemos para existir" (GUIMARÃES; HIRATA, 2020, p. 34). O cuidado, enquanto uma atividade afetiva e material, é parte do processo de reprodução social, que trata da criação e manutenção de laços intergeracionais e relacionais. Embora essencial à sociedade, é historicamente generificado, recaindo majoritariamente sobre as mulheres e realizado principalmente no espaço doméstico, de forma gratuita.

Estas características estão associadas à ideia de que, no contexto das economias capitalistas, a esfera da reprodução social é apartada da esfera da produção, como se fossem conjuntos disjuntos, sem qualquer relação entre si. Em uma espécie de contraposição à instituição do mercado, à reprodução social associa-se o amor e a virtude, naturalizando as atividades que, justamente por isso, não são vistas como trabalho, não tendo remuneração e, ao não entrar no tradicional fluxo circular da renda, são tratadas como atividades improdutivas – ainda que sejam a fonte para a produção de toda e qualquer riqueza econômica. Ao reconhecer a conexão entre estas esferas, a Economia Feminista auxilia na compreensão ampla do funcionamento da economia e das diferentes formas de opressão das mulheres, embora o amplo acesso feminino ao âmbito da produção e a mercantilização de muitas atividades reprodutivas não sejam suficientes para romper com sua condição de subordinação no sistema. A dupla jornada é a manifestação latente da sobreposição de atividades[16].

Neste contexto, a tensão social sobre as possibilidades de oferta de cuidado estão subjugadas à coordenação entre o tempo orientado às atividades que têm valor monetário e (quando possível) àquele dedicado às atividades de reprodução, evidenciando duas formas de organização do cuidado na sociedade: de um lado, aqueles que podem pagar e que terceirizam as atividades; de outro, aqueles que não têm condições de promover essa transferência, precisando encontrar a melhor articulação para cuidar dos seus próprios familiares e ter acesso à renda. Na forma como a oferta de cuidado tem sido alocada no mercado, a demanda de um indivíduo se dá às custas de outro, colocando as necessidades em competição em um contexto escasso de produção, que promove ainda mais desigualdades.

Em termos conceituais, o trabalho de cuidado, conforme a OIT (2018), consiste em duas atividades associadas: aquelas que são diretas, pessoais e relacionais (como o atendimento a um idoso doente), e aquelas que são indiretas (como os afazeres domésticos)[17]. Ambas podem assumir sua forma remunerada ou não, refletindo as possibilidades mencionadas no parágrafo anterior. Entretanto, a reduzida valorização dessas atividades mantém um estreito elo entre o cuidado pago e o não pago, já que, quando remuneradas, representam atividades antes realizadas no espaço doméstico e que eram vistas como 'trabalho de mulher'. Ao permanecerem socialmente invisibilizadas, marcadas sob o signo da predisposição ou das 'habilidades naturais' femininas, tais atividades adensam o 'piso pegajoso' da baixa remuneração (FERNANDEZ, 2019).

---

16 Quando se compara o número de horas trabalhadas no mercado com o número de horas dedicadas aos afazeres domésticos e/ou às atividades de cuidado, as diferenças de gênero são marcantes. Em média, conforme dados da PNAD, as mulheres dispendem em torno de 80% das horas gastas pelos homens nas atividades remuneradas, enquanto os homens dispendem em torno de 40% das horas gastas pelas mulheres nas atividades reprodutivas. Essa configuração ajuda a explicar o cenário feminino no mercado de trabalho, o que é explorado em mais detalhes no capítulo de autoria da professora Eugênia Leone.

17 Ainda em termos conceituais, é importante fazer uma distinção entre o *trabalho de cuidado* e a *economia do cuidado*. Conforme Esquivel (2012, p. 151): "a *economia do cuidado* é mais potente e menos abstrata que o *trabalho doméstico* ou o *trabalho reprodutivo*, e inclusive que o *trabalho de cuidados*" (tradução própria), já que abarca tanto os trabalhadores envolvidos em diferentes atividades (e setores) associados ao cuidado (educação, saúde, trabalho social), quanto os trabalhadores domésticos, bem como aqueles que realizam o cuidado em outros setores (como o atendimento médico em indústrias) e aqueles que não são trabalhadores do cuidado, mas que auxiliam na provisão de seus serviços (cozinheiras, lavadeiras, faxineiras etc.). Conforme a OIT (2018), o cuidado enquanto força de trabalho mundial é constituído por 381 milhões de trabalhadores (11,5% do emprego global), dos quais mais de 65% são mulheres, o que representa 19,3% do emprego total feminino (frente a 6,6% do emprego masculino). No Brasil, do total de trabalhadores em 2016, 4,7% são trabalhadores do cuidado no setor educacional, 3,2% no setor de saúde e social, 6,9% são trabalhadores domésticos, 1,3% são trabalhadores do cuidado em outros setores e 3,6% são trabalhadores que não são do cuidado, mas que auxiliam na provisão dos serviços.

Estas características são válidas para o cuidado em geral, embora existam especificidades quando o foco está nos idosos. A inversão de papéis ("pais que se tornam filhos") é acompanhada pela grande carga emocional resultante da percepção da finitude da vida, manifesta nos corpos e, em alguns, também na demência. Esses desafios e as atividades associadas implicam em sobrecarga de trabalho porque, comparativamente ao cuidado na primeira infância, demandam mais força física e habilidades emocionais. É isso que mostra o estudo de Dukhonov, Ryan e Zagheni (2020), em que os entrevistados manifestam menos sentimentos positivos (de alegria e calma) e mais sentimentos negativos (como frustração, preocupação, tristeza e dor) ao cuidar de idosos do que de menores de 18 anos.

Os desafios, aliados ao aumento da população de idosos e da falta de mulheres dispostas a ofertar seus esforços gratuitamente, por agora estarem amplamente inseridas na força de trabalho, estimularam a profissionalização da atividade de cuidado de idosos a partir do início nos anos 1970, tanto em países desenvolvidos quanto em países em desenvolvimento. Entretanto, somente a família e o mercado são incapazes de atenderem todas as demandas derivadas do envelhecimento populacional, de modo que se para criar uma criança, como diz o provérbio popular, é preciso de uma vila inteira, para cuidar de um idoso é necessária uma sociedade do cuidado. Essa pode ser sintetizada na metáfora do 'diamante do cuidado' (*care diamond*), proposta por Razavi (2007).

O diamante e suas quatro pontas representam a inter-relação entre as quatro forças que estruturam o cuidado em uma sociedade: além do mercado e das famílias, também o Estado e a comunidade. O modo como a articulação entre os entes se dá depende de diferentes realidades sociais, o que altera a forma de representação do quadrilátero segundo os distintos países. De acordo com Guimarães e Hirata (2020), para o cuidado dos idosos no Brasil, os dois principais vértices responsáveis são as famílias e os grupos comunitários, tendo menor representatividade o mercado (na contratação de empregadas domésticas – que assumem conjuntamente a função de cuidadores – e de instituições de longa permanência) e, de forma ainda mais marginal, o Estado que, com políticas difusas, não atende aos interesses dos demandantes, se muito fornecendo a renda básica através do BPC. Esta configuração é representada na Figura 1, a ser explorada em mais detalhes na sequência.

Figura 1 Diamante do cuidado dos idosos no Brasil

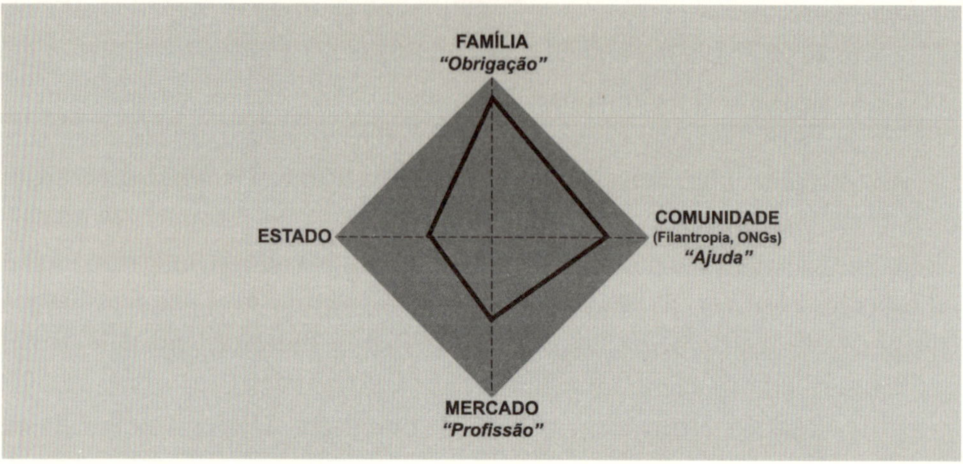

Fonte: Elaboração própria, com base em Razavi (2007) e Guimarães e Hirata (2020).

Ainda que o Estado seja o vetor menos atuante na oferta de cuidado aos idosos no Brasil, ele não é apenas um dos elementos de suporte, mas também é aquele que delimita a responsabilização dos demais agentes. Quanto maior for seu nível de envolvimento, menor pode ser a participação da família, da comunidade e do mercado, de modo que se colocar como um agente passivo na organização do cuidado é resultado de uma estratégia política. Essa tática (i) segue a tendência de privatização de muitos serviços públicos com o intuito de torná-los mais eficientes, considerando apenas os ganhos monetários em detrimento de seus efeitos sociais de encadeamento; (ii) ancora-se na percepção de que as atividades reprodutivas são restritas aos resultados das decisões individuais, com as demandas geradas no contexto familiar devendo ser resolvidas de modo privado; e (iii) reconhece apenas de forma romantizada o envelhecimento, ignorando que a 'melhor idade' é acompanhada por uma diversidade de demandas para as quais o Estado sequer parece ter interesse de entender e atender. A justificativa para essa ausência de debate e proposições está também associada, conforme Esquivel (2012), à inexistência (ou baixa representatividade) política daqueles para os quais o acesso ao cuidado já compreende um problema. Estes grupos, mais vulneráveis economicamente, tendem a perceber o cuidado como um dever, não um direito, com reduzida possibilidade de escolha decorrente da inexistência de um aparato de proteção social e de serviços públicos e de qualidade.

Estas características, entretanto, não são restritas ao Brasil. A marginalidade da atenção ao cuidado é observada mesmo nos regimes de bem-estar social que servem como referência para muitas das políticas adotadas nos países em desenvolvimento[18]. Guiando-se pela ideia do "homem trabalhador", muitas políticas públicas voltadas ao idoso são condicionadas à situação de aposentadoria ou contribuição trabalhista que, por seu turno, dependem do acesso prévio à renda via salário, de modo que os grupos dependentes acabam por ser negligenciados (RAZAVI, 2007). Isso é verdade principalmente para as mulheres que, historicamente, têm uma inserção reduzida e errante no mercado de trabalho pela necessidade de aliarem as atividades remuneradas com aquelas não remuneradas e invisíveis, o que dificulta seu acesso aos recursos de aposentadoria e pensão (STARK, 2005). No caso brasileiro, isso é visível na 'universalização' da seguridade social a partir da Constituição de 1988, que garante renda à população idosa condizente à participação prévia da mesma na esfera produtiva (CAMARANO, 2016). Nesse sentido, as iniciativas existentes seguem a lógica de serem definidas 'de cima para baixo' (sem uma real articulação com a realidade da população alvo das medidas) e 'de fora para dentro', com a importação de práticas utilizadas nos países desenvolvidos (ESQUIVEL, 2012). Como resultado, os gastos públicos com a oferta de cuidados de longo prazo para a população idosa no mundo não ultrapassam, em média, 1% do PIB[19] (OIT, 2018).

O reduzido debate sobre o cuidado de idosos na agenda política brasileira e os poucos recursos direcionados, de forma indireta, para isso – através, por exemplo, do BPC e do Programa Saúde da Família – são insuficientes para dar conta da crescente demanda potencial nas próximas décadas[20]. Mesmo quando o foco está no atendimento integral ao cuidado, como acontece nas Instituições

18 Isso fica visível nos dados apresentados pela OIT (2018, p. 142, tradução própria): "Um estudo com 46 países representativos de todas as regiões globais mostra que, em 2015, apenas nove países (de alta renda) manifestaram em sua legislação nacional o direito de receber cuidados de longo prazo. [...] Como resultado, 48% da população dos países analisados não tinha nenhuma proteção social de cuidado de longo prazo [...] . Uma vez que as mulheres têm uma expectativa de vida mais longa do que os homens, tais deficiências têm implicações cruciais para as desigualdades de gênero e o bem-estar das mulheres e denotam uma falta de sensibilidade de gênero nas políticas de cuidado de longo prazo".

19 Os valores são diminutos ainda que o retorno desses investimentos se mostre significativo. Stark (2005), apoiando-se em estudos da Organização Mundial da Saúde, indica que os países com uma maior parcela do PIB alocada em cuidados públicos de longo prazo têm uma população idosa com uma expectativa de vida média mais longa, de modo que isso, em conjunção com o ambiente, podem retardar ou reduzir o declínio das capacidades individuais ao longo da vida.

20 Ainda que não se refira apenas ao cuidado de idosos, a OIT (2018) fez uma estimativa da quantidade de recursos necessários para que o Brasil alcance, até 2030, as metas de desenvolvimento sustentável referentes à saúde, educação, igualdade de gênero e trabalho decente. Nos 12 anos seguintes ao da publicação, a expansão das atividades de cuidado demandaria gastos públicos da ordem de 20,6% do PIB, o que poderia promover uma expansão de empregos de cuidados de longo prazo na ordem de 1,3 milhão.

de Longa Permanência para Idosos (ILPIs), a representatividade das instituições públicas é extremamente baixa – conforme dados preliminares do Grupo de Pesquisa, Estudo e Diagnóstico das Instituições de Longa Permanência (GPED FN-ILPI), elas compreendiam 3,2% das ILPIs em 2010 e apenas 2,3% em 2021. Daí a necessidade de que a organização social do cuidado se apoie em políticas específicas e transversais, sensíveis tanto àqueles que dependem das mesmas (os demandantes de cuidado), como dos grupos economicamente dependentes, sobre os quais recai a grande parte da oferta desse cuidado (ESQUIVEL, 2012)[21].

Sem a forte atuação do Estado no cuidado dos idosos, e considerando os altos custos dessa atividade no mercado, tem-se uma profecia autorrealizável: um arranjo não remunerado (na família ou na comunidade). Em se tratando da *família*, o cuidado compreende uma obrigação, já que é gratuito, não sendo visto como trabalho, e realizado 'por amor' ou 'por responsabilidade', recaindo majoritariamente sobre as mulheres (GUIMARÃES; HIRATA, 2020)[22]. Conforme Bauer e Souza-Poza (2015), as esposas e as filhas têm três vezes mais chances de serem as cuidadoras primárias dos familiares mais idosos e, conforme Stark (2005), os homens idosos tendem a receber o cuidado principalmente de suas esposas, enquanto as mulheres idosas são cuidadas por suas filhas e noras, o que remete ao questionamento discutido na introdução deste capítulo (*Mulher! Sem filhas mulheres, quem vai cuidar de você na velhice?*) e o porquê de isso ainda ser um tema particularmente caro a elas. Além disso, considerando a maior expectativa de vida feminina e o fato de que os homens divorciados ou viúvos têm mais chances de se casarem novamente, normalmente com esposas mais jovens, a velhice acaba sendo mais solitária para as mulheres, tanto por serem maioria entre a população idosa[23], quanto pela falta de companheiros (SALGADO, 2002; MOTTA, 2018).

---

21 Apesar do descaso público com o cuidado dos idosos, são dignos de nota dois programas municipais já reconhecidamente elogiados na literatura: o *Programa de Acompanhamento de Idosos*, de São Paulo, e o *Maior Cuidado*, em Belo Horizonte. Na capital paulista, o programa foi criado com os seguintes objetivos:: "(i) oferecer acompanhamento domiciliar e apoio às atividades diárias, desenvolvendo ações de cuidado e suporte a idosos em situação de dependência; (ii) desenvolver ações de cuidado e suporte aos familiares e cuidadores; (iii) promover a autonomia e a independência do idoso, e a sua integração social; (iv) ampliar o acesso aos serviços de saúde; e (v) evitar ou postergar a institucionalização e, consequentemente, melhorar a qualidade de vida do idoso assistido". Na capital mineira, o programa tinha por foco o "atendimento domiciliar aos idosos frágeis em situação de semidependência e dependência funcional, e de vulnerabilidade social" (DUARTE; BERZINS; GIACOMIN, 2016, p. 466-467).

22 Na Espanha, em que também há a centralidade da família no cuidado dos idosos, Stark (2005) destaca que o fenômeno da mudança dos pais idosos para a casa de seus filhos se tornou tão comum que ganhou o nome de *família estendida modificada*.

23 Conforme as projeções populacionais do IBGE, em 2023, as mulheres eram 57% das pessoas com mais de 65 anos e 67,8% entre aqueles com mais de 90 anos.

Além da responsabilização pelos cuidados dos idosos, em muitos casos os familiares arcam com os recursos necessários à sua manutenção[24], o que pode ocorrer especialmente em se tratando de idosas que foram donas de casa em tempo integral e que não contribuíram plenamente com os sistemas de previdência social[25]. Nas famílias mais pobres, entretanto, é comum que os proventos de programas de renda mínima e aposentadoria compreendam parcela significativa da renda domiciliar, sendo compartilhada com os demais integrantes, o que pode implicar redução do consumo do próprio beneficiado (FOLBRE; SHAW; STARK, 2005)[26]. Nestes casos, tem-se um arranjo comum nos estratos mais vulnerabilizados: a pessoa cuidada se torna também cuidadora, tanto pelo fornecimento de renda ao núcleo familiar, quanto pela possibilidade de, estando em boas condições de saúde, ser responsável pelo cuidado de netos e parentes.

A proximidade do idoso com sua família pode trazer diversos benefícios aos envolvidos, mas as transformações da estrutura familiar ameaçam o contrato intergeracional de cuidado sob o qual repousa, inclusive, a legislação vigente, que assume o núcleo familiar como uma organização autônoma e estática. Ao se descortinar os movimentos demográficos de casamento e natalidade em curso, percebe-se famílias cada vez menores (com o incremento do número de casais sem filhos), frequentemente atravessadas por divórcios, e cada vez mais marcadas por distanciamentos geográficos, facilitados pela redução dos custos de transporte e comunicação. Neste contexto, o laço de cuidado historicamente estabelecido entre gerações se rompe, quando muito permanecendo o efeito moral que, entretanto, não garante a responsabilização em si. Daí a necessidade de reconhecer o processo de envelhecimento como um fenômeno social, que vai

---

24 Os custos abarcam tanto os recursos diretos gastos com a manutenção da vida do idoso (alimentação, roupas e remédios), quanto os dispêndios indiretos, incluindo aqueles voltados à adaptação da infraestrutura do lar, que vão desde ajustes pontuais (como o apoio de parede em banheiro) até as alterações estruturais para a mobilidade – rampas, alargamento de portas para comportar o trânsito de cadeiras de rodas etc.

25 "Paradoxalmente, quanto mais as mulheres cuidam de outrem, menos cuidado elas recebem em troca. [...] Em suma, por causa da desvalorização do trabalho reprodutivo, as mulheres, em comparação aos homens, em todos os lugares, encaram a velhice com menos recursos em termos de apoio da família, renda monetária e bens disponíveis" (FEDERICI, 2019, p. 272).

26 No Brasil, conforme informações de Ana Amélia Camarano disponibilizadas em entrevista ao Instituto Humanitas (Unisinos), os idosos contribuem "com 70% da renda em 34% dos domicílios brasileiros e, em 21% deles, a renda dos idosos é responsável por 90% da renda domiciliar". A isso se soma o fato de que "cada vez mais os idosos têm se tornado a pessoa de referência da família, ou seja, aquela responsável pelas despesas com habitação, como aluguel, condomínio, entre outros custos. A porcentagem de pessoas com mais de 60 anos que são referência na família cresceu mais de 50% entre os anos de 2001 e 2015, tendo aumentado de 5,88% para 9,2%" (OBSERVATÓRIO NACIONAL DA FAMÍLIA, 2021), o que, além dos recursos de aposentadorias e pensões, pode estar associado ao alto nível de ocupação dos idosos que, no terceiro trimestre de 2022, era de 22% (PNAD-Contínua).

além da interação individual entre o demandante do cuidado e seu cuidador.

No presente, entre as cuidadoras familiares, a expressão *geração sanduíche* tem servido para expressar a duplicidade das atividades de cuidado – a criação dos filhos e a atenção aos pais (FEDERICI, 2019). Neste contexto, as atividades voltadas aos idosos impõem alguns custos às mulheres, dentre os quais o emocional e o físico, associado à realização de tarefas para as quais não possuem nenhuma preparação prévia, bem como o acompanhamento da degeneração da vida. Mais do que isso, há as dificuldades de conciliação que podem gerar um custo econômico à participação delas no mercado de trabalho, reduzindo sua disponibilidade de tempo (ou, em casos extremos, promovendo o abandono do emprego) e direcionando-as aos setores que possibilitam jornadas mais flexíveis, como é o caso das atividades informais, que podem implicar redução da renda no presente e no futuro, quando a cuidadora se tornará a pessoa que demandará cuidados. Assim, reforçam-se os ciclos da desigualdade de gênero, com as mulheres mais sujeitas a fazerem a 'escolha' pelo cuidado familiar em detrimento do acesso à renda[27].

Muitas vezes, entretanto, essa escolha não é possível de ser realizada, especialmente entre as populações mais pobres, para as quais "as condições demarcadas pela ausência (ou fragilidade) da assistência social e pela impossibilidade (ou dificuldade) de recorrer ao mercado de serviços de cuidado" fazem com que a sobreposição das atividades seja acompanhada do *cuidado como ajuda* (GUIMARÃES; HIRATA, 2020, p. 121). A ajuda implica na contribuição de uma rede mais ampla, formada tanto por familiares que não coabitam a residência quanto por amizades ou grupos comunitários, em um enfrentamento solidário da velhice. Seu traço marcante é a dimensão relacional, que promove a criação de uma dívida moral entre as partes envolvidas, que pode ser liquidada através de outras formas de ajuda ou mediante remunerações simbólicas, como dinheiro (abaixo do valor pago pelo serviço no mercado), comida e presentes. Ainda assim, essa retribuição não descaracteriza a ajuda como não trabalho, já que interpretada pela reciprocidade, como uma troca de prestação de apoio a quem precisa.

27 Conforme Miller e Bairoliya (2022), os efeitos sobre a desigualdade de gênero podem ser ainda mais amplos quando se considera que as atividades de cuidado dos idosos, quando realizadas em detrimento das horas alocadas no mercado remunerado, promovem uma perda do poder de barganha da mulher dentro do domicílio. Nesse sentido, políticas de compensação de renda ao cuidador poderiam compensar tanto a perda de rendimentos quanto garantir a manutenção de sua autonomia no espaço doméstico, embora corra-se o risco de reforçar a especialização do cuidado como atividade feminina.

Embora essa solidariedade seja digna de reconhecimento, normalmente indica um sintoma de vulnerabilidade social do idoso e da sua família diante da falta de outras possibilidades de cuidado, seja em virtude da insuficiência do Estado no atendimento à atenção básica, ou pela falta de renda para contratação da mesma via mercado. Além disso, demanda o estabelecimento de relações de afeto prévias que, diante do crescimento da impessoalidade e do isolacionismo social, podem gerar duas configurações apartadas: de um lado, dificultar que as ajudas ocorram, minimizando a força desse tipo de cuidado no atendimento aos idosos; de outro, criar possibilidades, ainda que informais, de acesso à renda para as mulheres, que passam a ver o cuidado como uma oportunidade, semelhante ao que ocorreu com a *mãe crecheira*[28].

As perspectivas de crescimento da demanda por cuidado são manifestas na expansão do *cuidado como profissão*, ofertado no *mercado*, que tem mostrado sua centralidade no cuidado dos idosos[29]. Tanto é assim que, no Brasil, o termo *cuidador*, conforme Guimarães e Hirata (2020), tornou-se sinônimo das pessoas envolvidas em atividades que tem por foco a atenção aos idosos. Ao serem incorporadas no setor de serviços, questionam a qualidade natural ou inata desse trabalho, embora permaneçam desvalorizadas, mal remuneradas e marcadas pela falta de reconhecimento profissional[30], trazendo consigo a invisibilidade tida no espaço doméstico.

As cuidadoras, sem uma estrutura formal para a profissionalização, têm em sua experiência prévia (na família ou em ajudas) as qualificações tácitas

28 A figura da mãe crecheira (já incluída na Classificação Brasileira de Ocupações – CBO) é um desdobramento natural do cuidado enquanto uma ajuda, sendo uma atividade realizada principalmente no espaço doméstico. Sob o pagamento de uma taxa/mensalidade definida, essas mulheres atendem principalmente as crianças que não conseguiram vaga em creche ou escola (e que não têm autonomia suficiente para ficarem em casa sozinhas) ou aquelas que estão matriculadas em instituições, mas os pais não possuem uma jornada de trabalho compatível para levá-las e/ou buscá-las nos horários de funcionamento das atividades escolares, de modo que repassam a função adiante.

29 Conforme Guedes e Monçores (2019, p. 4): "de acordo com a lei, os cuidadores podem trabalhar organizados sob três regimes: domiciliar (regido pela Lei do Emprego Doméstico), como microempreendedor individual (MEI), ou como CLT, quando contratado por pessoa jurídica. É provável que esta última opção se aplique em especial às profissionais atuantes em instituições de cuidado, isto é, fora do âmbito doméstico."

30 Em 2002, a CBO reconheceu o cuidador com a família ocupacional 5162, dando um estatuto de profissão à atividade ('cuidador de crianças, de jovens, de adultos e de idosos'). Entretanto, isso não significa a regulamentação da profissão, que traria consigo uma definição das funções e das exigências profissionais, bem como a definição de piso salarial e a defesa organizada dos interesses da classe. Entre as dificuldades encontram-se manifestações de outros segmentos profissionais, especialmente do Conselho Federal de Enfermagem, que visa garantir sua reserva de mercado (já que, tradicionalmente, os enfermeiros são os cuidadores dos pacientes), atribuindo uma desqualificação técnica aos profissionais que, não tendo a mesma formação, exercem a atividade de cuidador (GUIMARÃES; HIRATA, 2020).

demandadas no exercício de suas atividades[31]. Muitas delas, entretanto, não recebem esse título, mas acumulam as funções de cuidado às demandas do serviço doméstico para o qual são contratadas previamente. Aliás, as trabalhadoras domésticas no Brasil são um dos eixos que estruturam a organização social do cuidado, de modo que o perfil da cuidadora e da empregada doméstica são muito próximos (majoritariamente negras, de baixa escolaridade, que exercem suas atividades principalmente na informalidade e com reduzida remuneração)[32].

Apesar de o Brasil ser um dos países com um dos maiores contingentes de trabalhadoras domésticas do mundo e mesmo elas estando localizadas na base da pirâmide social, a contratação desse tipo de serviço é elitizada e quase inacessível para a grande maioria da população. Conforme Guimarães e Hirata (2020, p. 157), "os domicílios capazes de contratar serviços de cuidado [de acordo com dados da Pesquisa de Orçamentos Familiares de 2017/2018] não são mais que 1,3% do total". E isso de maneira genérica, já que a demanda por cuidadores (e seus custos associados) é muito diversa, podendo ir desde o suporte com as atividades da casa em horário comercial, no caso dos idosos com ampla autonomia, até aqueles que precisam de atenção em tempo integral, o que implica na necessidade de uma rede de cuidadores domiciliares. É principalmente para esse último grupo que as ILPIs têm se colocado como uma opção[33].

No período de 2010 a 2021, conforme dados preliminares do Grupo de Pesquisa, Estudo e Diagnóstico das Instituições de Longa Permanência (GPED FN-ILPI), o número de ILPIs no Brasil cresceu mais de 100%, chegando a quase 8 mil estabelecimentos. Esse aumento é puxado pela ampliação nas regiões Sul, Nordeste e Sudeste, mantendo a concentração regional das mesmas no Sudeste

31 De acordo com Guedes e Monçores (2019, p. 4), "para as cuidadoras, a lei estabelece a necessidade de conclusão ao menos do ensino fundamental e a realização de um curso de qualificação profissional". Apesar disso, Guimarães e Hirata (2020) destacam que, especialmente nas regiões metropolitanas, a distância entre demandantes e ofertantes de cuidado acaba fazendo as agências de intermediação de serviços ganharem espaço, servindo como uma espécie de certificação de qualidade.

32 Conforme informações da PNAD-Contínua (3º trimestre de 2022), dos 'trabalhadores de cuidados pessoais e domicílio', 92,6% são mulheres, 23,9% tem carteira assinada, 10% trabalha mais de 49 horas semanais, sendo de R$ 1.213,20 sua renda média. Para os 'trabalhadores dos serviços domésticos em geral', 88,3% são mulheres, 24,7% tem carteira assinada, 5,1% trabalha mais de 49 horas semanais, sendo de R$ 994,41 sua renda média.

33 Conforme o Ipea (2010, p. 135), "observa-se que nas instituições públicas e filantrópicas, o percentual de residentes independentes é maior que nas privadas com fins lucrativos, provavelmente porque sua ida deve-se mais à carência de renda ou à de residência. Por outro lado, observa-se nas instituições privadas com fins lucrativos um percentual mais elevado de idosos dependentes. [...] Em síntese, o papel que uma ILPI desempenha é, também, em função da renda dos seus demandantes."

(60%) e Sul (25%). Além disso, há um predomínio de instituições privadas sem fins lucrativos (representando quase 60%), embora tenha ocorrido uma ampliação da participação das empresas com fins lucrativos (que vão de pouco mais de 10% para quase 30% dos estabelecimentos uma década depois).

A forma como essa expansão tem se processado traz vantagens e desvantagens em termos dos cuidadores e dos idosos. Como as instituições precisam estar adequadas às diversas normas de funcionamento e as condições de oferta de cuidado afetam a qualidade dos serviços prestados, tendem a envolver pessoas mais preparadas para exercerem as atividades, o que pode ser observado, por exemplo, no perfil distinto das cuidadoras de instituições que, conforme Guimarães e Hirata (2020), possuem maior escolaridade, menores jornadas de trabalho, maiores níveis de formalidade e de remuneração comparativamente às cuidadoras domiciliares. Entretanto, considerando especialmente as instituições com fins lucrativos, a finalidade de minimizar os custos de contratação dos serviços prestados pode ignorar a essência das atividades de cuidado que, sendo intensivas em trabalho e apoiadas em estruturas relacionais, não obedecem a uma lógica produtivista (OIT, 2018).

Além disso, a configuração jurídica das ILPIs atesta o reforço à mercantilização dessa forma de cuidado, de modo que o crescimento da oferta é orientado para um público seleto, com renda média e alta. A fim de criar, paralelamente, oportunidades também para as famílias carentes, alguns convênios são realizados, especialmente por intermédio das prefeituras. Entretanto, a concentração geográfica[34] pode implicar na necessidade de transferência do idoso para um município distante de seus familiares, de modo que à vulnerabilidade econômica se somam a solidão e a dificuldade da manutenção de laços emocionais com sua própria história. Ainda assim, a tendência de descentralização da assistência ao idoso pode fazer com que surjam iniciativas estaduais e municipais mais próximas das demandas locais, haja vista os casos de Belo Horizonte e São Paulo, bem como refletir uma quinta ponta para o diamante do cuidado: as relações público-privadas. Na impossibilidade de, no curto prazo, o Estado dar conta das demandas do envelhecimento populacional, já se preveem alguns serviços

34 Embora a disponibilidade de informações recentes sobre as ILPIs seja restrita, os dados do Ipea (2010) com relação à concentração das instituições de longa permanência para os idosos não parecem ter sofrido alterações significativas. As ILPIs existentes em 2010 estavam concentradas nos municípios de grande porte (31% delas naqueles com mais de 500 mil habitantes e 10,4% nos municípios com menos de 10 mil habitantes).

alternativos de atenção ao idoso que, todavia, precisam ser prévia e amplamente debatidos, como as *repúblicas*, a *família acolhedora* e as *residências temporárias*[35].

A estruturação dos eixos destacados no diamante, ao fornecer uma visão geral da organização social do cuidado, evidencia uma oferta de atenção aos idosos que já se mostra, em certa medida, incompatível com a realidade da demanda brasileira. Nesse contexto, interpretações mais otimistas veem a tecnologia como uma solução para a crise vindoura, porque ela possibilitaria um maior nível de automação do cuidado, acompanhando a tendência de aumento da produtividade observada em outros segmentos do setor de serviços, em que as possibilidades de substituição de trabalho por capital são maiores. Entretanto, o cuidado é intensivo em trabalho relacional, o que limita esse processo[36], tendo por efeito o aumento dos preços das atividades de cuidado comparativamente aos demais bens e serviços da economia.

Como se trata de um bem de necessidade que tem baixa elasticidade-preço, o encarecimento relativo do cuidado promove uma ampliação dos gastos da população que dele necessita, o que pode ampliar as desigualdades existentes e reforçar a necessidade de que o Estado atue como provedor do serviço ou como fornecedor de recursos (FOLBRE, 2006). Essa se torna uma das causas do que Dowling (2021) denomina de dupla privatização – enquanto uma parcela maior da renda pessoal é destinada à compra de serviços cada vez mais mercantilizados, aqueles que não podem pagar por isso têm a necessidade de ampliar sua carga de trabalho de cuidado não remunerado.

Ainda assim, a tecnologia pode, de modo transversal, beneficiar os atores envolvidos com o cuidado, desde que, como Folbre (2006) bem pontuou, não

---

35 Sobre a *república de idosos*: "é uma alternativa de residência para os idosos independentes, organizada em grupos, conforme o número de usuários, e cofinanciada com recursos da aposentadoria, benefício de prestação continuada, renda mensal vitalícia e outras. Em alguns casos a república pode ser viabilizada em sistema de autogestão." (PREVIDÊNCIA SOCIAL, 2014, p. 31). Sobre a *família acolhedora*, o programa "oferece condições para que o idoso sem família ou impossibilitado de conviver com a mesma, receba abrigo, atenção e cuidados de uma família cadastrada e capacitada para oferecer este atendimento" (PREVIDÊNCIA SOCIAL, 2014, p. 29). E, por fim, sobre a *residência temporária*, é um "regime de internação temporária, público ou privado, de atendimento ao idoso dependente que requeira cuidados biopsicossociais sistematizados, no período máximo de 60 dias", tendo por foco, por exemplo, o idoso que recebeu alta hospitalar e não possui assistência domiciliar, bem como o "idoso que pertencer a uma família que se encontra em situação de vulnerabilidade e de sobrecarga física, financeira ou emocional (situações de doença, estresse, falecimento do cuidador)" (PREVIDÊNCIA SOCIAL, 2014, p. 8-9).

36 Complementando com as palavras de Federici (2019, p. 268-269): "Esses avanços científicos e tecnológicos podem trazer grandes benefícios para pessoas mais velhas, se forem financeiramente acessíveis a elas. [...] Mas isso não pode substituir o trabalho dos cuidadores, especialmente no caso de idosos que moram sozinhos ou que sofrem de doenças e possuem alguma deficiência. [...] A automação também não é capaz de dar atenção aos dilemas – medos, ansiedades, perda de identidade e do sentido de dignidade – que as pessoas enfrentam à medida que envelhecem e se tornam dependentes de outrem para que suas necessidades mais básicas sejam satisfeitas".

promova um excesso de mercantilização do cuidado. Nesse caso, ter-se-ia um descolamento do objetivo original do cuidar, já que é com relativa facilidade que o setor de cuidados pode ser cooptado para sua transformação em uma simples mercadoria, o que distanciaria ainda mais grande parte dos demandantes idosos no país do atendimento às suas necessidades.

À GUISA DE CONCLUSÃO: A FORÇA DO DESEQUILÍBRIO ENTRE OFERTA E DEMANDA DE CUIDADO

Na conclusão de seu livro *A Velhice*, Beauvoir (2018, p. 563-564) afirma que "quando compreendemos o que é a condição dos velhos, não podemos contentar-nos em reivindicar uma *política da velhice* [...]. É todo o sistema que está em jogo, e a reivindicação só pode ser radical: mudar a vida". Esta mudança, entretanto, está muito distante, assim como apartada já está a demanda e a real oferta de cuidado de idosos no Brasil. Pelo panorama do presente, tem-se a dimensão do alerta para o futuro, ilustrado de forma esquemática no Anexo A. Por ser o cuidado ainda uma atividade essencialmente feminina, a demanda de cuidado potencial (tanto das crianças e jovens, como dos idosos) continuará a recair pesadamente sobre as mulheres. Daí a justificativa para estabelecer a razão de dependência em relação apenas àquelas marcadas pelo signo da atividade de reprodução social.

Conforme o IBGE, em 2023 os jovens representavam quase 30% da população, enquanto a participação dos idosos era de 15%. Isso significa que, para cada 10 mulheres na faixa etária de 15 a 65 anos, há 3 idosos e quase 6 jovens que são potenciais demandantes de cuidado. Daqui a duas décadas (quando, segundo projeções, 28,7% da população tiver mais que 65 anos), para cada 10 mulheres haverá quase 6 idosos e 5 jovens potenciais demandantes de cuidado. Embora estes dados sejam sintomáticos de uma crise, eles minimizam seus efeitos porque não revelam as assimetrias de quem, por sua raça, classe e gênero, cuidará e será cuidado.

Em um país marcado por diferentes desigualdades, é urgente a estruturação de um regime de cuidado que, atendendo à demanda presente e futura, responda satisfatoriamente a três perguntas basilares: quem cuida? Onde se cuida? Quem paga os custos? Juntos, estes questionamentos possibilitam a atuação em diferentes frentes que são demarcadas pela perspectiva do cuidado – ou 'a lógica do cuidado' conforme Esquivel (2012). A lógica, em outras palavras, implica na transversalização do cuidado nas políticas públicas, compreendendo tanto as iniciativas específicas (as políticas de cuidado), quanto o ambiente do cuidado, que abarca o entendimento de como as políticas macroeconômicas, trabalhistas, de proteção social e migratórias podem potencializar ou limitar os resultados da crise do cuidado (OIT, 2018).

É de uma maneira ampla, e garantidora de um espaço fiscal para os investimentos em políticas de cuidado, que se pode vislumbrar uma organização social do cuidado que fuja da tendência observada nos países latino-americanos de concentração de esforços nas ILPIs, sendo uma exceção o Sistema Nacional Integrado de Cuidados do Uruguai (BIDEGAIN; CALDERÓN, 2018). Além disso, não se deve pautar a solução para a crise seguindo a tendência dos Estados Unidos e da Europa mediante a 'importação' de cuidadoras. A migração de mulheres entre os países do Sul Global (na forma de uma cadeia continental de cuidado), ou mesmo entre as regiões brasileiras, apenas serve para transferir o problema adiante – como já ocorre frente à terceirização do cuidado das classes de média e alta renda para os grupos mais pobres.

Se o modo como cuidamos dos idosos reflete os valores da sociedade, este capítulo dá uma sinalização do que somos e de quais vidas importam. Neste contexto, a pergunta sobre 'quem vai cuidar de você na velhice' só tem sua função se continuarmos responsabilizando o próprio indivíduo pelo seu processo de envelhecimento. Ao propor a lógica do cuidado, a teoria feminista convida, nos termos de Beauvoir, a 'mudar a vida', criando as condições para que o 'gerontocídio silencioso'[37] que vem ocorrendo no Brasil ceda lugar a um país que dê valor à vida, do início ao fim.

REFERÊNCIAS

BAUER, Jan Michael; SOUSA-POZA, Alfonso. "Impacts of Informal Caregiving on Caregiver Employment, Health, and Family". *Journal of Population Ageing*, vol. 8, n. 3, p. 113-145, 2015.

37 O termo foi utilizado por Daniel Groisman, pesquisador da Fiocruz, na matéria intitulada "Um país mais velho: o Brasil está preparado?", divulgada no site da Escola Politécnica de Saúde Joaquim Venâncio (epsjv.fiocruz.br).

BITENCOURT, Rossandra Oliveira Maciel; DALTO, Fabiano Abranches Silva. "Da velhice à terceira idade: um estudo exploratório sobre a evolução do conceito e as implicações para as políticas públicas". *Planejamento e Políticas Públicas* (PPP), n. 59, p. 285-304, Jul./Set. 2021.

BEAUVOIR, Simone. *A velhice*. 2ª Ed. Rio de Janeiro: Nova Fronteira, 2018.

BIDEGAIN, Nicole; CALDERÓN, Coral. (Org.) *Los cuidados en América Latina y el Caribe – Textos seleccionados 2007-2018*. Santiago: Cepal, 2018.

BRASIL. *Constituição da República Federativa do Brasil:* texto constitucional promulgado em 5 de outubro de 1988, compilado até a Emenda Constitucional nº 105/2016. Brasília: Senado Federal, Coordenação de Edições Técnicas, 2020.

BURLÁ, Cláudia; CAMARANO, Ana Amélia; KANSO, Solange; FERNANDES, Daniele; NUNES, Rui. "Panorama prospectivo das demências no Brasil: um enfoque demográfico". *Ciência & Saúde Coletiva*, v. 18, p. 2949-2956, 2013.

CAMARANO, Ana Amélia. "Introdução". In: ALCÂNTARA, Alexandre de Oliveira; CAMARANO, Ana Amélia; GIACOMIN, Karla Cristina. *Política Nacional do Idoso: velhas e novas questões*. Rio de Janeiro: Ipea, 2016.

CAMARANO, Ana Amélia; KANSO, Solange. FERNANDES, Daniele. Brasil envelhece antes e pós-PNI. In: ALCÂNTARA, Alexandre de Oliveira; CAMARANO, Ana Amélia; GIACOMIN, Karla Cristina. *Política Nacional do Idoso: velhas e novas questões*. Rio de Janeiro: Ipea, 2016.

DA SILVA, Cristiane; FRANÇA, Marco Tulio Aniceto; JULIÃO, Nayara Abreu. "Insumos associados à função de produção de saúde para idosos no Brasil: uma análise com base na Pesquisa Nacional de Saúde 2013". *Planejamento e Políticas Públicas* (PPP), n. 54, p.187-208, Jan./Jun. 2020.

DOWLING, Emma. *The Care Crisis*. Londres/Nova York: Verso, 2021.

DUARTE, Yeda Aparecida de Oliveira Duarte; BERZINS, Marília Anselmo Viana da Silva; GIACOMIN, Karla Cristina. "Política Nacional do Idoso: as lacunas da lei e a questão dos cuidadores". In: ALCÂNTARA, Alexandre de Oliveira; CAMARANO, Ana Amélia; GIACOMIN, Karla Cristina. *Política Nacional do Idoso: velhas e novas questões*. Rio de Janeiro: Ipea, 2016.

DUKHONOV, Denys; RYAN, Joan M.; ZAGHENI, E. "The impact of demographic change on transfers of care and associated well-being". *Max Planck Institute for Demographic Research (MPIDR) Working Paper*, 2020.

ESQUIVEL, Valeria. "Cuidado, Economía y Agendas Políticas: una mirada conceptual sobre la 'Organización Social del Cuidado'". In: ONU Mujeres. *La Economía Feminista desde América Latina: una hoja de ruta sobre los debates actuales en la región*. Santo Domingo: ONU Mujeres, 2012.

FEDERICI, Silvia. "Sobre o cuidado dos idosos e os limites do marxismo". In: FEDERICI, Silvia. *O ponto zero da revolução: trabalho doméstico, reprodução e luta feminista*. São Paulo: Elefante, 2019.

FERNANDEZ, Brena Paula Magno. "Teto de vidro, piso pegajoso e desigualdade de gênero no mercado de trabalho brasileiro à luz da Economia Feminista: por que as iniquidades persistem?" *Revista Cadernos de Campo*, Araraquara, n. 26, p. 79-103, Jan./Jun. 2019.

FETER, Natan; LEITE, Jayne Santos; CAPUTO, Eduardo Lucia; CARDOSO, Rodrigo Kohn; ROMBALDI, Airton José. "Who are the people with Alzheimer's disease in Brazil? Findings from the Brazilian Longitudinal Study of Aging". *Revista Brasileira de Epidemiologia*, v. 24, 2021.

FOLBRE, Nancy. "Nursebots to the Rescue? Immigration, Automation, and Care". *Globalizations*, vol. 3, n. 3, p. 349-360, 2006.

FOLBRE, Nancy; SHAW, Lois B.; STARK, Agneta. "Introduction: Gender and Aging". *Feminist Economics,* vol. 11, n. 2, p. 3-5, Jul./2005.

GUEDES, Graciele Pereira; MONÇORES, Elisa. "Empregadas domésticas e cuidadoras profissionais: compartilhando as fronteiras da precariedade". *Revista Brasileira de Estudos de População*, vol. 36, p. 1-24, 2019.

GUIMARÃES, Nadya Araújo; HIRATA, Helena Sumiko. *O gênero do cuidado: desigualdades, significações e identidades.* Cotia: Ateliê Editorial, 2020.

HOFFMANN, Maria Cristina Correa Lopes; LOBO, Maria Cristina de Arrochela (Org.) "Diretrizes para o cuidado das pessoas idosas no SUS: proposta de modelo de atenção integral". *XXX Congresso Nacional de Secretariais Municipais de Saúde*. Brasília: Ministério da Saúde, 2014.

IPEA – INSTITUTO DE PESQUISA ECONÔMICA APLICADA. "Condições de funcionamento e infraestrutura das Instituições de Longa Permanência para os idosos no Brasil". In: Ipea. *Infraestrutura social e urbana no Brasil: subsídios para uma agenda de pesquisa e formulação de políticas públicas.* Brasília: Ipea, 2010.

MESTER, Loretta J. "Demographics and their implications for the economy and policy". *Cato Journal*, v. 38, n. 2, 2018.

MILLER, Ray; BAIROLIYA, Neha. "Parental caregivers and household power dynamics". *Feminist Economics*, v. 28, n. 3, p. 114-144, 2022.

MOTTA, Alda Brito da. "Idade e Solidão: a velhice das mulheres". *Revista Feminismos*, v. 6, n. 2, p. 88-96, Mai./Ago. 2018.

OBSERVATÓRIO NACIONAL DA FAMÍLIA. *Fatos e Números – Idosos e Família no Brasil.* Brasília: Secretaria Nacional da Família, 2021.

OIT – ORGANIZAÇÃO INTERNACIONAL DO TRABALHO. *Care work and care jobs for the future of decente work.* Genebra: OIT, 2018.

PREVIDÊNCIA SOCIAL. *Normas de Funcionamento de Serviços de Atenção ao Idoso no Brasil.* Brasília: Secretaria de Políticas de Assistência Social, 2014. Disponível em: https://sbgg.org.br/wp-content/uploads/2014/10/servicos--de-atencao-ao-idoso.pdf

RAZAVI, Shahra. "The political and social economy of care in a development context: conceptual issues, research questions and policy options". *Gender and Development*, Programme Paper Number 3, Jun./2007.

SALGADO, Carmen Delia Sánchez. "Mulher idosa: a feminização da velhice". *Estudos Interdisciplinares sobre o Envelhecimento.* Porto Alegre, vol. 4, p. 7-19, 2002.

STARK, Agneta. "Warm hands in cold age – on the need of a new world order of care". *Feminist Economics*, vol. 11, n. 2, p. 7-36, Jul./2005.

ANEXO A

Projeção da relação entre os segmentos populacionais economicamente dependentes (menores de 15 anos e 65 anos ou mais) e o segmento etário potencialmente produtivo de mulheres – Brasil, 2010 a 2060.

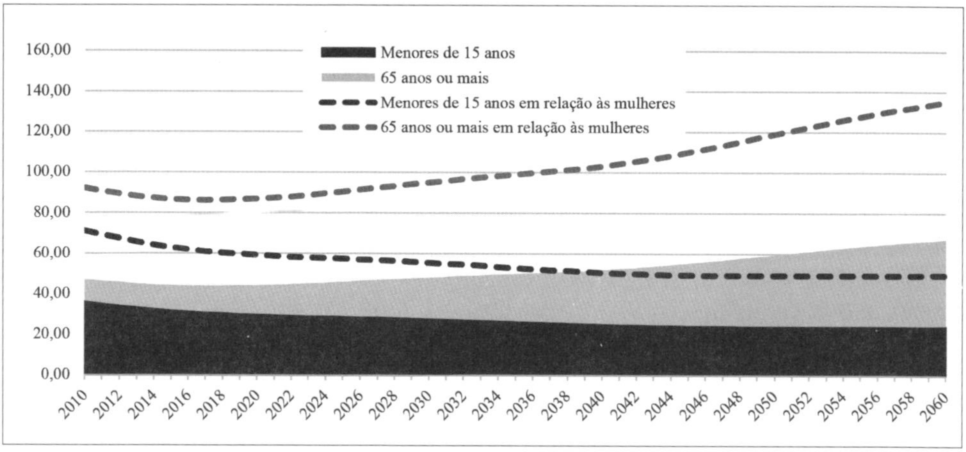

* A população idosa compreende aqueles com mais de 60 anos. Entretanto, com a finalidade de ponderar a razão de dependência, optou-se por considerar o grupo com 65 anos ou mais.

Fonte: Elaboração própria com base nos dados das Projeções da População (IBGE).

POR UMA MACROECONOMIA FEMINISTA: A ECONOMIA POLÍTICA DO TRABALHO DOMÉSTICO E DE CUIDADOS E A SUA MEDIÇÃO

Izaskun Zuazu
Magali Alloatti
Ana Luíza Matos de Oliveira

INTRODUÇÃO

Este trabalho faz parte do esforço por evidenciar, discutir e analisar as diversas conexões e implicações da macroeconomia e as desigualdades de gênero. Entendemos que há dimensões da macroeconomia que evidenciam estas disparidades de maneira mais clara que outras, ainda quando isto não garante decisões políticas alinhadas a diminuir ou erradicar as mencionadas desigualdades. Entendemos que, ainda quando não aparentes, estas disparidades são transversais à economia toda. Desigualdades não visíveis referem, por excelência, ao trabalho doméstico e de cuidado não remunerado, restrito à esfera doméstica e ignorado pela economia *mainstream*.

O empenho em visibilizar as desigualdades de gênero é uma empreitada de longa data na economia feminista e, particularmente, na macroeconomia. Diversas autoras têm contribuído para a teorização e conceituação do setor doméstico e do cuidado na economia (BRUSCHINI, 2006; CAMPAÑA; GIMÉNEZ-NADAL; MOLINA, 2018; DEROCK, 2021). Esta perspectiva destaca a dependência das sociedades em relação aos trabalhos de cuidado e doméstico realizados pelas mulheres de forma não remunerada, defendendo assim sua importância na economia do mundo real (GONZÁLEZ, 2020). Trata-se de atividades marcadas por relações de gênero que impacta o mercado ao reproduzir a força de trabalho, atual e futura. Estas propostas desafiam o entendimento e o funcionamento da economia dominante ao expor a desigualdade de gênero preexistente e que molda as dinâmicas econômicas nos níveis definidos como micro e macro (DOSS, 2021a; SEGUINO; HEINTZ, 2012).

Este capítulo contribui para esta discussão, evidenciando que as desigualdades de gênero são transversais à economia com impactos, e conexões, nos níveis macro e micro. Questionamos assim a redução de desigualdades de gênero à esfera doméstica – micro, o que as invisibiliza. Em primeiro lugar, discutimos a importância das desigualdades de gênero no trabalho não pago na literatura, o que demonstra os esforços existentes em explicar a centralidade do trabalho não remunerado na macroeconomia. Em segundo lugar, nos dedicamos a analisar empiricamente estas desigualdades em perspectiva comparada entre o Brasil e o México. Nossa escolha refere a dois contextos nos quais políticas macroeconômicas semelhantes foram aplicadas tendo como resultado disparidades de gênero diferentes (ver seção 2). Trabalhamos o nível macro – em termos *mainstream* – no caso da liberalização do mercado em ambos os países e suas implicações nas desigualdades de gênero. Por último, alinhadas com Vieira (capítulo presente neste livro), examinamos a desigual distribuição de tarefas domésticas e de cuidado em detrimento das mulheres. Trazemos assim a um primeiro plano a transversalidade das desigualdades de gênero. Defendemos que a ubiquidade destas disparidades invalida sua restrição, em termos *mainstream*, ao nível micro, já elas constituem e se conectam com dinâmicas em nível macro.

DESIGUALDADES DE GÊNERO DO 'MICRO AO MACRO': O TRABALHO NÃO REMUNERADO E A REPRODUÇÃO SOCIAL

O trabalho não remunerado é comparativamente menos estudado que o trabalho remunerado, pois a economia dominante – *mainstream* – se concentra principalmente na esfera de mercado. Assim, estatísticas de gênero relacionadas à participação na força de trabalho são em geral mais acessíveis que as que expressam a esfera doméstica. A produção doméstica e sua distribuição geralmente não são consideradas na modelagem macroeconômica, e as políticas e fenômenos macroeconômicos são considerados neutros em termos de gênero pela economia convencional (SEGUINO; HEINTZ, 2012). No caso da análise microeconômica, com uma tradição mais longa de utilizar perspectivas de gênero, também há problemas. Como as famílias são usadas como unidade de análise, há escassos detalhes sobre quem ganha renda, quem possui recursos e quem realiza o trabalho de cuidado (DOSS, 2021b). O foco no domicílio – e não no indivíduo – resulta numa visão míope da distribuição do trabalho remunerado e não remunerado entre mulheres e homens.

Uma hipótese importante na macroeconomia com olhar de gênero é a chamada hipótese da "feminização em forma de U", que aponta que em níveis iniciais de PIB per capita, a participação feminina na força de trabalho é alta, mas é reduzida pelo aumento do desenvolvimento econômico. No entanto, com novos aumentos do PIB per capita, a participação feminina na força de trabalho aumenta. Inicialmente formalizada por Goldin (1995) usando dados históricos para os EUA, a feminização em forma de U tem sido contestada na literatura recente (GADDIS; KLASEN, 2014; VERIK, 2018). Contestações indicam que, embora a participação das mulheres na força de trabalho tenda a aumentar com o desenvolvimento econômico, há países em desenvolvimento que apresentam altos níveis de participação feminina relacionados com altas taxas de pobreza.

A literatura econômica *mainstream* se concentra nas diferenças de gênero no uso do tempo, considerando-o um recurso a ser alocado entre o lazer e o trabalho; modelos de tomada de decisão dentro do domicílio ajudam a entender como o trabalho e recursos são alocados de maneiras diferentes (CHIAPPORI; MEGHIR, 2015). Os modelos neoclássicos consideram que os membros da família alcançam um resultado cooperativo ou eficiente de Pareto (o que significa que não há outra alocação de tempo que melhore a situação de um membro da família sem piorar a situação de outro membro). Porém, as suposições em que esses modelos se baseiam são limitadas e difíceis de encontrar no mundo real (DOSS, 2021b) e isto conduz a desequilíbrios de gênero na distribuição de trabalho remunerado e não remunerado[1]. Uma das principais críticas a estes modelos baseia-se no entendimento de que as pessoas dentro das famílias não compartilham as preferências. Acima de tudo, a economia feminista argumenta que a alocação do tempo é influenciada pelas estruturas patriarcais de poder (FOLBRE, 1986), o que foge de preferências individuais.

Segundo Zuazu (2022), a crítica à perspectiva *mainstream* em questão de gênero é a falta da problematização do trabalho doméstico e de cuidados em análises macroeconômicas data de algumas décadas. Por exemplo, Elson (1995a)

1 Folbre (2020a) baseia-se em conceitos tradicionais da teoria marxista, tais como exploração e opressão, para fornecer um modelo teórico de jogo de poder de negociação injusto e redistribuição de recursos no agregado familiar em uma perspectiva de economia política interseccional.

destaca a necessidade de trazer a economia do cuidado – o trabalho doméstico e de cuidado remunerado e não remunerado – ao centro do funcionamento da macroeconomia. Já Humphries e Rubery (1984) questionam as conexões causais entre macroeconomia e reprodução social à falta de visibilidade do trabalho não remunerado tanto em modelagens econômicas – incapazes de captar seus efeitos – quanto em políticas públicas – que por não o enxergar, resultam inadequadas para afrontá-lo. Ignorar a carga de trabalho não remunerado na vida daquelas que o realizam deriva na exclusão de direitos sociais, de políticas de bem-estar, de previdência, entre outros direitos ancorados à categoria trabalho formal e remunerado (ADDATI, 2021; DURÁN; MILOSAVLJEVIC, 2012). Desde então, o subcampo da macroeconomia feminista desenvolveu-se significativamente, amadurecendo a crítica e as ponderações sobre o trabalho de cuidados e doméstico não remunerado para reconhecer, incluir e conceitualizar seu papel na macroeconomia (SEGUINO, 2013, 2020, 2021; BENERIA et al., 2015; CONNELLY; KONGAR, 2017; BRAUNSTEIN; SEGUINO; ALTRINGER, 2021).

Um dos princípios da economia feminista, proposto formalmente por Waring (1988), é o de que o PIB e o Sistema de Contas Nacionais (SCN) deixa de fora o trabalho não remunerado. A distribuição desigual do trabalho não remunerado tem repercussões diretas sobre os vieses de gênero do PIB como medida de desenvolvimento econômico. Conforme sugerido por Assa e Kvangraven (2021), as revisões do SCN incluíram mudanças como serviços de intermediação financeira, P&D e sistemas de armas como atividades produtivas, mas não atividades não remuneradas (DEROCK, 2021). Para estes autores, a hegemonia dos países do Norte Global na definição da SCN é decisiva para a incorporação de reformas e mudanças nas metodologias. Consequentemente, há um viés ocidental e de gênero na mensuração das principais métricas macroeconômicas, exemplificado pelo PIB.

A medição e análise de uso do tempo se estabeleceram há tempo em países do Norte Global visando compreender mudanças sociodemográficas e da estrutura produtiva (AGUIRRE; FERREIRA, 2013; AMARANTE; ROSSEL, 2018). O principal vetor histórico da análise são as transformações nas relações de gênero, o aumento da participação feminina na força de trabalho e o desenvolvimento de direitos humanos a partir de reivindicações feministas. Para as ciências sociais, estas estatísticas trouxeram uma maneira diferente de entender e medir o trabalho, antes exclusivo das atividades remuneradas. Até hoje, as abordagens econômicas tradicionais não incorporaram integralmente estes dados e suas implicações. As estatísticas de uso do tempo permitem capturar as decisões individuais e familiares de alocação do tempo em formas de trabalho remuneradas e não remuneradas, iluminando questões de bem-estar (individual e familiar) que indicadores macroeconômicos como o PIB não conseguem explicar.

A predominância de mulheres realizando atividades de trabalho doméstico e de cuidados não remunerado é um traço estrutural da maioria das sociedades contemporâneas. Estudos de abrangência global apontam que o tempo dedicado a cuidados não remunerados equivale a dois bilhões de horas de trabalho por dia (ILO, 2018). Segundo o Programa para o Desenvolvimento das Nações Unidas com base em 69 países, em 2015 as mulheres realizam até 75% do trabalho de cuidados não remunerado (CHARMES, 2015). Algumas estimativas para a América Latina apontam que o valor do trabalho não remunerado é seis vezes maior que os custos de salários em serviços de cuidado, incluindo creches, escolas primárias, cuidados de saúde e trabalho doméstico geral (MILOSAVLJEVIC, 2008 *apud* DURÁN; MILOSAVLJEVIC, 2012, p. 9).

De maneira geral, os indicadores e dados no caso de países da América Latina apresentam médias de horas trabalhadas por semana desagregadas por sexo para: horas dedicadas à criação de filhas e filhos, cuidado de parentes, entre outras atividades não remuneradas; e o cruzamento destas variáveis com nível socioeconômico, educação, número de dependentes no lar, idade, tipo de domicílio, ocupação etc. Os países latino-americanos realizam diferentes tipos de pesquisas, dificultando a comparação internacional dentro da região.

Apesar das diferenças e limitações dos dados sobre uso do tempo, Campaña, Giménez-Nadal e Molina (2018, p. 54-55) oferecem *insights* importantes sobre como interpretar estas estatísticas no caso de três países latino-americanos: Peru, México e Equador. Este estudo mostra que o crescimento econômico não necessariamente diminui as desigualdades de gênero em horas totais de trabalho (somadas as remuneradas e não remuneradas), fazendo imperativo o questionamento de prioridades para o planejamento e avaliação da política pública e da política econômica. Durán e Milosavljevic (2012, p. 7) mostram que enquanto o PIB de vários países latino-americanos cresceu na década dos anos 2000, a proporção de 'trabalho não produtivo' se mantém alta em todos eles, evidenciando papéis tradicionais de gênero, risco de pobreza e a alta vulnerabilidade perante crises econômicas. Na linha da nossa comparação, destacamos o México como exemplo de boas práticas na elaboração e aplicação de pesquisas de uso do tempo na formulação de políticas com o programa de transferência de renda "Progresa-Oportunidades" (ver AGUIRRE; FERRARI, 2013).

No caso brasileiro, a Pesquisa Nacional por Amostra de Domicílios (PNAD) foi se modificando ao longo das décadas, seguindo esforços em diversos países da América Latina, com base no trabalho de Szalai na década de 1970 (BRUSCHINI, 2006, p. 334). A principal referência deste movimento foi Neuma Aguiar, que no começo dos anos 1980 defendeu a importância da metodologia de medição do tempo para evidenciar a participação econômica das mulheres em sua grande diversidade urbana, rural, de classe, familiar, especialmente em atividades sem remuneração.

A importância das estatísticas sobre a divisão sexual do trabalho e as desigualdades no Brasil continua extremamente atual. Medeiros e Pinheiro (2018, p. 161-162) mostram que o principal fator de desigualdade entre homens e mulheres é o trabalho não remunerado, que leva a longas jornadas totais das mulheres. A relevância do tema aumenta já que previsões para 2050 sugerem que a taxa de dependência aumentará junto com a demanda por serviços de assistência (DURÁN; MILOSAVLJEVIC, 2012). Braga e Costa (2022) exploram as implicações dos desequilíbrios de gênero no uso do tempo no Brasil apontando para a dupla jornada feminina: o acúmulo de empregos remunerados e não remunerados e suas repercussões na segurança alimentar e bem-estar. A análise do uso do tempo ilumina as conexões entre pobreza, bem-estar e gênero. Como em muitos países do Sul Global, no Brasil, a preparação de alimentos e o cuidado do orçamento familiar são atividades praticamente exclusivas das mulheres. Isto refere ao uso do tempo e como eles explicam a realidade de grupos familiares que enfrentam insegurança alimentar, com destaque a famílias de baixa renda e lares chefiados por mulheres que mostram uma maior tendência à insegurança alimentar pelas restrições de tempo (BRAGA; COSTA, 2022, p. 17).

A atualidade do tema incrementou-se devido aos efeitos da pandemia no Brasil. Há claros sinais de que o desequilíbrio no uso do tempo em termos de gênero se agravou já que as horas de trabalho doméstico e de cuidados não remunerados aumentaram significativamente. Isto se deve especialmente ao isolamento social e o fechamento de instituições públicas que apoiam a reprodução social (FARES et al., 2021). Um estudo baseado em uma amostra representativa de mulheres brasileiras em 2020 demonstrou que desde o começo da pandemia 50% das mulheres no Brasil começaram a "cuidar de alguém". Entre mulheres que cuidam, 72% reportaram um aumento do tempo e atenção requeridos e 41% expressou trabalhar mais horas fora de casa sem aumento da renda. Entre mulheres mais vulneráveis, como mães solteiras, negras, de baixa renda e trabalho informal, 61% reportou depender da família ou pessoas próximas para o cuidado de crianças e idosos para trabalhar fora de casa. (SOF, 2020, p. 16)

Assim como outras crises econômicas anteriores, a pandemia de covid-19 evidenciou o argumento histórico da macroeconomia feminista: a importância da economia do cuidado na reprodução da força de trabalho (ZUAZU, 2022, P. 2; BAHN et al., 2020; KABEER et al., 2021; FOLBRE, 2020b; COLLINS et al., 2020; THOMASON; MACIAS-ALONSO, 2020). Isto se insere na reivindicação histórica destas atividades como pilares fundamentais do capitalismo, bem como das pessoas – mulheres – que as realizam. Assim, *surveys* de uso do tempo (*Time-use surveys*) ganharam mais centralidade dando visibilidade à desigual distribuição de tarefas pré e pós-pandemia. Esta breve discussão da literatura apoia nosso entendimento da transversalidade das desigualdades de gênero. Permite-nos também tensionar as classificações micro e macro demonstrando a ubiquidade das desigualdades, assim como seus efeitos como discutimos nas próximas seções.

DESIGUALDADES DE GÊNERO EM NÍVEL MACRO: MACROECONOMIA NO BRASIL E NO MÉXICO

A desigualdade de gênero é considerada uma das principais barreiras ao desenvolvimento econômico inclusivo e sustentável, especialmente no longo prazo (SANTOS SILVA; KLASEN, 2021). A literatura destaca a centralidade das decisões sobre fertilidade e investimentos em capital humano como mecanismos não plenamente visíveis que afetam negativamente o crescimento econômico e a igualdade entre homens e mulheres. Estas questões delineiam o âmago das desigualdades de gênero por influenciarem o trabalho de cuidado não remunerado e por serem reproduzidas por normas adscritas de gênero. Trata-se de desigualdades sustentadas de maneira invisível por papéis de gênero agindo em diversas facetas da macroeconomia.

Nesta seção, nos concentramos no nível macro *stricto sensu* comparando o Brasil e o México. Selecionamos estes casos por serem países que implementaram políticas macroeconômicas similares, no caso a liberalização do comércio internacional, que resultaram em trajetórias diferentes em termos de desigualdades de gênero. Destacamos que, enquanto o Brasil é um dos países latino-americanos com maiores taxas de participação de mulheres no trabalho remunerado, o México exibe uma das menores taxas de participação feminina permanente e por baixo da média latino-americana. Escolhemos a política de liberalização do mercado por ser um aspecto fundamental do desenvolvimento econômico na América Latina e que, por sua vez, tem impactos diferenciados em termos de gênero. Examinamos este fenômeno por meio da sua interação com desigualdades de gênero e os usos do tempo em trabalho não remunerado.

Nas últimas décadas, o Brasil passou por um progresso significativo de redução das desigualdades sociais e educativas de gênero, ainda que as diferenças no mercado de trabalho persistam (AGENOR; CANUTO, 2015). Como detalhado na próxima seção, o tempo alocado em trabalho remunerado no caso de mulheres no Brasil é inferior ao dos homens, ao mesmo tempo que o tempo gasto em atividades não remuneradas é maior. O modelo macroeconômico formalizado por Agenor e Canuto (2015) examina as implicações dos usos do tempo nas mulheres em relação ao crescimento econômico no longo prazo. O modelo contempla trabalho remunerado, cuidado de crianças, acumulação de capital e produção doméstica. O estudo identifica que o poder de barganha ou negociação dentro do lar depende diretamente do capital humano acumulado e, indiretamente, de acesso à infraestrutura. Utilizando dados do Brasil, os autores demonstram que intervir nos usos do tempo e o poder de negociação das mulheres pode ter impactos benéficos substantivos na igualdade de gênero e no crescimento econômico ao longo prazo.

Políticas macroeconômicas podem ter efeitos e desdobramentos de peso no crescimento da participação das mulheres em atividades econômicas remuneradas, como é o caso das políticas de mercado. Identificamos dois vetores importantes em relação à liberalização do mercado e a igualdade de gênero. Em primeiro lugar, pelos efeitos pró competitivos do comércio, já que pode haver uma redução das disparidades de gênero produto de competitividade induzida ou por mudanças tecnológicas com viés de competências. Em segundo lugar, a liberalização do mercado pode trazer mudanças estruturais ambíguas em termos de igualdade de gênero, já que podem levar à segregação de mulheres em empregos de baixa produtividade e baixos salários.

Gaddis e Pieters (2017) analisam os efeitos diferenciados da liberação do comércio em mulheres e homens no Brasil dos quais resgatamos três pontos importantes. Em primeiro lugar, os achados conectam a liberalização do mercado com a redução da diferença de gênero em empregos e taxa de participação. Porém, não há um incremento relativo da participação e emprego das mulheres em relação aos homens. Em segundo lugar, as mulheres não se beneficiaram dos efeitos pró-competitivos da liberalização do comércio. Em terceiro lugar, uma questão fundamental no caso do Brasil, a liberalização do comércio exacerbou variações regionais prévias na composição da indústria. Por outro lado, Connolly (2022) sugere que os acordos bilaterais entre China e o Brasil na década de 2000-2010 incrementaram a taxa de empregabilidade das mulheres em relação à população total. Enquanto o desemprego diminuiu tanto para homens quanto para mulheres. Desta maneira, a liberalização do comércio pode reduzir as desigualdades de gênero na participação de mulheres no trabalho remunerado, reduzir informalidade e, potencialmente, a segregação ocupacional.

No caso do México, como será detalhado na próxima seção, a magnitude das diferenças de gênero no trabalho remunerado e não remunerado são maiores que no Brasil. Cuberes e Teignier (2018) estimam que a diferença na participação de homens e mulheres, em detrimento das últimas, representa aproximadamente uma desvantagem de 22% na produção econômica total do México. Bhalotra e Fernandez (2021) explicam a grande diferença de participação de homens e mulheres na força de trabalho a partir de mudanças na composição ocupacional no período de 1960-2015. Como principais fatores que intervêm no incremento das mulheres na força de trabalho, os autores apontam para educação, estado civil e fertilidade.

Os efeitos da liberalização do comércio no México têm sido estudados principalmente em termos de desigualdade de renda, salários e emprego. Um efeito de destaque da liberalização do comércio é a possibilidade da modernização tecnológica, diminuindo ocupações e empregos manuais e braçais. Nesta linha, retomamos o trabalho de Juhn et al. (2014), que oferece um modelo macroeconômico e uma análise econométrica utilizando dados de 1991-2000. As autoras sugerem que o Tratado do Livre Comércio da América do Norte (*the North American Free Trade* – NAFTA), no caso do México, levou à substituição de homens por mulheres em categorias de operários e trabalho manual. Articulado a isto, Domingues-Villalobos e Brown-Grossman (2010) analisam o rácio de exportações para o PIB. Os achados indicam que, durante 2001-2005, a liberalização do mercado impactou negativamente nos salários das mulheres em termos relativos e absolutos.

Concluímos com dois pontos centrais. Em primeiro lugar, enquanto a liberalização do comércio pode levar à diminuição de desigualdades de gênero em relação ao uso do tempo pelo incremento da participação das mulheres em empregos manuais, seus efeitos negativos nos salários podem perpetuar, de maneira menos evidente, as desigualdades. Consequentemente, em segundo lugar, alinhadas com o trabalho de Bhalotra e Fernandez (2021), destacamos que tanto no Brasil quanto no México, educação, estado civil e fertilidade resultam fatores cruciais por trás da distribuição desigual de trabalho remunerado e não remunerado no lar. Assim, destaca-se nosso argumento da tensão entre as esferas definidas como micro e macro, sendo estes fatores mediadores cruciais do funcionamento da macroeconomia.

PROBLEMATIZANDO O MICRO: DISTRIBUIÇÃO POR GÊNERO DO TRABALHO REMUNERADO E NÃO REMUNERADO

Participação feminina na força de trabalho e horas remuneradas trabalhadas: Brasil x México

A participação feminina na força de trabalho[2] é ainda uma das principais métricas empregadas para medir a igualdade de gênero em um país, incluídas inclusive no Gender Inequality Index (GII) da Organização das Nações Unidas. A figura 2 mostra a evolução da participação feminina na força de trabalho no Brasil, México e, para fins de contexto, na América Latina. Podemos ver como a incorporação das mulheres na força de trabalho remunerada no Brasil é maior

2 A taxa de participação feminina na força de trabalho é a razão entre mulheres empregadas e desempregadas em relação ao total de mulheres em idade ativa em uma determinada região e período.

do que no México. Observamos que a taxa de participação da força de trabalho feminina mudou de 41% em 1990 para 53% em 2019 no Brasil, enquanto aumentou de 33% para 44% no México. Brasil e México estão respectivamente acima e abaixo da média da América Latina.

A figura também exibe que a pandemia de covid-19 tem profundas implicações de gênero na economia (MATOS DE OLIVEIRA; ALLOATTI, 2022). Destacamos a queda generalizada na participação feminina na força de trabalho na América Latina, especialmente no caso do Brasil, já que foi relativamente maior. Entre 2019 e 2020, a participação feminina na força de trabalho no Brasil caiu cerca de 6 pontos percentuais (p.p.), e 4 p.p. e 5 p.p. respectivamente para o caso do México e a média da América Latina. Em 2021, a participação na força de trabalho feminina foi de 49% no Brasil, o que representa uma ligeira recuperação em relação ao ano anterior, embora semelhante aos valores observados em 2000.

Figura 2 Evolução da Participação da Força de Trabalho Feminina (Brasil, México e América Latina)

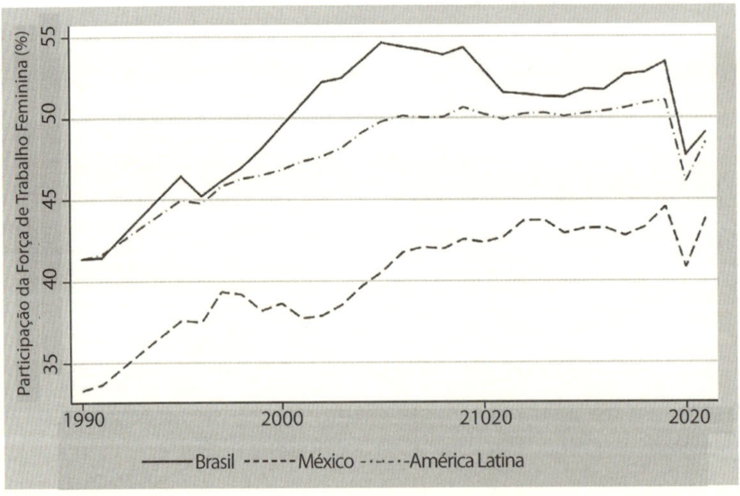

Fonte: Banco Mundial.

Neste ponto, nos concentramos no caso brasileiro já que exibe um padrão interessante na participação da força de trabalho feminina, pois é um *outlier* nas previsões da hipótese da feminização em forma de U. Conforme discutido na seção 2: possui níveis mais altos de participação feminina na força de trabalho do que o esperado com base na hipótese da feminização em forma de U. Gaddis e Pieters (2012) estudam o efeito das reduções tarifárias na participação feminina na força de trabalho e apontam que a liberalização do comércio e o processo de transformação estrutural aumentaram a participação feminina na força de trabalho e o emprego em períodos subsequentes. No entanto, esta crescente participação feminina veio acompanhada de maior insegurança no mercado de trabalho.

Até aqui, fornecemos informações sobre o mercado de trabalho, sem considerar a distribuição da produção familiar. Desenvolvendo nosso argumento, discutimos a distribuição de trabalho remunerado e não remunerado em relação ao gênero, medido por pelo tempo gasto na sequência.

Tempo gasto em trabalho remunerado e não remunerado: Brasil e México

Os dados para tempo gasto em trabalho remunerado e não remunerado para o Brasil são oriundos da PNAD Contínua, realizada pelo Instituto Brasileiro de Geografia e Estatística (IBGE). Comparamos estes dados com dados do México, do Instituto Nacional de Geografia y Estadística (INEGI). As Figuras 3 e 4 mostram o número de horas que mulheres e homens gastam em trabalho remunerado e não remunerado em um determinado dia para o Brasil e México em 2019.

Observamos que no Brasil as mulheres gastam em média 5 horas e 10 minutos em trabalho remunerado[3], quantia que sabemos é subestimada; enquanto os homens gastam 5 horas e 51 minutos. Os dados do trabalho não remunerado mostram que as mulheres gastam diariamente cerca de 3 horas em trabalho não remunerado, enquanto os homens gastam 1 hora e 34 minutos. Se computarmos a soma total do trabalho remunerado e não remunerado, as mulheres têm um excesso de cerca de uma hora extra de trabalho. Infelizmente, a falta de disponibilidade de dados em termos de interseccionalidade limita nossa análise da distribuição do trabalho remunerado e não remunerado no Brasil. Estas considerações devem ser feitas durante a leitura desta seção.

3 Chegamos ao número a partir da divisão por sete do total de horas semanais reportadas por mulheres em trabalho remunerado pelo IBGE para o ano 2019. Como mencionado no texto, sabemos que este número, assim como de maneira geral os dados sobre tempo gasto das mulheres, é subestimada.

Para o caso do México (figura 4), observamos maiores diferenças no tempo gasto por mulheres e homens em trabalho remunerado e não remunerado. As mulheres trabalham em média 2 horas e 37 minutos em trabalho remunerado, enquanto gastam 4 horas e 22 minutos em trabalho não remunerado. Enquanto os homens trabalham 5 horas e 14 minutos em trabalho remunerado e uma hora e 35 minutos em trabalho não remunerado. Vemos um tempo semelhante gasto por homens no Brasil e no México em trabalho não remunerado, e que os homens no Brasil gastam mais horas no trabalho remunerado do que no México.

No caso das mulheres, há uma diferença significativa entre o Brasil e o México no tempo gasto no trabalho remunerado. Isso pode estar relacionado com as maiores taxas de participação na força de trabalho feminina no Brasil, conforme observado anteriormente. Quanto ao total de trabalho (somando trabalho remunerado e não remunerado) no México e por gênero, vemos que o excedente de tempo feminino trabalhando é de apenas 10 minutos (os homens mexicanos trabalham no total 6 horas e 49 minutos e as mulheres 6 horas e 59 minutos).

Figura 3 Trabalho remunerado e não remunerado por quantidade de horas no dia e gênero (Brasil) (2019)

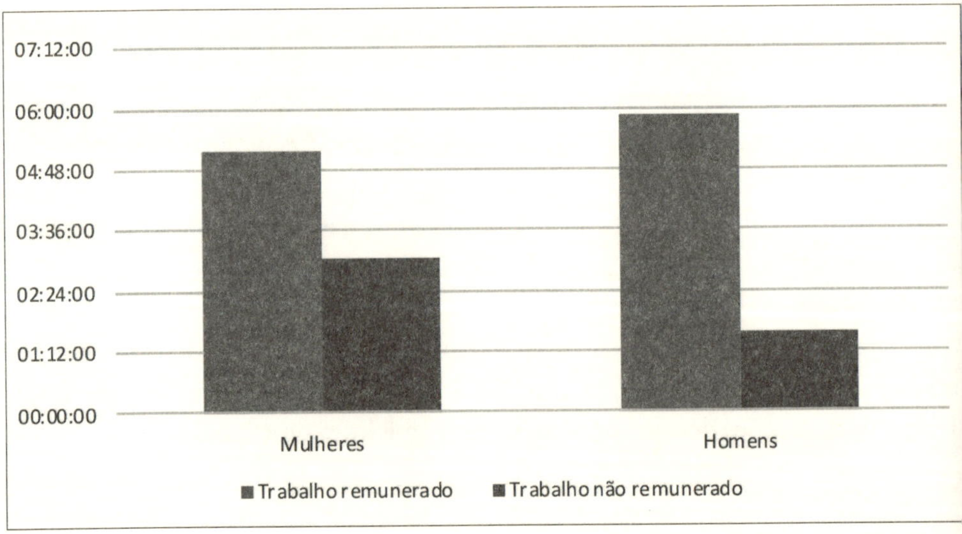

Fonte: IBGE.

Figura 4 Trabalho remunerado e não remunerado por quantidade de horas no dia e sexo (México) (2019)

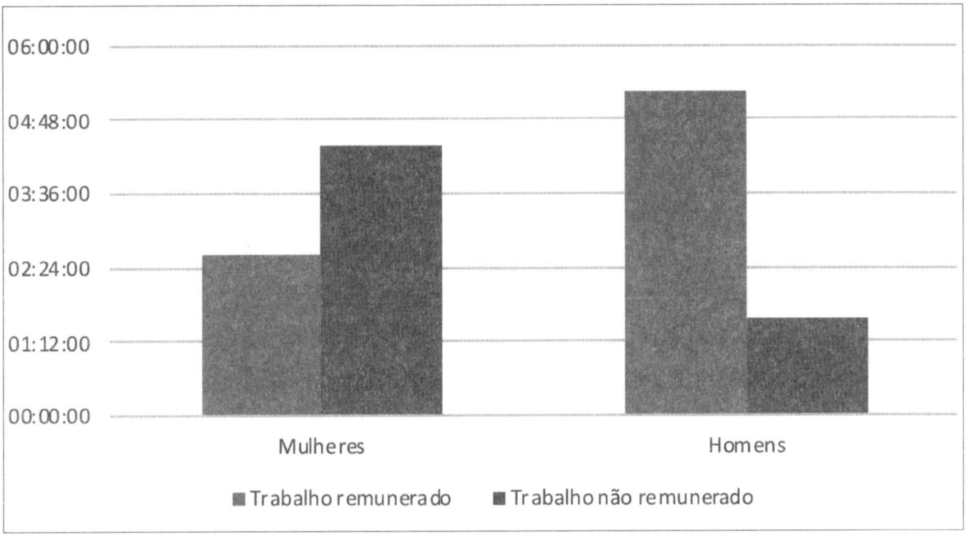

Fonte: INEGI.

CONSIDERAÇÕES FINAIS

Iniciamos este capítulo demonstrando que as desigualdades de gênero estão relacionadas a políticas macroeconômicas, no caso a liberalização do mercado. Neste quesito, uma baixa participação das mulheres na força de trabalho pode ser um obstáculo significativo para o crescimento econômico sustentável. Consequentemente, discutimos como políticas macroeconômicas de mercado, seja em base a o rácio de exportações para o PIB ou acordos bilaterais, podem ter repercussões na participação feminina na força de trabalho e, em decorrência, efeitos na distribuição de trabalho remunerado e não remunerado no lar. Examinamos em perspectiva comparada, nos casos do Brasil e México, visando iluminar a importância das especificidades e diferenças de contextos nacionais e suas histórias.

Posteriormente, elencamos diferenças nos usos do tempo entre homens e mulheres alinhadas à participação em trabalho remunerado e não remunerado no Brasil e no México. Ainda sendo dois países latino-americanos, a comparação elucida as singularidades das desigualdades de gênero. Enquanto a proporção de mulheres na força de trabalho no Brasil é uma das mais altas da região, o México apresenta um déficit significativo em relação à taxa de participação feminina à masculina. Como aspecto central, a análise apoiou nosso argumento de que as disparidades no uso do tempo têm articulações e impactos no crescimento econômico.

As estatísticas macroeconômicas dominantes foram construídas em torno ao trabalho remunerado, visando um trabalhador ideal masculino, branco, fabril e assalariado (ELSON, 1995B; MUGGE, 2022). A restrição do trabalho não remunerado à esfera doméstica em dados implica a limitação epistemológica do fenômeno econômico ao nível micro e, consequentemente, isolado dos objetivos e decisões tomadas a um nível macroeconômico. Assim, há um viés sistêmico nas estatísticas macroeconômicas, pois as mulheres e o trabalho reprodutivo e de cuidado não remunerado são deixados de fora. O que significa que elas, como sujeitos econômicos e de direitos, são restringidas ao mesmo tempo que a reprodução da força de trabalho é ignorada na formulação de modelos e políticas macroeconômicas (DOSS, 2021; MUGGE, 2022).

Para considerar o tempo gasto por mulheres e homens em trabalho remunerado e não remunerado, pesquisadores e formuladores de políticas precisam de dados sobre o uso do tempo. Como examinado por com Vieira (capítulo presente neste livro), estes dados são difíceis e caros de obter, assim como dependem de vontades políticas para serem coletados, reconhecidos e utilizados. Ainda mais, os países do Sul Global apresentam desafios extras na coleta e condução desse tipo de dados, como analfabetismo e orçamentos limitados (ESQUIVEL et al., 2008).

Fornecemos assim evidência concreta da importância da medição do tempo para compreender as desigualdades de gênero a partir do que é, tradicionalmente, definido como um espaço micro até um nível macro. Tensionamos esta distinção da macroeconomia tradicional demonstrando que aquilo que é invisibilizado, por ser reduzido ao espaço micro, são vetores fundamentais do crescimento econômico (foram mencionados como exemplo poder de negociação, estado civil, decisões sobre fertilidade). Defendemos a centralidade das relações de gênero na configuração da economia desafiando o desprezo ortodoxo às atividades humanas dedicadas à reprodução social realizadas primordialmente por mulheres.

Ainda quando produzidos e coletados, dados dos usos do tempo devem ser acompanhados de uma reflexão profunda, crítica e contextual sobre seu transfundo sociocultural. Como mencionado na introdução, a distribuição das atividades econômicas remuneradas e não remuneradas se sustenta e reproduz por meio de papéis e relações de gênero enraizados em relações de poder. É fundamental a reflexão sobre como esses dados virão contribuir para o desenvolvimento inclusivo a longo prazo. No contexto latino-americano, como demonstrado na comparação do Brasil com o México, perspectivas interseccionais devem ser implementadas, considerando o contexto histórico, entendendo os graus de vulnerabilidade na diversidade das mulheres.

Para além de compreender os fenômenos, é preciso refletir sobre como as políticas macroeconômicas podem ajudar a corrigir desequilíbrios, lado a lado com as políticas públicas. É preciso pensar novas políticas para visibilizar e trazer segurança econômica, trabalhista e jurídica àquelas que efetuam trabalho não remunerado, bem como reduzindo as desigualdades de gênero neste setor. É imperativo pensarmos em políticas públicas que estimulem a formalização e o compartilhamento destas atividades dentro de casa, a fim de romper com um ciclo de reprodução de desigualdades; e não contribuir para sua perpetuação e aprofundamento.

REFERÊNCIAS

ADDATI, Laura. "Transforming care work and care jobs for the future of decent work". *International Journal of Care and Caring*, vol. 5, n. 1, p. 149-154, 2021.

AGENOR, Pierre-Richard; CANUTO, Otaviano. "Gender equality and economic growth in Brazil: A long-run analysis". *Journal of Macroeconomics,* vol. 43, p. 155-172, 2015.

AGUIRRE, Rosario; FERRARI, Fernanda. "Surveys on time use and unpaid work in Latin America and the Caribbean. Experience to date and challenges for the future". *Series Gender Affairs 122*. ECLAC United Nations, 2013.

AMARANTE, Verónica; ROSSEL, Cecilia. "Unfolding patterns of unpaid household work in Latin America". *Feminist Economics*, vol. 24, n. 1, p. 1-34, 2018.

ASSA, Jacob; KVANGRAVEN, Ingrid. "Imputing away the ladder: Implications of changes in GDP measurement for convergence debates and the political economy of development". *New Political Economy*, vol. 26, n. 6, p. 985-1014, 2021.

BAHN, Kate; COHEN, Jennifer; VAN DER MEULEN RODGERS, Yana. "A Feminist Perspective on covid-19 and the Value of Care Work Globally". *Gender, Work and Organization,* vol. 27, n. 5, p. 695-99, 2020. https://doi.org/10.1111/gwao.12459

BHALOTRA, Sonia R.; FERNANDEZ, Manuel. "The rise in women's labour force participation in Mexico: Supply vs demand factors". No. 2021/16. *WIDER Working Paper*, 2021.

BENERIA, Lourdes; BERIK, Günseli; FLORO, Maria. *Gender, development, and globalization: Economics as if all people mattered.* Routledge, 2015.

BRAGA, Cícero; COSTA, Lorena. "Time use and food insecurity in female-headed households in Brazil". *Revista Brasileira de Estudos de População*, vol. 39, pp. 1-23, 2022.

BRAUNSTEIN, Elissa; SEGUINO, Stephanie; ALTRINGER, Levi. "Estimating the Role of Social Reproduction in Economic Growth". *International Journal of Political Economy*, 2021. https://doi.org/10.1080/08911916.2021.1942963.

BRUSCHINI, Cristina. "Trabalho doméstico: inatividade econômica ou trabalho não-remunerado?" *Revista brasileira de estudos de população*, vol. 23, p. 331-353, 2006. https://doi.org/10.1590/S0102-30982006000200009.

CAMPAÑA, Juan Carlos; GIMÉNEZ-NADAL, José Ignacio; MOLINA, Juan Alberto. "Gender Norms and the Gendered Distribution of Total Work in Latin American Households". *Feminist Economics*, v. 24, n. 1, p. 35-62, 2018. https://doi.org/10.1080/13545701.2017.1390320

COLLINS, Caitlyn; LANDIVAR, Liana; RUPPANNER, Leah; SCARBOROUGH, William. "covid-19 and the Gender Gap in Work Hours". *Gender, Work and Organization,* vol. 28, n. S1, p. 1-12, 2020. https://doi.org/10.1111/gwao.12506.

CONNELLY, Rachel; KONGAR, Ebru. *Gender and time use in a global context.* New York: Palgrave Macmillan, 2017.

CONNOLLY, Laura. "The effects of a trade shock on gender-specific labor market outcomes in Brazil". *Labour Economics,* vol. 74, p. 102085, 2022.

CUBERES, David; TEIGNIER, Mark. "Macroeconomic costs of gender gaps in a model with entrepreneurship and household production". *The BE Journal of Macroeconomics*, vol. 18, n. 1, 2017. https://doi.org/10.1515/bejm-2017-0031

CHIAPPORI, Pierre-André; MEGHIR, Costas. "Intrahousehold inequality". In: *Handbook of income distribution*, vol. 2. Elsevier, 2015, p. 1369-1418.

DEROCK, Daniel. "Hidden in plain sight: Unpaid household services and the politics of GDP measurement". *New Political Economy*, vol. 26, n. 1, pp. 20-35, 2021.

DOMINGUES-VILLALOBOS, Lilia; BROWN-GROSSMAN, Flor. "Trade liberalization and gender wage inequality in Mexico". *Feminist Economics,* vol. 16, n. 4, pp. 53-79, 2010.

DOSS, Cheryl. "Diffusion and Dilution: The Power and Perils of Integrating Feminist Perspectives Into Household Economics". *Feminist Economics*, vol. 27, n. 3, pp. 1-20, 2021a.

DOSS, Cheryl. "Intrahousehold decision-making and resource allocation". In: *The Routledge Handbook of Feminist Economics*. Routledge, 2021b, pp. 303-311.

DURÁN, María Ángeles; MILOSAVLJEVIC, Vivian. "Unpaid Work, Time Use Surveys, and Care Demand Forecasting in Latin America", 1–52, 2012. Retrieved from: www.fbbva.es.

ELSON, Diane. "Gender awareness in modeling structural adjustment". *World Development,* vol. 23, n. 11, pp. 1851–1868, 1995a.

ELSON, Diane. (Ed.). *Male bias in the development process.* Manchester University Pres, 1995b.

ESQUIVEL, Valeria; BUDLENDER, Debby; FOLBRE, Nancy; HIRWAY, Indira. "Explorations: Time-use surveys in the south". *Feminist Economics*, vol. 14, n.3, p. 107-152, 2008.

FARES, Lygia Sabbag; MATOS DE OLIVEIRA, Ana Luíza; ROLIM, Lílian Nogueira. "Gênero, trabalho remoto e trabalho reprodutivo não remunerado no Brasil durante a pandemia de covid-19". *Mercado de Trabalho: Conjuntura e Análise*: n. 72, 2021.

FOLBRE, Nancy. "Cleaning house: New perspectives on households and economic development". *Journal of Development Economics*, vol. 22, n. 1, pp. 5-40, 1986.

FOLBRE, Nancy. "Manifold exploitations: toward an intersectional political economy". *Review of Social Economy*, vol. 78, n. 4, pp. 451-472, 2020a.

FOLBRE, Nancy. *The Care Theory of Value.* 2020b. https://blogs.umass.edu/folbre/2020/04/08/the-care-theory-of-value/.

JUHN, Chinhui; UJHELYI Gergely; VILLEGAS-SANCHEZ, Carolina. "Men, women, and machines: How trade impacts gender inequality". *Journal of Development Economics,* vol. 106, pp. 179-193, 2014.

GADDIS, Isis; KLASEN, Stephan. "Economic development, structural change, and women's labor force participation". *Journal of Population Economics*, vol. 27, n. 3, p. 639-681, 2014.

GADDIS, Isis; PIETERS, Janneke. "The gendered labor market impacts of trade liberalization evidence from Brazil". *Journal of Human Resources*, vol. 52, n. 2, p. 457-490, 2017.

GONZÁLEZ, Lélia. *Por um feminismo afro-latino-americano.* São Paulo: Editora Zahar, 2020.

HUMPHRIES, Jane; RUBERY, Jill. "The reconstitution of the supply side of the labour market: the relative autonomy of social reproduction". *Cambridge Journal of economics*, vol. 8, n. 4, p. 331-346, 1984.

GOLDIN, Claudia. "The U-shaped female labor force function in economic development and economic history". In *Investment in Women's Human Capital and Economic Development*, TP Schultz (Org). Chicago: Univ. Chicago Press, 1995. pp. 61–90.

KABEER, Naila; RAZAVI, Shahra; VAN DER MEULEN RODGERS, Yana. "Feminist Economic Perspectives on the covid-19 Pandemic". *Feminist Economics,* vol. 27, n. 1–2, pp. 1–29, 2021. https://doi.org/10.1080/13545701.2021.1876906.

ÖZKAZANÇ-PAN, Banu; PULLEN, Alison. "Introduction. Gendered Labour and Work, Even in Pandemic Times". *Gender, Work and Organization,* vol. 27, n. 5, pp 675–76, 2020. https://doi.org/10.1111/gwao.12516

MATOS DE OLIVEIRA, Ana Luíza; ALLOATTI, Magali. "Gendering the crisis: austerity and the covid-19 pandemic in Brazil". *Economia Política*, pp. 1-22, 2021.

MEDEIROS, Marcelo; PINHEIRO, Luana. "Desigualdades de gênero em tempo de trabalho pago e não pago no Brasil, 2013". *Sociedade e Estado*, vol. 33, pp. 159-185, 2018.

MÜGGE, Daniel. "Economic statistics as political artefacts". *Review of international political economy*, vol. 29, n. 1, pp 1-22, 2022.

SANTOS SILVA, Manuel; KLASEN, Stephan. "Gender inequality as a barrier to economic growth: a review of the theoretical literature". *Review of Economics of the Household* vol. 19, p. 581-614, 2021.

SEGUINO, Stephanie. From micro-level gender relations to the macro economy and back again. In: FIGART, Deborah; WARNECKE, Tonia (Orgs). *Handbook of Research on Gender and Economic Life*. Edward Elgar Publishing, 2013, pp. 325-344.

SEGUINO, Stephanie. Engendering macroeconomic theory and policy. *Feminist Economics*, vol. 26, n. 2, p. 27-61, 2020.

SEGUINO, Stephanie. "Gender and economic growth". In *The Routledge Handbook of Feminist Economics*, pp. 341-350, 2021.

SEGUINO, Stephanie; HEINTZ, James. "Monetary Tightening and the Dynamics of US Race and Gender Stratification". *American Journal of Economics and Sociology*, vol. 71, pp. 603-638, 2012. https://doi.org/10.1111/j.1536-7150.2012.00826.x

SEMPREVIVA ORGANIZAÇAO FEMINISTA (SOF). *Sem parar: o trabalho e a vida das mulheres na pandemia.* 2020. https://mulheresnapandemia.sof.org.br/

THOMASON, Bobbi; MACIAS-ALONSO, Inmaculada. "covid-19 and Raising the Value of Care". *Gender, Work and Organization* vol. 27, n. 5, p. 705-08, 2020. https://doi.org/10.1111/gwao.12461.

VERICK, Sher. "Female labor force participation in developing countries". *IZA World of Labor*. 2014.

WARING, Marilyn; STEINEM, Gloria. *If women counted: A new feminist economics*. San Francisco: Harper & Row, 1988.

ZUAZU, Izaskun. "Caring the Care Sector: Contributions of Feminist Macroeconomics in the Post-covid-19 Era", *Mimeo* p. 1-18, 2022.

CONDIÇÃO DE ATIVIDADE DAS MULHERES EM CONTEXTOS DE RECESSÃO, ESTAGNAÇÃO E PANDEMIA

Eugenia Leone

INTRODUÇÃO

Este capítulo analisa a condição de atividade das mulheres durante a recessão e a estagnação da economia e na pandemia, ou seja, abrange o período compreendido entre 2014 e 2021. É importante esclarecer, de antemão, que quando analisamos a condição de atividade das mulheres nos estamos referindo ao seu trabalho remunerado, sem perder de vista, entretanto, as dificuldades que elas enfrentam pelas tarefas realizadas na esfera doméstica.

Por outro lado, também concordamos com as críticas das economistas feministas com relação ao conceito de *trabalho* associado apenas à execução de atividades vinculadas à esfera mercantil. Quando se analisa a situação da mulher na atividade econômica é importante destacar que as relações econômicas e sociais ocorrem por meio da articulação de duas dimensões: a produção econômica e a reprodução social. A produção econômica ou trabalho produtivo se refere às atividades de produção de bens e serviços para o mercado ou às atividades sem remuneração em algum negócio familiar dedicado à produção de bens e serviços para o mercado. Este é o conceito tradicional de trabalho produtivo definido pela OIT (HUSSMANNS, 2007).

Conforme esse critério, então, a ocupação total de um país está constituída pelo conjunto de pessoas que recebe rendimentos por seu trabalho e os trabalhadores familiares não remunerados. A empregada doméstica remunerada também faz parte dessa contabilidade. Aquelas pessoas que não têm um trabalho produtivo, mas estão disponíveis para esse tipo de trabalho e, além disso, estão envolvidas em atividades específicas de busca de um trabalho remunerado constituem os desempregados que juntamente com os ocupados produtivamente constituem a

População Economicamente Ativa (PEA). A parcela da população em idade ativa que não faz parte da PEA é considerada inativa.

A crítica a esse conceito tradicional de trabalho produtivo deve-se ao fato de não considerar a outra dimensão das relações econômicas e sociais, o da reprodução social que se refere ao trabalho reprodutivo ou de reprodução da vida humana realizado no âmbito das famílias ou da esfera doméstica. O conceito tradicional de PEA segue a lógica capitalista ao se centrar exclusivamente na esfera da produção mercantil, ocultando uma grande parte dos processos de reprodução humana, sem os quais o mercado não poderia subsistir (CARRASCO, 2017; VIEIRA, 2024). Assim, por exemplo, não reconhece o trabalho doméstico de cuidados não remunerado e quando o considera o faz separadamente das atividades remuneradas como se fossem atividades independentes, sem relação entre elas. Dessa forma, aquelas mulheres que não realizam atividades remuneradas são consideradas inativas. Ou seja, não existe um conceito amplo que seja capaz de esclarecer a complexidade das atividades remuneradas e não remuneradas das mulheres. Isto inclui as atividades remuneradas, o trabalho doméstico não remunerado e de ajuda familiar nos cuidados que constituem "produção" para autoconsumo, além do estudo, do trabalho voluntário e de outras atividades. Essa invisibilidade de parte importante das atividades femininas prejudica o entendimento cabal das peculiaridades do trabalho produtivo das mulheres.

Como é sabido, as mulheres enfrentam dificuldades bem maiores que os homens de participação na atividade econômica o que se manifesta nas menores taxas de atividade feminina, nas maiores taxas de desemprego, na segregação ocupacional, na maior precariedade das ocupações, nos menores salários e na maior informalidade do trabalho, esta última, notadamente no caso das mulheres negras. As mulheres enfrentam essa realidade no mercado de trabalho com sobrecarga de atividades domésticas e de responsabilidades familiares, o que coloca obstáculos na sua ascensão a melhores postos de trabalho, bem como na continuidade de suas trajetórias ocupacionais.

Mesmo nesse cenário problemático e desigual que envolve o trabalho remunerado das mulheres, elas têm conseguido consolidar carreiras profissionais e conquistar direitos. Destacam-se as conquistas femininas em educação, especialmente no que se refere ao nível superior, onde as mulheres constituem maioria (PORTILHO; LEONE, 2021). Alia-se a isto a crescente importância de sua participação como fonte de renda das famílias, bem como a aproximação dos seus rendimentos do trabalho ao dos homens. A conquista de direitos e algumas políticas públicas têm atuado no sentido de "aliviar" as mulheres dos afazeres domésticos e das responsabilidades familiares para facilitar sua inserção no mercado de trabalho, como a expansão de creches e outras políticas de superação da pobreza e melhoria de acesso a serviços básicos.

A ampliação persistente das taxas de atividade feminina desde meados dos anos 1960, principalmente da adulta, tem sido um aspecto importante na consolidação da participação da mulher na atividade econômica. Nos anos 2000, entretanto, a participação das mulheres na atividade econômica perdeu ímpeto e houve pequeno aumento nas taxas de atividade somente entre as mulheres adultas pertencentes a domicílios com um nível socioeconômico não muito baixo (LEONE, 2020). A relação entre baixo nível de renda domiciliar e baixa taxa de atividade das mulheres adultas ficou mais evidente entre 2004 e 2013, quando a formalização de postos de trabalho de baixos salários aliado ao aumento do valor do salário mínimo possibilitaram a elevação da renda dos domicílios nos quais as mulheres tinham condição mínima para participar da atividade econômica. Os domicílios de baixa renda em que as mulheres apresentavam dificuldades especiais para participar da atividade econômica continuaram com renda muito baixa e a proporção desses domicílios, embora tenha diminuído, continuou expressiva e abrange uma proporção significativa da população (LEONE, 2020). Essa elevada fração de domicílios e de população de baixa renda domiciliar per capita e baixa taxa de atividade das mulheres é responsável pelo menor ritmo de aumento da taxa de atividade feminina.

Em 2014, o cenário econômico se modificou e o país passou por uma recessão em 2015 e 2016 e uma estagnação de 2017 a 2019, sendo impactado pela pandemia em 2020 e 2021. Este capítulo verifica se a inflexão do comportamento da economia a partir de 2014 alterou a problemática da atividade econômica feminina. Para responder esta questão se explora a relação entre taxas de atividade, desemprego e tipos de ocupação entre homens e mulheres, tendo em conta a renda domiciliar per capita como expressão da condição socioeconômica dos domicílios.

Dessa forma, inicialmente, no segundo item, se analisa a condição de atividade das pessoas de 14 anos e mais (inatividade, ocupação e desemprego), nos períodos de recessão e estagnação, com base nos dados da Pesquisa Nacional por Amostra de Domicílios Contínua (PNADC) considerando os terceiros trimestres de 2014, 2016 e 2019. A escolha desses anos se justifica porque as variações ocorridas entre 2014 e 2016 captam o que ocorreu na condição de atividade das pessoas de 14 anos e mais na recessão e as variações ocorridas entre 2016 e 2019 o que ocorreu na estagnação. Em seguida, no item três, se analisa, para o ano de 2019, a condição de atividade de homens e mulheres relacionando as taxas de ocupação, atividade e desemprego com o nível de renda domiciliar per capita com base nos dados da PNADC anual. O ano de 2019 foi o ano imediatamente anterior à crise provocada pela pandemia (março de 2020) e a PNADC anual nos permite relacionar a condição de atividade das pessoas com sua renda domiciliar per capita, variável mais apropriada para analisar a distribuição de renda das pessoas economicamente ativas (HOFFMANN, 2019). No item quatro se analisa o mercado de trabalho na pandemia com base nos dados dos terceiros trimestres de 2019 e 2021 da PNADC. Por último, no item cinco, se fazem algumas observações sobre as perspectivas para o mercado trabalho após a pandemia incorporando os dados referentes ao terceiro trimestre de 2022, último ano disponível da PNADC trimestral. Finaliza-se o artigo com algumas considerações finais.

CONDIÇÃO DE ATIVIDADE NA RECESSÃO E NA ESTAGNAÇÃO (2014 -2019)

A economia brasileira foi marcada por uma recessão no biênio 2015-2016 e por uma fraca recuperação da atividade econômica no triênio 2017-2019 (LEONE; TEIXEIRA; BALTAR, 2021). Nesse meio termo, mais precisamente em 2017, houve uma reforma trabalhista que com o objetivo de criar mais empregos e estimular a economia do país levou a um enfraquecimento na proteção dos empregados e a mudanças importantes nas relações de trabalho (MANZANO; KREIN; ABILIO, 2021). Nesse processo, as leis trabalhistas foram modificadas, ampliou-se a possibilidade de terceirização, criaram-se novas formas de contratação, como o trabalho intermitente e o uso permanente de trabalho autônomo, dando mais liberdade ao empregador no que diz respeito à contratação, uso e remuneração da força de trabalho, enfraquecendo os sindicatos e debilitando a proteção dos empregados (KREIN; TEIXEIRA, 2021). A avaliação do impacto da reforma trabalhista sobre a qualidade dos empregos gerados requer mais atividade da economia que a observada depois da reforma, em 2018 e 2019, mas a tímida recuperação de 2017 a 2019 não reduziu o desemprego, não ampliou o emprego formal e predominaram os empregos sem carteira e o trabalho por conta própria na criação de novos postos de trabalho pelo setor privado (LEONE; TEIXEIRA; BALTAR, 2021).

De fato, a recessão de 2015-2016 interrompeu o período de crescimento econômico com distribuição de renda que tinha sido vivenciado principalmente entre os anos de 2004 e 2013. A recessão reduziu as oportunidades ocupacionais e fez aumentar fortemente o número de pessoas desempregadas. A queda da atividade da economia brasileira começou no primeiro trimestre de 2015 quando o PIB caiu fortemente, parando de cair somente no começo de 2017, mostrando, desde então, dificuldades para voltar a crescer. O PIB diminuiu 6,7% no conjunto dos anos 2015 e 2016 e aumentou somente 3,8% no conjunto dos anos 2017 a 2019, de modo que o PIB de 2019 ainda foi inferior ao de 2014 em aproximadamente 3% (LEONE; TEIXEIRA; BALTAR, 2021).

Na recessão, o crescimento da PEA continuou expressivo principalmente por causa das mulheres. Entre 2014 e 2016 a PEA total aumentou em 2,7 milhões e desse monto 1,7 milhões deveu-se ao aumento das mulheres, ou seja, 63,3% do aumento da PEA foi por causa das mulheres. Já a ocupação teve uma redução de quase 2,6 milhões de pessoas sendo que 1,8 milhões, ou seja, 70% dessa redução deveu-se à ocupação masculina. Quanto ao desemprego, este aumentou muito na recessão, acrescentando 5,3 milhões de pessoas ao contingente de desempregados, sendo que 52,8% desse aumento do número de desempregados foi constituído por mulheres (ver Tabela 1).

O período de estagnação de 2017 a 2019 não mostrou sinais claros de recuperação da atividade econômica. O PIB parou de diminuir, mas teve dificuldades para voltar a aumentar. Na estagnação, o crescimento da PEA foi, em números absolutos, o dobro da recessão, aumentando para homens e para mulheres, mas de forma mais acentuada entre as mulheres. Entre 2016 e 2019 a PEA total aumentou em 5,6 milhões e desse montante 3,5 milhões foi de mulheres, ou seja, 63,0% do aumento da PEA foi devido às mulheres. Já a ocupação teve um aumento de 4,9 milhões de pessoas sendo que 3,5 milhões, ou seja, mais da metade desse aumento deveu-se à ocupação feminina. Quanto ao desemprego, este não diminuiu na estagnação, tendo aumentado em 642 mil pessoas, devido exclusivamente ao aumento do desemprego das mulheres.

Tabela 1 PEA, Ocupados e Desempregados (14 anos e mais) nos terceiros trimestres de 2014, 2016 e 2019.

	2014	2016	2019	Variação 2014-2016		Variação 2016-2019	
Total							
PEA	99.218.796	101.977.538	107.534.928	2.758.742	2,8	5.557.390	5,4
Ocupados	92.406.710	89.821.449	94.736.611	-2.585.261	-2,8	4.915.162	5,5
Desempregados	6.812.086	12.156.088	12.798.317	5.344.002	78,4	642.229	5,3
Mulheres							
PEA	42.251.738	44.000.772	47.504.398	1.749.034	4,1	3.503.626	8,0
Ocupados	38.676.675	37.906.587	40.696.132	-770.088	-2,0	2.789.545	7,4
Desempregados	3.575.063	6.094.184	6.808.266	2.519.121	70,5	714.082	11,7
Homens							
PEA	56.967.058	57.976.766	60.030.530	1.009.708	1,8	2.053.764	3,5
Ocupados	53.730.035	51.914.862	54.040.479	-1.815.173	-3,4	2.125.617	4,1
Desempregados	3.237.023	6.061.904	5.990.051	2.824.881	87,3	-71.853	-1,2

Fonte: IBGE - PNADC trimestral 2014, 2016 e 2019.

Em síntese, o período recessivo se caracterizou por forte aumento da PEA e do desemprego e queda também forte do número de ocupados. As mulheres foram as principais responsáveis pelo aumento da PEA e as mais afetadas pelo desemprego, enquanto os homens tiveram uma maior redução do número de ocupados. No que se refere aos indicadores tradicionais de mercado de trabalho, a taxa de atividade total (% de pessoas em idade ativa que se encontram ocupadas ou buscando trabalho) só não diminuiu na recessão devido ao ligeiro aumento da taxa de atividade das mulheres, pois a taxa de atividade masculina teve queda (Tabela 2).

Tabela 2 Condição de atividade das pessoas de 14 anos e mais conforme sexo nos terceiros trimestres de 2014, 2016 e 2019

	Taxa de Atividade			Taxa Desemprego			Taxa Ocupação		
	2014	2016	2019	2014	2016	2019	2014	2016	2019
Total	62,3	62,5	63,8	6,9	11,9	11,9	58,1	55,1	56,2
Mulher	51,4	52,2	54,6	9,2	13,9	14,3	47,1	45,0	46,7
Homem	74,0	73,5	73,6	6,0	10,5	10,1	69,8	65,8	66,3

Fonte: IBGE - PNADC trimestral 2014, 2016 e 2019.

A taxa de atividade feminina ganhou fôlego na ligeira recuperação, explicando o aumento geral da taxa de atividade na estagnação. A ampliação da participação feminina na atividade econômica é um mecanismo de defesa do nível de renda domiciliar e esse mecanismo pressupõe que os membros da família possam participar da atividade econômica. A taxa de desemprego (% de pessoas economicamente ativas que se encontram desempregadas) das mulheres, entretanto, aumentou na estagnação, enquanto a dos homens teve ligeira queda. No total, a taxa de desemprego de 2019 foi exatamente igual à de 2016.

Quanto à taxa de ocupação (% de pessoas em idade ativa que se encontram ocupadas), a dos homens caiu mais na recessão porque combinou aumento da taxa de desemprego com redução da taxa de atividade, enquanto à das mulheres, o aumento da taxa de desemprego ocorreu com ligeiro aumento da taxa de atividade. Na estagnação a intensificação do aumento da taxa de atividade das mulheres mais do que compensou o aumento da taxa de desemprego e o aumento da taxa de ocupação entre 2016 e 2019 recuperou 80% da queda verificada entre 2014 e 2016, enquanto entre os homens, apesar da ligeira queda da taxa de desemprego entre 2016 e 2019, a taxa de ocupação pouco se alterou a partir da intensa queda da recessão.

Na evolução da condição de atividade de homens e mulheres na recessão e na estagnação ressalta a diferença de comportamento das taxas de atividade. As mulheres não reduziram a taxa de atividade na recessão e conseguiram elevar a taxa de atividade na estagnação junto com aumento na taxa de desemprego, mostrando a continuidade da consolidação da participação das mulheres na atividade econômica. Isto ocorreu apesar da existência de uma expressiva parcela da população em domicílios de renda muito baixa que como será visto no item seguinte dificulta a atividade econômica principalmente das mulheres.

O contraste do verificado na estagnação, comparativamente ao período crescimento com distribuição de renda, em que a taxa de atividade das mulheres não aumentou e a taxa de desemprego diminuiu, mostra a urgência do trabalho remunerado das mulheres para a renda domiciliar, diante das dificuldades econômicas vividas pelo país desde 2014.

CONDIÇÃO DE ATIVIDADE E NÍVEL DE RENDA DOS DOMICÍLIOS EM 2019

A condição de atividade de homens e mulheres no conjunto da população esconde profundas diferenças que aparecem quando se considera o nível de renda domiciliar dessa população. A tabela 3 mostra que quanto maior o nível de renda domiciliar maior a taxa de ocupação de homens e mulheres, e a diferença de taxas de ocupação entre homens e mulheres é muito grande, tanto maior quanto menor o nível de renda domiciliar.

A taxa de ocupação reflete as taxas de atividade e desemprego. De um lado, a taxa de atividade é tanto maior quanto maior a renda domiciliar e a diferença homem-mulher é maior nas faixas de menor renda domiciliar. De outro lado, a taxa de desemprego é tanto menor quanto maior a renda domiciliar e a diferença homem-mulher diminui com o nível de renda domiciliar. Ou seja, os problemas de participação na atividade econômica são maiores entre as mulheres do que entre os homens, especialmente nos domicílios de renda per capita mais baixa, como indicam as diferenças de taxa de ocupação, refletindo as diferenças de taxas de atividade e desemprego.

As pessoas de domicílios de renda per capita inferior ao salário mínimo têm dificuldades para participar da atividade econômica, principalmente no caso das mulheres. A taxa de ocupação das mulheres de domicílios com renda per capita inferior a metade do salário mínimo é de apenas 26,7%, com taxa de atividade de 41,1% e taxa de desemprego de 35,1%. Mesmo nos domicílios com renda per capita de meio a 1 salário mínimo, a taxa de ocupação é de 41,8%, com taxa de atividade de 49,8% e taxa de desemprego de 16,1%. Já nos domicílios de renda per capita maior que 2 salários mínimos a taxa de ocupação das mulheres é de 61,5% com taxa de atividade de 63,9% e taxa de desemprego de 3,7%. Mesmo nesta faixa de renda domiciliar de mais que 2 salários mínimos per capita a diferença homem-mulher é muito grande na taxa de atividade (79,9% no caso dos homens e 63,9% no caso das mulheres).

Tabela 3 Condição de atividade (pessoas 14 anos e mais) conforme sexo e faixas de renda domiciliar per capita. Brasil 2019.

Salários mínimos de 2019	Taxa Ocupação			Taxa Atividade			Taxa Desemprego		
	Homem	Mulher	Δ	Homem	Mulher	Δ	Homem	Mulher	Δ
Até 1/2 SM	48,8	26,7	22,1	64,1	41,1	23,0	23,8	35,1	-11,3
½ a 1 SM	61,7	41,8	19,8	68,5	49,8	18,6	9,9	16,1	-6,2
1 a 2 SM	74,5	57,1	17,4	78,2	61,7	16,5	4,8	7,6	-2,8
Mais 2 SM	77,8	61,5	16,3	79,9	63,9	16,0	2,5	3,7	-1,2
Total	65,5	46,1	19,4	72,5	53,7	18,8	9,6	14,1	-4,5

Obs.: Rendimento domiciliar per capita (habitual de todos os trabalhos e efetivo de outras fontes, exclusive o rendimento das pessoas cuja condição no domicílio era pensionista, empregado doméstico ou parente do empregado doméstico. Inclusive rendimentos em cartão/tíquete transporte ou alimentação.
Fonte: PNADC anual, 2019.

Em geral as mulheres enfrentam problemas maiores que os dos homens para participar da atividade econômica, mas a diferença é particularmente marcante nos domicílios de baixa renda. Esses domicílios abrangem uma fração expressiva da população brasileira. A tabela 4 mostra que 22,7% dos domicílios com 28,2% da população tinham, em 2019, renda per capita menor que metade do salário mínimo e outros 27,3% dos domicílios com 27,9% da população tinham renda per capita entre meio e 1 salário mínimo. Essas duas faixas de renda domiciliar abrangiam 50% dos domicílios e 56,1% da população.

Em síntese, em 2019, metade dos domicílios brasileiros tinha baixa condição socioeconômica manifestada no baixo nível de renda domiciliar e essa condição socioeconômica prejudicava a participação na atividade econômica manifestada na baixa taxa de atividade e alta taxa de desemprego. A dificuldade de participar na atividade econômica afetava todas as pessoas desses domicílios de baixa renda, mas era particularmente marcante no caso das mulheres com filhos (Tabela 4).

Tabela 4 Distribuição dos domicílios, das pessoas e número de pessoas por domicílio conforme faixas de renda domiciliar per capita. Brasil, 2019

Salários mínimos de 2019	Domicílios	Pessoas	Pessoas por Domicílio
Até 1/2 SM	22,7	28,2	3,6
Mais de ½ até 1 SM	27,3	27,9	3,0
Mais de 1 até 2 SM	27,7	25,8	2,7
Mais de 2 SM	22,4	18,0	2,3
Total	100,0	100,0	2,9

Fonte: PNADC anual, 2019.

MERCADO DE TRABALHO NA PANDEMIA

A pandemia da covid-19 afetou enormemente o trabalho remunerado de homens e mulheres. Nem todas as pessoas com trabalho remunerado conseguiram manter seus empregos na pandemia. Os postos de trabalho mais afetados foram aqueles que tiveram que parar por causa da proibição de aglomerações, em geral serviços "não essenciais" (GORAYEB et al., 2021; BARBOSA; COSTA; HECKSHER, 2020; DIEESE, 2022), por exemplo, os da área de beleza, academias, eventos, turismo e até alguns da área de saúde que não eram considerados prioridade, como os de fisioterapeutas e massagistas. As atividades que geralmente são ocupadas por mulheres foram as mais afetadas na pandemia, como o emprego doméstico, comércio e serviços. O emprego doméstico sofreu uma queda importante durante a pandemia, com perda de mais de 1,6 milhão de postos de trabalho em 2020 (MORANDI et al., 2024).

As mulheres foram particularmente afetadas no seu trabalho remunerado por causa do fechamento de creches e escolas, o que as obrigou a cuidar dos filhos em casa, acrescentando esse trabalho de cuidados ao das tarefas domésticas (JESUS; MYRRHA, 2020). Conforme Morandi et al., os fatores culturais e sociais associados às mulheres, delas serem percebidas como as principais responsáveis pelos cuidados, fez com que elas assumissem os novos encargos decorrentes da pandemia, tendo, muitas vezes, que acrescentar esta nova carga de trabalho ao seu trabalho remunerado. As mesmas autoras destacam a situação ainda mais dramática para aquelas que tinham crianças menores, fazendo com que o volume excessivo de trabalho não remunerado e remunerado levassem muitas delas a desistirem dos seus empregos.

O que ocorreu com a condição de atividade de homens e mulheres na pandemia pode ser verificado comparando os terceiros trimestres de 2019 e 2021. A população ocupada diminuiu 1,9%. Em 2021, o número de pessoas ocupadas foi de 1,8 milhão de pessoas a menos que em 2019. O número de desempregados, entretanto, aumentou em somente 655 mil pessoas enquanto a PEA diminuiu em 1,1 milhão de pessoas (LEONE, 2022).

Ou seja, o isolamento social para retardar a difusão da pandemia, ganhando tempo para a descoberta da vacina, para evitar um número ainda maior de mortes, reduziu a geração de oportunidades ocupacionais e a própria PEA, mais do que aumentou o desemprego. O movimento de redução da PEA e o aumento do desemprego, acompanhando a redução das oportunidades ocupacionais durante a pandemia, afetaram muito mais as mulheres do que os homens. A PEA masculina manteve, em 2021, o mesmo nível de 2019 e toda a redução da PEA, entre esses anos, deveu-se às mulheres. Quanto à população desempregada, 86% do aumento verificado foi devido às mulheres e somente 14% aos homens.

A taxa de atividade feminina que tinha aumentado de 52,2% em 2016 para 54,6% em 2019 vai para 52,3% em 2021, nível praticamente idêntico ao de 2016. Já a taxa de desemprego feminina que tinha aumentado na estagnação, passando de 13,9% em 2016 para 14,3% em 2019, continuou aumentando na pandemia, atingindo 15,9% em 2021, porém na estagnação com aumento da taxa de atividade e na pandemia com redução da taxa de atividade. Assim, na estagnação a taxa de ocupação feminina aumentou de 45% para 46,7% e na pandemia diminuiu para 44%, conforme a Tabela 5.

A pandemia alterou substancialmente a condição de atividade das mulheres, reduzindo a ocupação e a atividade econômica e aumentando o desemprego. No caso dos homens, a redução da ocupação foi mínima (0,2% no conjunto dos dois anos), a atividade econômica manteve-se praticamente a mesma e a taxa de desemprego continuou 10% da PEA[1]. O isolamento social necessário para evitar um maior impacto da pandemia na população afetou principalmente a condição de atividade das mulheres.

1 A ocupação dos homens teve uma redução de 0,2% e a das mulheres de 4,1%. As posições na ocupação que explicam essas reduções foram no caso dos homens os empregados do setor privado que foi compensada pelo aumento dos trabalhadores por conta própria. No caso das mulheres a redução da ocupação foi devida principalmente à queda do emprego doméstico e o emprego do setor privado com carteira. Os trabalhadores por conta própria aumentaram tanto para homens como para mulheres (LEONE, 2022).

Tabela 5 Condição de atividade de homens e mulheres nos terceiros trimestres de 2019 e 2021

Condição de Atividade	Total		Mulheres		Homens	
	2019	2021	2019	2021	2019	2021
Taxa de Ocupação	56,2	54,1	46,7	44,0	66,3	64,9
Taxa de Atividade	63,8	61,9	54,6	52,3	73,6	72,2
Taxa de Desemprego	11,9	12,6	14,3	15,9	10,1	10,1

Fonte: IBGE - PNADC trimestral 2019 e 2021.

PERSPECTIVAS PÓS-PANDEMIA

A pandemia impactou a vida das pessoas. Para muitas, a forma de trabalhar mudou. Muitas empresas adotaram o sistema home-office e regimes híbridos (semipresenciais). O arrefecimento da pandemia, com o avanço da vacinação, ainda não fez retornar às formas habituais de trabalho anteriores à pandemia. As mudanças nas condições tecnológicas do trabalho se acentuaram durante a pandemia e muitas pessoas têm encontrado dificuldade de adaptação. A relação patrão empregado também se modificou e terá que se adequar quando a atividade da economia voltar ao normal, assumindo formas diferentes das que existiam antes da pandemia. Quanto às perspectivas pós-pandemia, a retomada da atividade econômica em 2022, ajudada pelo aumento das despesas públicas para influir nas eleições, melhorou rapidamente os indicadores de mercado de trabalho, como ilustra a Tabela 6.

Considerando os terceiros trimestres de cada ano, a taxa de atividade feminina foi de 52,3% em 2021 para 53,4% em 2022, mas tinha sido 54,5% em 2019. Já a taxa de atividade masculina aumentou de 71,3% para 72,6% entre 2021 e 2022, mas tinha sido de 73,6% em 2019. O aumento da taxa de atividade entre 2021 e 2022 corresponde a 50% da redução que tinha ocorrido entre 2019 e 2021, no caso das mulheres, e 57% no caso dos homens e as diminuições das taxas de atividade das mulheres e dos homens entre 2019 e 2021 foram semelhantes (2,2 e 2,3 pontos percentuais).

Tabela 6 Condição de atividade de homens e mulheres nos terceiros trimestres de 2019, 2021 e 2022

Condição de Atividade	Mulheres			Homens		
	2019	2021	2022	2019	2021	2022
Taxa de Ocupação	46,7	44,0	47,5	66,3	64,9	67,6
Taxa de Atividade	54,6	52,3	53,4	73,6	72,2	72,6
Taxa de Desemprego	14,3	15,9	11,0	10,1	10,1	6,9

Fonte: IBGE - PNADC trimestral 2019, 2021 e 2022.

O gráfico 1 mostra a taxa de atividade de homens e mulheres nos terceiros trimestres de 2012 a 2022. A taxa de atividade masculina vinha diminuindo lentamente até 2019 e oscilou durante a pandemia, com forte queda em 2020 e recuperação parcial em 2021 e 2022. Já a taxa de atividade feminina vinha aumentando desde 2015 e também oscilou na pandemia. A perspectiva é de que se a retomada da atividade econômica se tornar crescimento da economia, com o aumento dos investimentos, tenha continuidade o aumento da taxa de atividade principalmente das mulheres.

Gráfico 1 Taxas de atividade das pessoas de 14 anos e mais de idade. 3°s trimestres de 2012 a 2022. Brasil

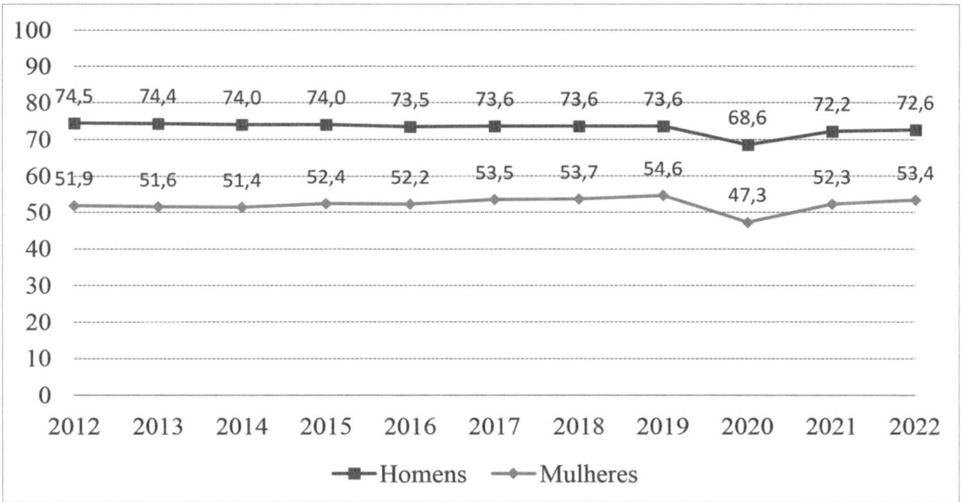

Fonte: IBGE-PNADC trimestral.

Já a taxa de desemprego masculina diminuiu de 10,1% em 2021 para 6,9% em 2022 e tinha sido de 10,0% em 2019, enquanto entre as mulheres diminuiu de 15,9% para 11,0% e tinha sido de 14,3% em 2019. As taxas de atividade ainda são menores que as de 2019, mas a redução nas taxas de desemprego fez com que as taxas de ocupação de 2022 (67,6% e 47,5% para homens e mulheres, respectivamente) superarem as verificadas em 2019 (66,3% e 46,7% respectivamente).

O gráfico 2 mostra a taxa de desemprego de homens e mulheres nos terceiros trimestres desde 2012 a 2022. A elevação da taxa de desemprego foi muito forte de 2015 a 2017 e teve pequena queda em 2018 e 2019. A diferença nas taxas de desemprego em contra das mulheres tinha diminuído de 2012 a 2014 e desde então voltou a aumentar, atingindo a maior diferença em 2021. A retomada da atividade econômica em 2022 reduziu fortemente a taxa de desemprego de homens e de mulheres, mas essas taxas ainda são maiores que as de 2014, com uma grande diferença em contra das mulheres, bem maior do que a diferença de 2014.

Gráfico 2 Taxas de desemprego das pessoas de 14 anos e mais de idade. 3º s trimestres de 2012 a 2022. Brasil

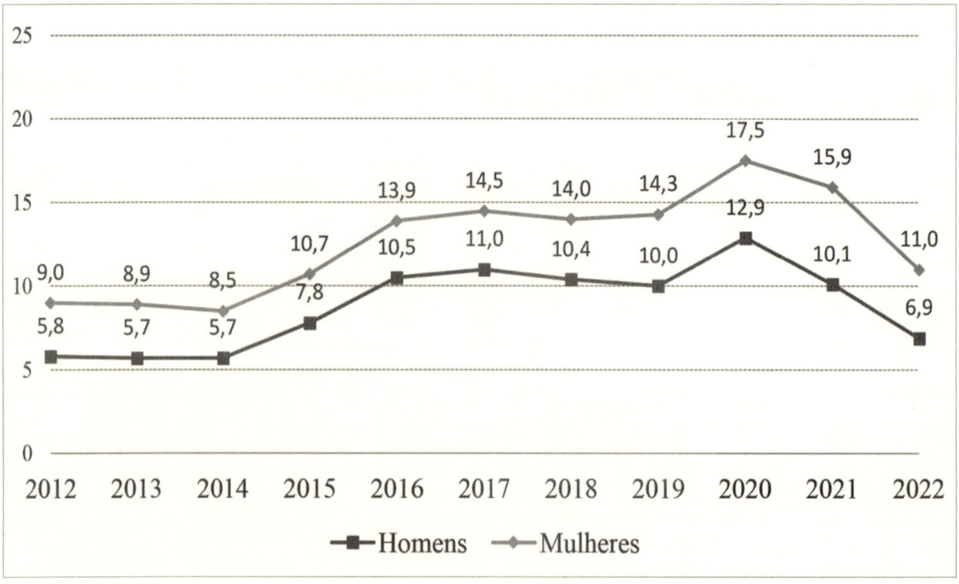

Fonte: IBGE-PNADC trimestral.

A retomada da economia em 2022 fez a taxa de ocupação de homens e de mulheres em 2022 superarem as de 2019, mas no caso dos homens a taxa de ocupação ainda é inferior a de 2014 (Gráfico 3). No caso das mulheres, a tendência de aumento na taxa de atividade fez a taxa de ocupação voltar ao nível de 2014, com uma taxa de desemprego ainda mais elevada.

Gráfico 3 Taxas de ocupação das pessoas de 14 anos e mais de idade. 3ºs trimestres de 2012 a 2022. Brasil

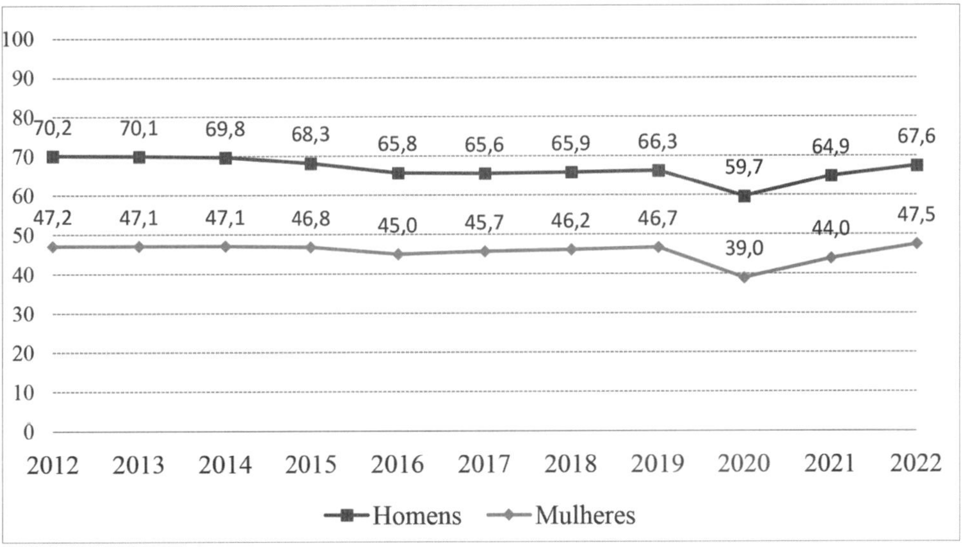

Fonte: IBGE-PNADC trimestral.

A continuação da melhora nos indicadores de mercado de trabalho depende de a economia ir além da recuperação da atividade e voltar a crescer, a partir de investimentos públicos e privados. O crescimento da economia é necessário não apenas para dar continuidade às mudanças na condição de atividade de homens e mulheres, mas também para continuar a melhora dos indicadores de posição na ocupação, que vinham piorando desde 2015.

O emprego no setor privado abrangia 52,0% das pessoas ocupadas em 2014, diminuiu para 50,5% em 2016, em consequência da recessão, e continuou diminuindo na estagnação (49,1% em 2019) e aprofundou a queda na pandemia (48,6% em 2021). A retomada da atividade econômica elevou o emprego no setor privado para 49,8% em 2022, cifra ainda inferior à de 2016 e bem menor que a de 2014 (Tabela 7).

Tabela 7 Distribuição das pessoas ocupadas por Posição na Ocupação. Brasil, terceiros trimestres de 2014, 2016, 2019, 2021 e 2022

Posição na Ocupação	2014	2016	2019	2021	2022
Empregado no setor privado com carteira	40,7	38,9	36,2	36,0	36,5
Empregado no setor privado sem carteira	11,3	11,6	12,9	12,6	13,3
Total Empregado S. Privado	52,0	50,5	49,1	48,6	49,8
Trabalhador doméstico com carteira	2,0	2,2	1,8	1,4	1,5
Trabalhador doméstico sem carteira	4,3	4,4	4,7	4,4	4,4
Total Trabalho Doméstico	6,3	6,6	6,5	5,8	5,9
Empregado no setor público com carteira	1,4	1,2	1,3	1,3	1,3
Empregado no setor público sem carteira	2,5	2,5	2,7	2,4	3,1
Militar e servidor estatutário	8,3	8,6	8,1	8,3	7,8
Total Empregado no S. Público	12,3	12,3	12,1	12,0	12,2
Empregador	4,0	4,5	4,5	4,1	4,4
Conta própria	22,8	23,8	25,5	27,4	25,9
Trabalhador familiar auxiliar	2,7	2,2	2,2	2,1	1,7
Total	**100,0**	**100,0**	**100,0**	**100,0**	**100,0**

Fonte: IBGE - PNADC trimestral, 2014, 2016, 2019, 2021 e 2022.

Além disso, a recessão, a estagnação e a pandemia reduziram o grau de formalidade dos empregos do setor privado, que passou de 78,3% em 2014 para 77,0% em 2016 e 73,7% em 2019. A estagnação da economia de 2017 a 2019 agravou a queda do grau de formalidade do emprego do setor privado, já a pandemia impactou mais o emprego sem carteira do setor privado do que o emprego com carteira, de modo que o grau de formalidade foi de 74,1% em 2021, e a retomada da atividade em 2022 ampliou mais os empregos sem carteira do setor privado que o emprego com carteira de modo que o grau de formalidade foi de 73,3% em 2022, inferior ao verificado antes da pandemia em 2019. O aumento da participação do emprego no setor privado na ocupação total e do grau de formalização desses empregos requer uma expansão significativa da economia.

A contrapartida do mau desempenho do emprego no setor privado foi, além do aumento do desemprego, a ampliação do trabalho por conta própria, que em 2014 chegou a 22,8% dos ocupados e vem aumentando desde então, não só na recessão quando atingiu 23,8% em 2016 e na estagnação quando passou para 25,6% em 2019, mas também na pandemia quando atingiu 27,4% em 2021. A retomada da economia reduziu a participação do trabalho por conta própria na ocupação total para 25,9%, ainda maior do que a verificada em 2019. Uma expansão substantiva da economia certamente reduziria a proporção de trabalho por conta própria no total das oportunidades ocupacionais para as pessoas, mesmo que essa expansão ocorra com modificação na estruturação da economia, favorável à ampliação do trabalho por conta própria.

A tendência de queda na participação do emprego do setor privado na ocupação total entre 2014 e 2019 foi mais intensa entre os homens do que entre as mulheres. A percentagem de mulheres no emprego do setor privado é relativamente pequena, menor do que a participação das mulheres na ocupação total, mas aumentou de 36,8% em 2014 para 37,7% em 2019 e atingiu 38% em 2022. A percentagem de mulheres entre os empregados do setor privado com carteira de trabalho é maior do que a percentagem de mulheres entre os empregados sem carteira do setor privado. Isso indica que o grau de formalidade do emprego de mulheres no setor privado é maior do que o dos homens. De 2014 a 2019, as percentagens de mulheres entre os empregados com carteira do setor privado aumentaram mais do que a percentagem de mulheres entre os empregos sem carteira do setor privado (1,5 e 0,6 p.p., respectivamente). Houve queda do grau de formalização do emprego do setor privado neste período, mas aumentou a diferença de grau de formalidade em favor das mulheres empregadas no setor privado. De fato, o grau de formalidade das mulheres empregadas no setor privado diminuiu de 81,5% para 77,8% (3,7 p.p.) e o grau de formalidade dos homens empregados do setor privado diminuiu de 76,4% para 71,2% (5,2 p.p.) (Tabela 8).

A contrapartida da queda na participação do emprego do setor privado foi o aumento da participação do trabalho por conta própria e novamente a percentagem de mulheres no trabalho por conta própria é relativamente pequena, mas aumentou de 31,3% em 2014 para 34,4% em 2019, indicando que a expansão do trabalho por conta própria feminino foi mais intensa do que a do trabalho por conta própria masculino.

Tabela 8 Percentagem de mulheres ocupadas por Posição na Ocupação. Brasil, terceiros trimestres de 2014, 2016, 2019, 2021 e 2022

Posição na Ocupação	2014	2016	2019	2021	2022
Empregado no setor privado com carteira	38,3	39,3	39,8	39,4	39,8
Empregado no setor privado sem carteira	31,4	30,0	32,0	29,6	33,3
Total Empregado S. Privado	36,8	37,1	37,7	36,9	38,0
Trabalhador doméstico com carteira	89,3	89,8	87,7	88,3	88,2
Trabalhador doméstico sem carteira	95,1	94,2	94,3	93,3	92,1
Total Trabalho Doméstico	93,3	92,8	92,5	92,1	91,1
Empregado no setor público com carteira	54,4	53,0	55,1	54,3	55,8
Empregado no setor público sem carteira	62,4	62,5	62,6	60,0	62,8
Militar e servidor estatutário	54,7	54,8	54,7	55,3	55,5
Total Empregado no S. Público	56,2	56,1	56,6	56,2	57,4
Empregador	27,6	29,3	31,0	28,2	32,0
Conta-própria	31,3	32,0	34,4	34,6	34,9
Trabalhador familiar auxiliar	64,7	64,4	63,2	63,2	64,4
Total	**41,9**	**42,2**	**43,0**	**42,0**	**42,9**

Fonte: IBGE - PNADC trimestral, 2014, 2016, 2019, 2021 e 2022.

A retomada da economia pós-pandemia fez as participações do emprego no setor privado e do trabalho por conta própria serem maiores do que as de 2019 e com uma percentagem de mulheres nessas duas posições na ocupação também superiores as de 2019. Os graus de formalidade dos empregos masculino e feminino do setor privado, em 2022, são semelhantes aos de 2019, bem aquém do verificado em 2014. Uma melhora mais substancial dos indicadores de mercado de trabalho e uma aproximação mais rápida das situações de homens e mulheres requer uma expansão mais substantiva da economia com aumento dos investimentos públicos e privados e um maior cuidado das autoridades públicas com a regulação do trabalho assalariado.

CONSIDERAÇÕES FINAIS

O aumento da participação das mulheres na atividade econômica, que tinha diminuído de ritmo no início dos anos 2000, voltou a aumentar mais expressivamente desde a recessão, mostrando a urgência do trabalho remunerado das mulheres para a sustentação da renda domiciliar. Não obstante, o aumento da taxa de atividade feminina é lento principalmente por causa da elevada frequência de domicílios com nível socioeconômico tão baixo que dificulta enormemente o trabalho remunerado das mulheres. Entretanto, a taxa de atividade feminina atingiu 54,6% em 2019, significativamente maior do que 51,4% verificada em 2014.

A pandemia interrompeu esse aumento da atividade econômica das mulheres, ao serem muito afetadas pelo isolamento social necessário para enfrentar a pandemia, especialmente antes do desenvolvimento das vacinas. A redução do isolamento social e a retomada da atividade econômica estão refazendo o nível da taxa de atividade das mulheres, mas a continuação do seu aumento requer não somente uma expansão substantiva da economia, mas uma redução na frequência dos domicílios de renda muito baixa e da fração da população abrangida por esses domicílios. Além disso, as políticas públicas de apoio às mulheres foram abaladas desde a formação do governo eleito em 2018, sendo necessário reconstruí-las, para facilitar a elevação da taxa de atividade das mulheres.

REFERÊNCIAS

BARBOSA, Ana Luiza N. de H. "Participação feminina no mercado de trabalho brasileiro". Ipea: *Mercado de Trabalho Ipea,* vol. 57 (ago), 2014.

BARBOSA, Ana Luiza N. de H.; COSTA, Joana. S.; HECKSHER, Marcos. D. "Mercado de trabalho e pandemia da covid-19: ampliação de desigualdades já existentes?" *Boletim Mercado de Trabalho,* Ipea, n. 69, jul. 2020.

CARRASCO, Cristina. "La economía feminista. Un recorrido a través del concepto de reproducción". *Ekonomiaz*: Revista vasca de economia, vol. 91, pp. 52–77, semestre 2017.

DIEESE. "Mulheres no mercado de trabalho brasileiro: velhas desigualdades e mais precarização". São Paulo: DIEESE, 2022.

GORAYEB, Daniela. S. et al. "Mulheres no mercado de trabalho no contexto da crise econômico-sanitária de 2020: saída da força de trabalho e indisponibilidade". In: LEONE, E. T.; PRONI, M. W. (Org). *Facetas do trabalho no Brasil contemporâneo: Coleção Centros e Núcleos.* Campinas: CESIT/IE – Unicamp, 2021. pp. 272 – 283

HOFFMANN, Rodolfo. "Distribuição da renda no Brasil em 2017: uma apresentação didática das principais características da distribuição de renda no Brasil de acordo com dados da PNAD Contínua de 2017". *Economia & Região,* Londrina (Pr), vol.7, n.2, pp. 5-28, jul/dez. 2019.

HUSSMANNS, Ralf. "Measurement of employment, unemployment and underemployment – Current international standards and issues in their application". (ILO Bureau of Statistics). Bulletin of Labour Statistics, 2007. Disponível em: https://www.acismoz.com/wpcotent/uploads/2017/06/Measurement%20of%20employment%20unemployment%20and%20underemployment.pdf

JESUS, Jordana Cristina de; MYRRHA, Luana J. D. "Os afazeres domésticos antes e depois da pandemia: desigualdades sociais e de gênero". 2020. *Observatório do Nordeste para Análise Sociodemográfica da covid-19*. ONAS-covid-19, UFRN. Disponível em: https://demografiaufrn.net/2020/07/16/ afazeres-domesticos-antes-e-depois.

KREIN, Dari; TEIXEIRA, Marilane. "O avanço das formas de contratação flexíveis". In: KREIN, José Dari et al. (org.) *O Trabalho pós-reforma trabalhista* (2017) [livro eletrônico]: volume 1. São Paulo: Cesit - Centro de Estudos Sindicais e de Economia do Trabalho, 2021. PDF, capítulo 4.

LEONE, Eugenia. "Women's participation in the Brazilian labour market in the context of economic growth with income distribution (2004-2013)". *Panoeconomicus*, vol. 67, pp. 433-447, 2020.

LEONE, Eugenia; TEIXEIRA, Marilane; BALTAR, Paulo. "Os impactos da reforma trabalhista sobre o Mercado de trabalho". In: KREIN, José Dari et al. (org.) *O Trabalho pós-reforma trabalhista* (2017) [livro eletrônico]: volume 1. São Paulo: Cesit - Centro de Estudos Sindicais e de Economia do Trabalho, 2021. PDF, capítulo 2.

LEONE, Eugenia. "O trabalho remunerado das mulheres em 2019 e as mudanças na pandemia". *XXII Encontro Nacional de Estudos Populacionais*. Novembro de 2022. Disponível em: https://www.encontro2022.abep.org.br.

MANZANO, Marcelo; KREIN, José Dari e ABÍLIO, Ludmila C. "The dynamics of labour informality in Brazil, 2003-2019". *Global Labour Journal*. Vol. 12 No. 3 (2021): September 2021 (Special Issue). Disponível em: https://www.eco.unicamp.br/artigos-academicos/the-dynamics-of-labour-informality-in-brazil-2003-2019.

MORANDI, Lucilene et al. "Impasses e transformações no mercado de trabalho feminino no Brasil em tempos de pandemia". In: TEIXEIRA, M. O.; OLIVEIRA, M.; VIEIRA, C. M. (Org) Economia Feminista no Brasil. Contribuições para pensar uma nova sociedade. São Paulo: Fundação Perseu Abramo/Autonomia Literária, 2024.

PORTILHO, Luciana, LEONE, Eugenia. "A segregação de gênero nas ocupações que exigem nível superior de educação". In: LEONE, Eugenia Troncoso; PRONI, Marcelo Weishaupt (Org.). *Facetas do Trabalho no Brasil Contemporâneo.* 1 ed. Curitiba: CRV, 2021, v. 1, p. 239-254.

VIEIRA, M. Clarice. A economia feminista e os dados: o que dizem e calam as estatísticas. In: TEIXEIRA, M. O.; OLIVEIRA, M.; VIEIRA, C. M. (org) Economia Feminista no Brasil. Contribuições para pensar uma nova sociedade. São Paulo: Fundação Perseu Abramo/Autonomia Literária, 2024.

IMPASSES E TRANSFORMAÇÕES NO MERCADO DE TRABALHO FEMININO NO BRASIL EM TEMPOS DE PANDEMIA

Lucilene Morandi
Hildete Pereira de Melo
Danielle Carusi Machado
Isabela Duarte Kelly

INTRODUÇÃO

A doença causada pelo vírus Sars-Cov2 ou covid-19 transformou-se em pandemia ao atingir a maioria dos países em 2020[1]. O problema sanitário causado pelo vírus tornou-se também econômico por causa da dificuldade de controle e combate da doença enquanto não havia disponibilidade de vacina ou testes específicos. Por ser doença contagiosa, de alta letalidade, transmitida por contato com a pessoa infectada, a alternativa sanitária disponível era evitar o contágio através do isolamento e afastamento social, para evitar o contato entre pessoas de diferentes grupos, sendo necessário o fechamento de espaços públicos e a paralisação da produção de empresas. O grande nível de incerteza sobre a possibilidade de cura e o alto risco da doença causaram inicialmente a falsa impressão de que as pessoas estavam igualmente vulneráveis ou igualmente resilientes, com chances iguais de sobrevivência. Mas, como relatado neste trabalho, a análise dos dados econômicos e sociais, principalmente quando desagregados por sexo, raça, faixa de renda, região geográfica, setor de atividade, tipo de emprego e de contrato de trabalho, mostra que a crise não atingiu igualmente todas as pessoas.

O isolamento social que levou ao fechamento de empresas, paralisação da produção e do comércio, dispensa de funcionários e férias coletivas em todas

1 Após os casos relatados em Wuhan (China), dezembro de 2019, praticamente todos os países foram atingidos até início de 2020. A primeira morte pela doença no Brasil ocorreu em março de 2020 em São Paulo. https://www. cnnbrasil.com.br/saude/primeira-morte-por-covid-19-no-pais-ocorreu-em-12-de-marco-em-sp-diz-ministerio/.

as atividades classificadas como não essenciais implicou um impacto econômico mais significativo que o da crise financeira norte-americana de 2007-08, por provocar simultaneamente a redução de produção em quase todos os setores produtivos e países. Este artigo analisa os principais impactos da pandemia na economia brasileira, em especial as consequências sobre o mercado de trabalho, que possam ter contribuído para reverter algumas conquistas das mulheres neste âmbito, contribuindo para manter ou mesmo agravar as desigualdades de gênero e raça. Especificamente, são analisados os impactos nos principais indicadores de mercado de trabalho, como taxa de participação, nível de ocupação, ocupação por setor de atividade, taxa de desemprego, subocupação e rendimento, analisados segundo o sexo e a raça. Em complemento à análise dos impactos da covid-19, o texto também apresenta algumas indicações de política econômica que seriam importantes para uma recuperação mais justa, com menor desigualdade de gênero e raça, assumindo ser a crise da covid-19 diferente de outras por causa de sua extensão geográfica, duração no tempo, intensidade e momento histórico, por causa do agravamento das condições climáticas e ambientais.

As análises aqui apresentadas utilizam como fonte primária os dados da Pesquisa Nacional por Amostra de Domicílios Contínua (IBGE, PNAD-C, 2019-2022). Ao longo do trabalho são usados dados estatísticos de 2019 a 2022, com periodização diferenciada de acordo com a disponibilidade de dados ou a escolha pelo trimestre representativo a ser analisado. Os dados do quarto trimestre de 2019 servem como referência, representando o estado da economia brasileira antes da crise pandêmica. Para o ano de 2020, foram escolhidos os dados do terceiro trimestre como referência por ser o período de maior aprofundamento da crise de covid-19. Para 2021, são usados os dados do quarto trimestre e, nesse caso, servem para balizar a análise da recuperação econômica e os dados do primeiro trimestre de 2022, para melhor comparação com o período anterior – sendo o último dado disponível no momento de elaboração deste artigo.

O artigo está estruturado em cinco seções, incluindo esta introdução. A segunda seção detalha a composição e os impactos da crise pandêmica no mercado de trabalho, destacando seus reflexos diferenciados sobre as pessoas segundo o sexo e a raça/cor. A terceira seção faz uma análise da persistência histórica da desigualdade de gênero no mercado de trabalho brasileiro e a quarta seção mostra como essa desigualdade sofreu um aprofundamento em decorrência da crise. A quinta e última seção, à guisa de conclusão e de contribuição para discussão sobre como o papel das políticas públicas, principalmente num cenário de recrudescimento das desigualdades e da pobreza, faz uma exposição de propostas de ação pública que contribuiria para um crescimento mais inclusivo.

MERCADO DE TRABALHO E DESIGUALDADE DE GÊNERO: COMPOSIÇÃO, IMPACTOS DA CRISE DA PANDEMIA DE COVID-19 E EXPECTATIVAS

A imposição do isolamento e da restrição de circulação de pessoas exigiu o fechamento de empresas e espaços públicos, suspensão de produção e de diversas atividades, o que levou à dispensa temporária ou férias coletivas de funcionários/as e o confinamento das pessoas no ambiente doméstico. Esta situação tornou claro que as condições para o isolamento e o nível de resiliência das pessoas eram diferentes, dependendo do nível de renda familiar (ter alguma poupança implica maior resiliência, principalmente em crises de maior duração, como a da covid-19); das condições para o confinamento, como tipo de habitação (número de cômodos, número de moradores, com ou sem água encanada, luz elétrica, internet, geladeira etc.); do tipo de emprego ou fonte de renda (setor de produção, se essencial ou não, se ligado aos cuidados ou não, se possível ou não o trabalho remoto); tipo de rendimento e de contrato de trabalho (empregado/a com ou sem contrato formal de trabalho; conta própria; autônomo). Essas características definem se o rendimento tem alguma proteção contra crises; se foi possível manter a renda através de trabalho remoto; se o trabalho expõe a pessoa a uma maior possibilidade de contágio; se o setor de atividade é considerado essencial e, portanto, menor chance de perder emprego, porém maior possibilidade de contágio. Além disso, empresas maiores são mais resilientes enquanto que autônomos e empresas informais têm menor resiliência. De forma geral, pode-se afirmar que a pandemia contribuiu para evidenciar e exacerbar as desigualdades pré-existentes entre pessoas, empresas e países, marcadamente entre pobres e ricos.

Historicamente, no Brasil, as regiões centrais e urbanas são melhor atendidas por projetos de desenvolvimento e políticas públicas de melhorias sociais que as zonas rurais e periféricas, o que contribuiu para a formação de uma malha nacional de serviços básicos bastante desigual. Há grandes disparidades na existência de unidades de tratamento de água e esgoto, de coleta e tratamento de lixo, na proximidade de meios de transporte, na existência de creches e escolas e na presença de unidades de atendimento à saúde. O resultado é que os serviços públicos são mais escassos e de pior qualidade justamente nas áreas de maior presença de famílias de renda mais baixa.

A desigualdade centro-periferia foi um agravante da pandemia, tanto para a prevenção quanto para a contenção da doença. As famílias mais pobres tinham menor resiliência porque, de um lado, ficavam mais expostas à contaminação ao terem dificuldade em cumprir os rituais de higienização (uso de álcool gel, sabão e água para a descontaminação de pessoas e produtos), e, de outro lado, eram as pessoas com maior probabilidade de perder renda por estarem mais frequentemente em trabalhos precários, sem qualquer tipo de proteção (trabalho informal). Complementarmente, estas famílias tinham mais dificuldade para dar continuidade ao emprego ou à educação de forma remota por não disporem das condições necessárias (espaço, computador, acesso à internet). Ficou claro que o nível de resiliência das pessoas estava relacionado à disponibilidade, proximidade e qualidade dos serviços básicos a que tinham acesso (água, luz, esgoto, transporte e de saúde), e que as pessoas mais pobres eram mais dependentes da capacidade de coordenação do poder público na tomada de decisões sanitárias e econômicas de suporte à população (UN, 2020; JOHNSON; WILLIAMS, 2020; GARIKIPATI; KAMBHAMPATI, 2020).

Os impactos da pandemia no mercado de trabalho também foram desiguais. Dentre as pessoas que tinham remuneração no início da pandemia, as que trabalhavam no setor de serviços foram as mais atingidas pela necessidade de distanciamento social, porque congrega grande parte das atividades que não podem ser realizadas de forma remota. Neste setor pode-se destacar o caso dos serviços pessoais, que têm alta taxa de informalidade e de trabalhadores/as conta própria (manicure, cabelereiro/a), sem acesso a serviços de proteção normalmente disponíveis ao emprego formal (como o auxílio desemprego).

Por outro lado, muitas atividades puderam ser realizadas de forma remota, permitindo a continuidade da produção e do contrato de trabalho. Mas as condições de trabalho podiam ser bem diversas entre as pessoas, de acordo com o acesso ou não a uma estrutura adequada de trabalho, como disponibilidade de computador com internet rápida, espaço adequado de trabalho, e tempo disponível exclusivamente para a realização das tarefas relativas ao trabalho remunerado, considerando-se que todas as atividades de cuidados estavam internalizadas nas casas e eram de responsabilidade da família. Neste caso, as mulheres também foram as mais afetadas porque tiveram que dividir o seu tempo entre a realização do trabalho remoto e o provimento dos serviços de cuidados às pessoas da família, como os cuidados com a alimentação, limpeza e arrumação da casa, da roupa, acompanhar as aulas *on-line* das crianças, atender as pessoas idosas, enfermas ou com alguma necessidade, tarefas estas tradicionalmente vistas como de responsabilidade das mulheres da família (MELO; MORANDI; MORAES, 2022; MELO; MORANDI, 2021a, 2021b, 2021c). Segundo o IBGE (2021), em 2019 as mulheres gastavam 21,4 horas por semana em trabalhos não remunerados para a família, e os homens apenas 11 horas. As mulheres são vistas como as principais responsáveis pelos cuidados e foram elas que tiveram que assumir os novos encargos decorrentes da pandemia, somando muitas vezes esta nova carga de trabalho ao trabalho remunerado. Esta situação foi ainda mais dramática para as mulheres com crianças menores e chefes de famílias monoparentais. O volume excessivo de trabalho não remunerado e remunerado fez com que muitas, por um lado, desistissem do emprego e, por outro lado, ao tentarem coordenar os dois trabalhos, sofressem impactos sobre sua saúde e bem-estar em maior grau que os homens, como estresse, cansaço e depressão (MELO; MORANDI; MORAES, 2022; CORREIA; LUCK; VERNER, 2020; EUROFOUND, 2020; UNFPA, 2020).

A impossibilidade de muitas mulheres continuarem no emprego em função do excesso de trabalho de cuidado provocado pela crise da pandemia agravou a desigualdade de gênero relativa à participação na atividade econômica. Apesar de as mulheres terem ampliado sua participação ao longo da segunda metade do século XX, esta é ainda menor relativamente aos homens até 2019 (MELO; MORANDI, 2021b; MORANDI; MELO, 2019; KELLY; MELO, 2022). Mas este quadro piorou durante a crise da pandemia, com a participação das mulheres na força de trabalho caindo 7,3 pontos percentuais, enquanto a dos homens caiu menos, 5,9 pontos percentuais. Além disso, apesar de homens e mulheres não terem logrado retorno completo aos níveis de participação anteriores à crise da pandemia, a volta ao mercado de trabalho dos homens foi mais rápida que a das mulheres, contribuindo para ampliar o *gap* entre os dois sexos, que passou de 18,5 para 18,8 pontos percentuais, como mostrado na Figura 1.

Figura 1 Participação na força de trabalho por sexo, 2019/2022 (%)

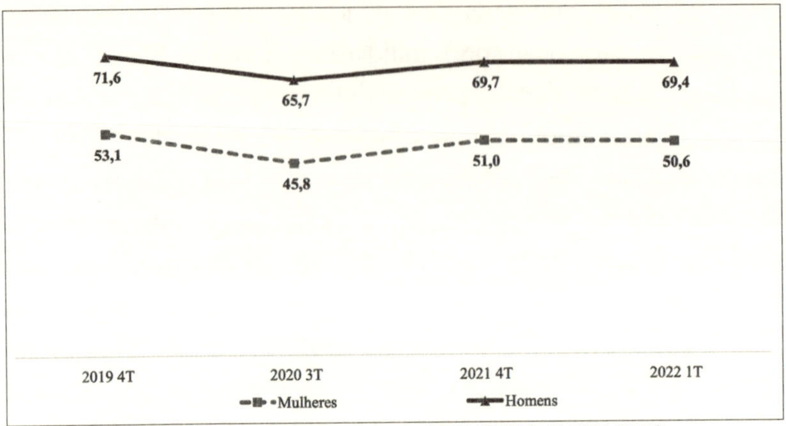

Fonte: Elaboração própria a partir dos microdados do IBGE (PNAD-C, 2019-2022).

A brecha de gênero no mercado de trabalho fica mais evidente quando se analisa o nível de ocupação de homens e mulheres com a informação sobre a presença ou não de crianças menores de 3 anos para a faixa etária de 25 a 49 anos, período de maior participação das pessoas na atividade econômica e também de maior fertilidade da mulher. Como pode ser visto na figura 2, homens brancos morando com crianças menores têm comparativamente o maior nível de ocupação em todos os períodos analisados. No geral os homens, não importando a raça/cor ou a presença ou não de crianças menores, apresentam em todos os períodos taxas de ocupação superiores às das mulheres em qualquer das classificações analisadas. Entre os homens, os que moram com crianças menores têm maior nível de ocupação, coerente com a visão tradicional de homem provedor, mas sempre com os homens pretos ou pardos com menor ocupação que os homens brancos para cada categoria analisada – com e sem crianças menores.

Dentre as mulheres, as que são brancas e sem filhos têm nível de ocupação mais alto que as demais, igual a 72,8% em 2019, porém menor que o dos homens em geral, enquanto as mulheres pretas ou pardas com filhos têm o menor nível de ocupação, 49,7% em 2019, o menor valor registrado dentre todas as pessoas. O nível de ocupação das mulheres mostra crescimento entre 2012 e 2019, mas com uma evolução muito lenta, sem mostrar uma tendência clara de redução da brecha de desigualdade relativa à ocupação de homens e mulheres. Pode-se concluir que, para as mulheres, a presença de crianças menores é mais relevante que o nível educacional para determinar sua participação ou não no mercado de trabalho remunerado, coerente com a visão da mulher cuidadora. Apesar de as mulheres no Brasil terem maior nível médio de escolaridade que os homens desde o final dos anos 1980 e estarem em maior número nas universidades, sua participação no mercado de trabalho não evoluiu proporcionalmente (MORANDI; MELO, 2019).

Os dados confirmam que as mulheres nesta faixa etária arcam com os custos de ter filhos, reduzindo sua participação no mercado de trabalho ou repassando esse trabalho a outras mulheres através da contratação de trabalhadoras domésticas e cuidadoras. Esta opção, no entanto, só está disponível para as mulheres em trabalhos com maiores rendimentos. Talvez isso explique porque as mulheres negras aparecem com menor nível de participação dentre todas, sabendo-se que no Brasil o percentual de pessoas pretas e pardas é maior dentre pobres. Mesmo as mulheres que conseguem subcontratar o trabalho de cuidar das crianças podem ter que optar por trabalhos temporários ou com horários flexíveis por causa dos custos relacionados e dos horários pouco favoráveis, seja o horário rígido das empresas, seja o horário não completo de escolas e creches. Trabalhos temporários, de meio período e de horários mais flexíveis geralmente também implicam menor remuneração e proteção trabalhista, menor resiliência a crises.

Figura 2 Nível de ocupação, pessoas de 25 a 49 anos de idade, por sexo e presença de crianças menores de 3 anos, 2012-2019 (%)

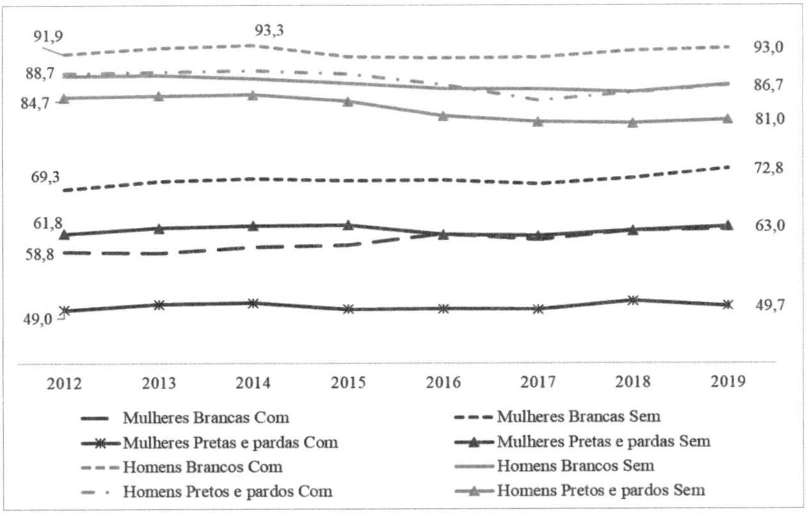

Fonte: Elaboração própria a partir dos microdados do IBGE (PNAD-C, 2012-2019).

A condição de viver com crianças menores tem significado diferente para homens e mulheres. Para os homens implica um prêmio, no sentido de estar mais presente no mercado de trabalho remunerado, e para as mulheres o inverso, implicando redução de participação ou mesmo saída do mercado de trabalho remunerado. A diferença no nível de ocupação entre pessoas de mesmo sexo com e sem crianças menores mostra isso, sendo positiva para as mulheres e maior para as mulheres negras (13,1 p.p.), ou seja, têm maior perda de participação que as brancas (10,4 p.p.), e é negativa ou um ganho para os homens, sendo maior para os homens brancos (5,3 p.p.) que para os pretos e pardos (4,9 p.p.). (IBGE, 2021; MORANDI; MELO, 2021; MELO; MORANDI, 2021c)

Nessa perspectiva, é fácil notar que as desigualdades de gênero em relação ao trabalho de cuidados interferem mais significativamente na probabilidade de as mulheres estarem ou não no mercado de trabalho remunerado. Quando inserimos a dimensão de raça na análise do nível de ocupação, outras desigualdades ficam evidentes, pois são as mulheres negras que têm o menor nível de ocupação dentre as mulheres e são também os homens negros que comparativamente aos homens brancos têm pior nível de ocupação.

Como discutido ao longo do trabalho, a ausência ou escassez de serviços de cuidados acessíveis obriga as mães a se dedicarem ao cuidado das crianças, impossibilitando-as ou pelo menos dificultando sua inserção adequada no mercado de trabalho, com todas as consequências decorrentes disso, como dependência financeira, frustração profissional, menor chance de concorrer a oportunidades no mercado de trabalho, além da possibilidade de vivenciar uma velhice com piores condições de renda de aposentadoria.

A desigualdade de gênero tem reflexos também na distribuição da mão de obra entre os setores de atividade da economia, com maior presença de mulheres nas profissões ligadas aos cuidados e menor participação delas na indústria e em profissões relacionadas às áreas STEM[2] (figura 3). Segundo dados para o quarto trimestre de 2022, dentre os principais setores da economia brasileira os menos feminilizados são transporte, armazenagem e correios, 1,2% das mulheres ocupadas e o de construção, com 0,7%, enquanto que os mais feminizados são educação, saúde e serviços sociais, com quase um quarto das mulheres ocupadas, 21,1%; comércio, com 18,9%, e serviços domésticos, com 13,3%.[3]

2 Acrônimo em inglês de Science, Technology, Engineering, Math ou ciências, tecnologia, engenharias e matemática.

3 A lista dos setores mais feminizados não sofreu grandes alterações desde a década de 1970 (OLIVERA; VIEIRA; BAETA, 2021).

A partir dos dados de 2019, verificamos que houve uma queda importante no emprego doméstico em decorrência da pandemia, que passou de 14,2% da ocupação das mulheres em 2019 para 11,9% em 2020, subindo para 13,3% em 2021, sem impacto na ocupação masculina no setor, que permaneceu em 0,9%. Portanto pode-se concluir que o fechamento de mais de 1,6 milhão de postos de trabalho em 2020, durante o período de maior fechamento da economia, atingiu principalmente as mulheres. A recuperação do emprego neste setor ainda é parcial, com menos 28,4% dos postos de trabalho em 2022 em relação a 2019.[4] As explicações para a queda do trabalho doméstico feminino podem estar na perda de renda por parte das famílias, principalmente da classe média, e nos novos arranjos familiares em decorrência da perda de renda e de emprego por parte das mulheres na pandemia, cujo retorno ao mercado de trabalho está mais lento que para os homens.

Não apenas as mulheres assumiram em proporção muito maior a carga extra de trabalho de cuidados dentro das famílias, como foram elas as mais atingidas pela redução do emprego e perda de renda. Isso porque, de um lado, mais frequentemente as mulheres têm que abrir mão do trabalho remunerado para dar conta do trabalho não remunerado na família. E, de outro lado, elas estão sobrerrepresentadas nos setores que mais sofreram com o fechamento da economia, como é o caso emblemático do emprego doméstico no Brasil. Neste setor, mais de 90% da mão de obra é feminina, sendo mais de 60% delas mulheres negras. Ou seja, a perda desses postos de trabalho impactou mais fortemente as mulheres negras e as famílias de menor renda, cuja maioria é de pessoas negras (Figura 3).

De forma geral, as pessoas que mais perderam renda durante a crise pandêmica estavam em emprego informal ou eram conta própria sem registro, com menor resiliência por não contarem com o acesso aos tipos de proteção social e por mais frequentemente estarem no grupo de pessoas de faixas de renda mais baixas (IBGE, PNAD COVID-19, 2020; IPEA, 2021). Esta é uma questão relevante para a definição das políticas econômicas de reaquecimento da economia, que devem incorporar análise de seus efeitos sobre os altos níveis de desigualdades no país.

4 Ver também Baeta Neves (2022, p. 52).

Figura 3 Participação da mão de obra por sexo e setor de atividade, 4° trimestre de 2022 (%)

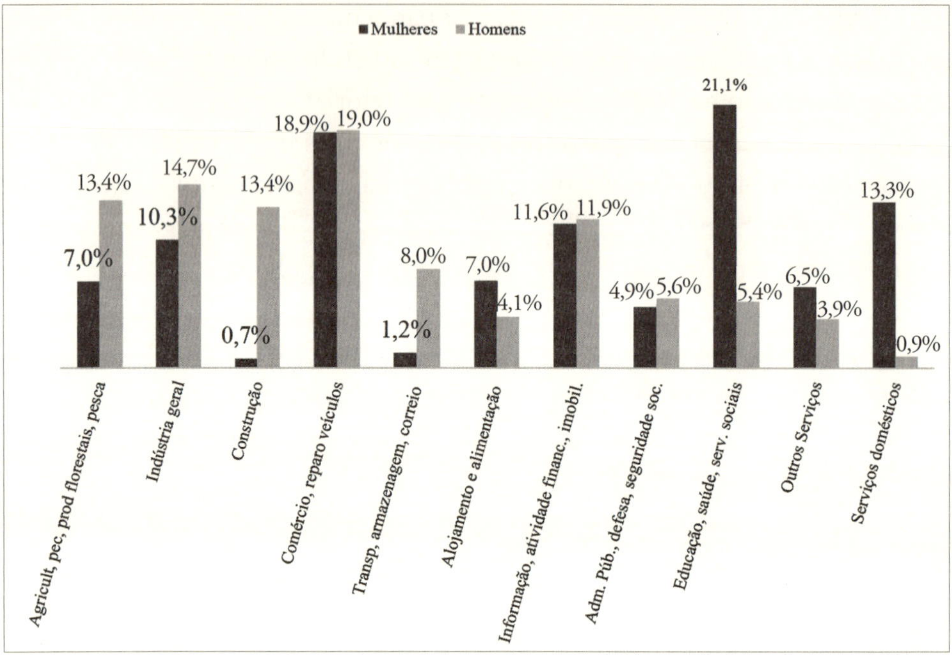

Fonte: Elaboração própria a partir dos microdados do IBGE (PNAD-C, 2019-2022).

Uma questão importante relativa ao crescimento e desenvolvimento a partir da retomada da economia é em que medida as mulheres conseguirão retornar ao mercado de trabalho em condições de rendimento pelo menos semelhantes ao período antes da crise ou se o retorno será em condições piores, em empregos mais precários e com maior informalidade ou se não haverá o retorno e a saída do mercado de trabalho será definitiva, passando estas mulheres para a inatividade (MELO; MORANDI; MORAES, 2022). A piora da situação das mulheres no mercado de trabalho remunerado tem consequências sobre a qualidade de vida e de bem-estar dela e de sua família, além de impactar em sua aposentadoria e nas condições de vida na velhice. Para condições desiguais deve-se definir políticas de apoio também desiguais, daí a importância de se estar atento às ações e possíveis impactos das políticas públicas. Se as mulheres não conseguirem retornar ao mercado de trabalho em condições pelo menos semelhantes às de antes da crise, haverá aumento das desigualdades de gênero, raça e renda no Brasil. É nesse sentido que são identificadas, ao final do trabalho, algumas diretrizes de políticas públicas que podem contribuir para uma recuperação com menos desigualdade.

A CENTRALIDADE DO TRABALHO E AS INFLEXÍVEIS DESIGUALDADES DE GÊNERO E RAÇA

A principal fonte de rendimento da maioria das pessoas é decorrente de sua participação no mercado de trabalho. A forma de inserção neste mercado define o rendimento e, portanto, o padrão de bem-estar durante e mesmo após a vida laboral, determinando o padrão de aposentadoria. Mas o mercado de trabalho não pode ser visto como um bloco homogêneo, menos ainda quando se analisam os impactos da pandemia.

As diferenças estão relacionadas ao setor de atividade no qual se trabalha; às condições do contrato de trabalho, se formal ou informal; à jornada de trabalho, se integral, parcial, flexível. De forma geral, pode-se afirmar que quem está em trabalho em tempo integral tem salários maiores e quem tem contrato formal de trabalho está protegido pelos direitos trabalhistas definidos por lei, como seguro saúde, seguro-desemprego, FGTS, apresentado maior resiliência às crises e em caso de doença ou demissão. Os dados mostram que os homens estão em melhores condições que as mulheres nestes quesitos, e quando se analisa por diferenças de raça/cor, as pessoas brancas estão em melhores condições que as pessoas negras, como mostrado na figura 3. Em 2019, 27,8% dos ocupados em trabalho formal eram homens, contra apenas 22,8% de mulheres nessa condição. Um fenômeno que chama a atenção é o aumento da participação do trabalho formal na ocupação das pessoas em 2020, durante a crise da pandemia. A explicação disso é que as pessoas que mais perderam emprego naquele período foram as que estavam em trabalho informal, o que fez com que a participação do trabalho formal entre as pessoas ocupadas aumentasse no período, sem, com isso, implicar nem melhoria do mercado de trabalho com aumento da formalização, nem aumento do emprego.

A retomada da economia brasileira em 2021 e início de 2022 mostra retração na proporção de pessoas ocupadas em trabalhos formais, compensada por um aumento da informalidade, mas mantendo ou ampliando as desigualdades relacionadas ao sexo ou à raça/cor. Os dados mostram que as pessoas negras estavam mais frequentemente em trabalhos informais no primeiro trimestre de 2022, com 17,2% dos homens negros e 12,0% das mulheres negras. Uma característica que se observa no período de recuperação da economia brasileira é o aumento da informalidade, mantendo-se as desigualdades de gênero e de raça/cor anteriores. A diferença é que o mercado de trabalho está mais sujeito à precariedade das relações de trabalho que no período anterior à pandemia.

Figura 4 Pessoas formal e informalmente ocupadas, por sexo e raça/cor, 2019/2022 (%)

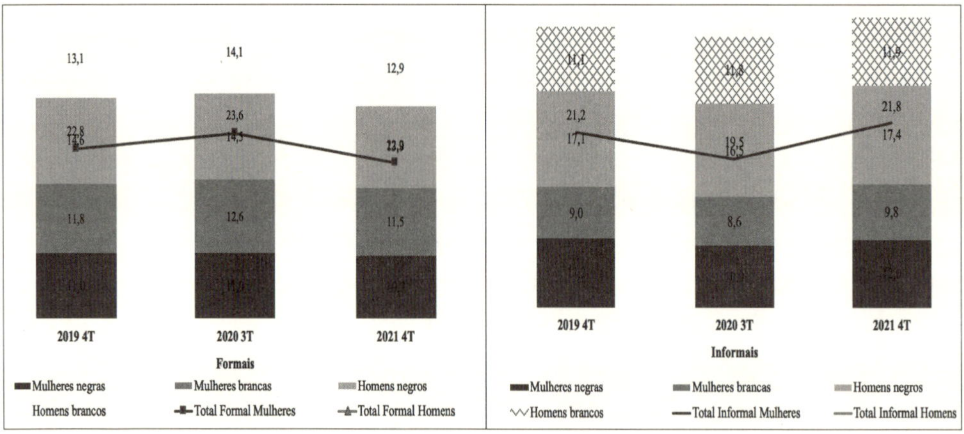

Fonte: Elaboração própria a partir dos microdados do IBGE PNAD-C (2019-2022).

Os efeitos da pandemia sobre o mercado de trabalho brasileiro têm sido mais duradouros que os períodos de isolamento. Além do aumento da informalidade, houve aumento também do número de pessoas desocupadas e de pessoas subocupadas, que são as que gostariam de trabalhar mais horas, mas não conseguem. Mas permanece a maior proporção de mulheres que homens nestas condições (figura 5).

Em 2019, cerca de um terço das mulheres estava em trabalho parcial de até 30 horas semanais, contra apenas 15,6% dos homens. As mulheres tinham rendimento médio de 22,3% menor que o dos homens, diferença que se amplia quando comparamos a média dos rendimentos de homens e mulheres em cargos de diretoria e gerência. Neste caso o rendimento médio das mulheres é 38,1% menor que o dos homens e a participação das mulheres cai para apenas 37,4% desses postos de trabalho (IBGE, PNAD-C, 2019). Essa desigualdade não pode ser explicada pela diferença de qualificação, dado que as mulheres têm escolaridade média maior que a dos homens[5]. As diferenças de rendimento tornam as mulheres financeiramente mais frágeis e dependentes, condição que é agravada se a mulher está em família de menor renda, tem crianças menores para cuidar, é chefe de família e vive em regiões periféricas, com menor oferta e pior qualidade de serviços públicos. Este quadro exemplifica bem que, enquanto o trabalho de cuidados permanecer invisibilizado, sendo entendido como de responsabilidade e domínio apenas do feminino e familiar, os ciclos de pobreza em que mulheres e pessoas negras estão sobrerrepresentadas serão reproduzidos.

Figura 5 Pessoas desempregadas, subocupadas (força de trabalho potencial), 2019-2021 (em mil)

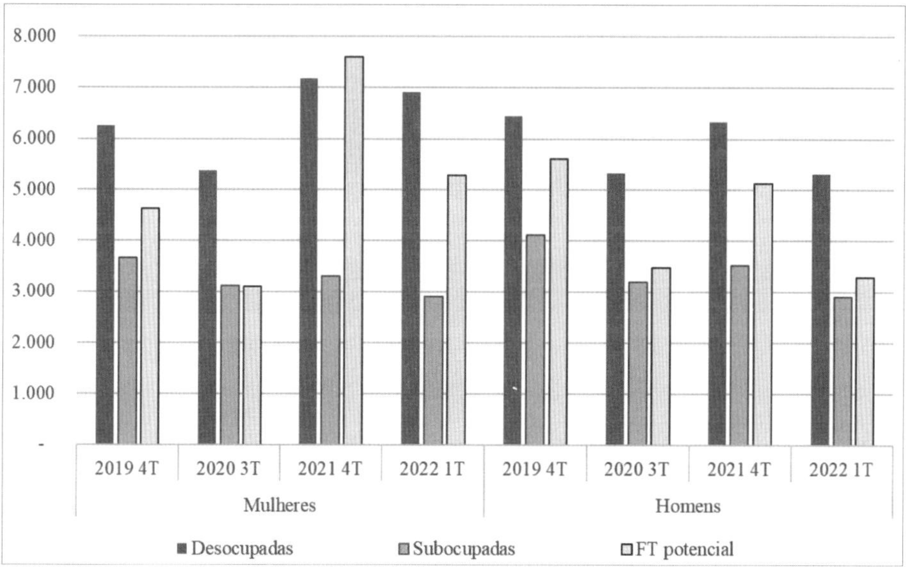

Fonte: Elaboração própria a partir dos microdados do IBGE PNAD-C (2019; 2021).

Outro indicador importante sobre a participação no mercado de trabalho é a taxa de desemprego, que se mantém maior para mulheres negras e

5 Em 2019, considerando-se a população de 25 anos ou mais, 37,1% das mulheres tinham o fundamental incompleto ou não tinham instrução, contra 40,4% dos homens; 22,3% das mulheres tinham nível superior completo, contra 15,1% dos homens (PNAD-C, IBGE, 2021). Outro resultado importante é que o retorno da CITR, em termos de rendimento, é menor para as mulheres, especialmente as mulheres negras, que para os homens (MORANDI; MELO, 2019). Estudo do IBRE/FGV de 2021 mostra que, em 2019, o retorno de quem tem ensino superior relativamente a quem tem ensino médio era de 49,3% para homens brancos contra 40,9% para mulheres brancas, 35,9% para homens negros e 33,2% para mulheres negras. (https://blogdoibre.fgv.br/posts/mulher-negra-no-mercado-de-trabalho)

homens negros, independente do período que se analisa (figura 6). Em 2019, 15,6% das mulheres negras economicamente ativas estavam desempregadas, um percentual que chegou, no auge da pandemia, no terceiro trimestre de 2020, a 19,8%, sendo que para os homens negros estes valores foram 10,5% e 14,8%, respectivamente. De forma geral pode-se perceber que a desigualdade de raça/cor se impõe quando se compara o desemprego entre pessoas do mesmo sexo, mas a desigualdade de gênero define a participação no mercado de trabalho com as mulheres apresentando as maiores taxas de desemprego.

Figura 6 Taxa de desemprego, segundo o sexo e raça/cor, 2019-2022

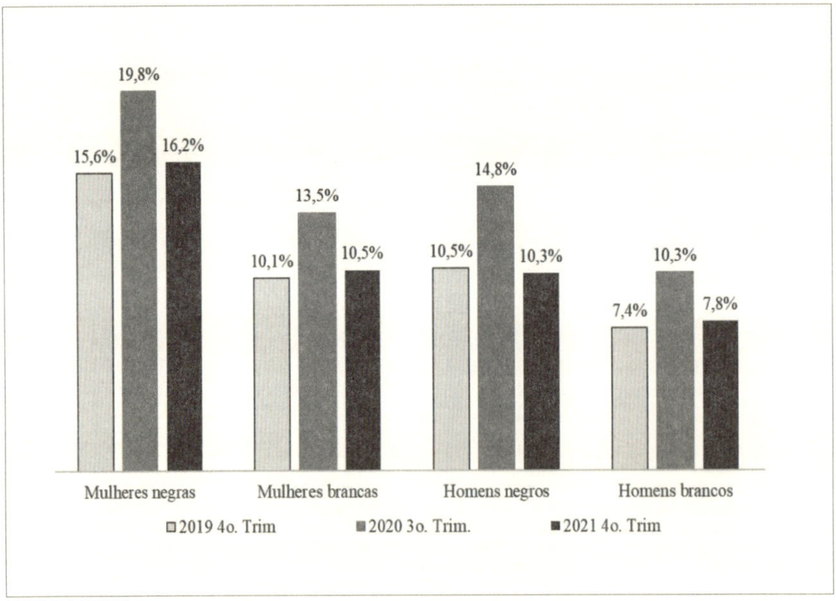

Fonte: Elaboração própria a partir dos microdados do IBGE PNAD-C (2019; 2022).

A partir do quarto trimestre de 2021 há uma tendência de diminuição da taxa de desemprego, mas as mulheres ainda apresentavam taxas de desemprego em 2022 superiores às anteriores à crise pandêmica, enquanto que os homens haviam conseguido retornar a valores próximos ao registrado no período pré-pandemia. O desemprego ainda atinge uma parcela considerável da população (figura 6) e de forma mais intensa os grupos mais vulneráveis e que tradicionalmente têm pior inserção no mercado de trabalho, como as mulheres e as pessoas negras.

Figura 7 Rendimento médio do trabalho principal (R$), por sexo e raça ou cor, 2019-2022

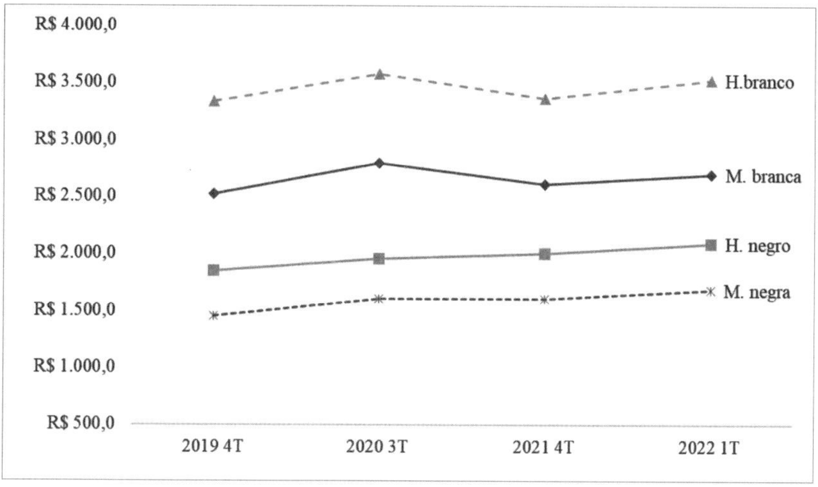

Fonte: Elaboração própria a partir dos microdados do IBGE PNAD-C (2019; 2022).

A pandemia de covid-19 afetou os rendimentos do trabalho (figura 7), consequência do fechamento de empresas, perda de postos de trabalhos e/ou redução de horas trabalhadas, tanto de trabalho formal quanto informal. Esta perda de rendimentos da classe trabalhadora possivelmente contribuiu para uma retomada mais lenta da atividade econômica, situação agravada ainda pela gestão temerosa da pandemia pelas autoridades do governo à época. A figura 7 mostra que as diferenças entre homens e mulheres permanecem altas, são maiores entre homens e mulheres brancas; homens negros e mulheres negras ganham menos do que homens e mulheres brancas, mas o diferencial entre homens e mulheres negras é menor.

REFLEXOS ECONÔMICOS DA PANDEMIA E AS DESIGUALDADES DE GÊNERO E RAÇA

Os impactos sanitários e econômicos decorrentes da pandemia de covid-19 não tiveram efeito semelhante sobre toda a população, também, por causa das diferentes condições de acesso às instituições de saúde e aos meios de tratamento; ao acesso diferenciado às formas de combater e prevenir a contaminação e a doença; pela maior ou menor possibilidade de manter o isolamento social em condições de bem-estar; e também pelas diferenças em relação à possibilidade de manter o rendimento mensal mais ou menos estável, ou de manter o emprego e/ou fazer trabalho remoto.

No Brasil, cerca de 75% da população (150 milhões de pessoas) depende exclusivamente do Sistema Único de Saúde (SUS), um dos maiores sistemas públicos de saúde do mundo, universal e disponível também para os restantes 25% da população que tem seguro privado de saúde. O sistema de saúde brasileiro não está territorialmente igualmente distribuído, ficando mais concentrado, tanto em pessoal especializado quanto disponibilidade de leitos e de tratamentos, nas capitais e cidades e regiões de maior concentração populacional. Assim, a média nacional de 2,1 médicos por mil habitantes, superior ao índice recomendado pela Organização Mundial da Saúde (OMS) de um médico para cada mil habitantes, não é suficiente por causa da distribuição territorial desigual.[6]

Outro diferencial refere-se ao não acesso à água encanada, esgoto tratado e coleta adequada de lixo, tendo sido um impedimento para muitas famílias de renda mais baixa conseguirem fazer a adequada higienização de alimentos e produtos no período da pandemia. Segundo o Mapa do Saneamento (IBGE, 2021b), em 2017, quase metade da população brasileira, 47,6%, não tinha coleta e tratamento de esgotamento sanitário e apenas 83,5% da população tinha acesso a água tratada.

Durante a pandemia, muitas mortes poderiam ter sido evitadas em todo o mundo se o acesso aos tratamentos necessários fosse mais amplo e mais rápido. Segundo pesquisas da Rede de Pesquisa Solidária (2021), as pessoas mais pobres, contaminadas pelo vírus, demoravam mais tempo para ter acesso ao tratamento, seja por questões de logística, escassez de leitos, de pessoal ou de equipamento, em decorrência de serviços públicos de saúde subfinanciados. Quando surgiram as vacinas, muito mais vidas poderiam ter sido poupadas se a tecnologia tivesse sido compartilhada, o que permitiria sua produção e distribuição em grande escala. Os países e pessoas mais pobres foram mais atingidas, seja pela falta de acesso aos meios de subsistência, insegurança alimentar e por falta de ações

6 Em 2020, segundo o estudo "Demografia médica no Brasil" (CFM/CREMESP, 2020), as cidades com as maiores proporções de médicos por mil habitantes eram Vitória (17,8), Porto Alegre (12,2), Belo Horizonte (9,8) e Rio de Janeiro (8,8). (https://portal.cfm.org.br/images/stories/pdf/estudo_demografia_junho.pdf)

de Estado que lhes desse a proteção necessária. Segundo Ghosh (2022), mais comumente as pessoas que mais sofreram os impactos da pandemia tinham um perfil que incluía ser de família de classe de renda mais baixa, ser mulher, estar em algum grupo discriminado socialmente, ser trabalhador/a informal.

Muitos países da América Latina mantiveram o fechamento de escolas pelo maior período em todo o mundo e terão que enfrentar os reflexos negativos dessa longa interrupção do ensino. Comparativamente, as formas alternativas de aprendizado no Brasil e na América Latina funcionaram pior que nos países centrais por causa da dificuldade de acesso de parte da população aos meios adequados (computador, internet com conexão rápida, espaço adequado), principalmente das crianças de famílias de menor renda e moradoras de áreas mais distantes dos grandes centros urbanos. Algumas estimativas mostram retrocesso do acesso à educação e queda nas taxas de matrícula na região, ficando em números próximos aos de uma década ou mais atrás (WORLD BANK, 2021; 2020). Esta piora nos índices educacionais possivelmente terá impactos negativos sobre crescimento econômico, produtividade, estabilidade política e democracia, além de provocar retrocesso nos resultados obtidos entre 2000 e 2014 em termos de redução de pobreza e desigualdade na região. Esse atraso escolar terá impacto também sobre a vida laboral dessas crianças, contribuindo para a manutenção da desigualdade.

O último Censo Escolar (INEP, 2021) traz estatísticas preocupantes para a sociedade brasileira e que deveriam funcionar como um alerta para a definição de políticas públicas para os próximos anos. Nos últimos cinco anos, houve queda significativa de matrículas da creche ao ensino médio, passando de 48,6 milhões em 2017 para 46,7 milhões em 2021, mostrando a saída da escola de 1,9 milhão de estudantes ainda na educação básica. Entre 2019 e 2021, 653,4 mil crianças ficaram fora das creches e pré-escolas, sendo que o número de crianças matriculadas nos dois primeiros anos do ensino fundamental e que não sabiam ler aumentou cerca de 70%, passando de 1,4 milhão em 2019 para 2,4 milhões em 2021. O resultado foi um aumento do número de crianças brasileiras de 6 e 7 anos que não sabiam ler ou escrever, passando de pouco mais de um quarto, 25,1% em 2019, para quase metade delas, 40,8% em 2021. Segundo dados do Banco Mundial (BIRF, 2021), um agravante deste quadro é que as crianças com maior probabilidade de apresentarem indicadores ruins de aprendizagem ou estarem fora da escola são as de famílias de menor renda. A boa notícia foi a expansão da implementação do ensino médio de tempo integral nas escolas públicas, com o percentual de estudantes matriculados neste regime subindo de 8,4% em 2017 para 16,4% em 2021.

As mulheres negras grávidas também ficaram mais vulneráveis. Segundo o Observatório Obstétrico Brasileiro, das gestantes e puérperas que morreram em decorrência da covid-19, a maioria, 54%, era de mulheres negras. Elas também eram a maioria, 56%, dentre as mulheres grávidas contaminadas, sendo que quase metade, 48%, necessitou de internação por complicações. O Brasil está entre os países que mais tiveram mortes de mulheres grávidas por covid-19, respondendo por 77% destas mortes em todo o mundo[7].

Os impactos sociais e econômicos da pandemia requerem políticas públicas que impulsionem o crescimento e recuperem os níveis de produto, emprego e investimento. Para um crescimento com redução de desigualdade é necessário que os gastos favoreçam a melhoria e expansão de serviços básicos, públicos e acessíveis à toda a população.

À GUISA DE CONCLUSÃO: VISANDO UM CRESCIMENTO ECONÔMICO COM MENOR DESIGUALDADE

O maior dinamismo para a retomada do crescimento requer impulsos mais vigorosos, como melhoria das expectativas e uma retomada mais pungente da atividade econômica, sobretudo a partir de ações de política econômica de incentivo ao investimento.

A crise pandêmica aumentou o desemprego e reduziu a renda do trabalho por causa dos períodos de isolamento e redução temporária de produção e de jornada de trabalho, além do fechamento definitivo de empresas e negócios que não conseguiram sobreviver a um período tão prolongado – quase dois anos – de redução de vendas e receitas. Por outro lado, vivenciamos transformações no mercado de trabalho que impactam nas desigualdades de gênero e raça.

O avanço significativo da implementação do trabalho remoto durante o isolamento social é uma mudança que veio para ficar. Trouxe benefícios

7 Segundo pesquisa publicada em 2020 no periódico médico *International Journal of Gynecology and Obstetrics.*

importantes para trabalhadores/as ao permitir maior autonomia e liberdade no gerenciamento do tempo, melhor distribuição entre as atividades de trabalho remunerado e de trabalho não remunerado e a vida pessoal e familiar. No entanto, necessita urgentemente de regulamentações específicas para não criar ou ampliar desigualdades, como o direito a se desconectar após o horário de expediente; a empresa garantir condições adequadas à realização do trabalho remoto em condições similares ao trabalho presencial; carga horária e igualdade de condições e oportunidades entre as duas modalidades de trabalho. Estas regulamentações são necessárias para garantir condições de trabalho e privacidade adequadas aos/às trabalhadores/as e para garantir a separação entre trabalho e vida privada, devendo ter abordagem de gênero, para não ampliar as brechas de gênero no mercado de trabalho.[8]

O trabalho remoto realça outros aspectos importantes ainda não resolvidos, como a distribuição desigual do trabalho de cuidados, entre homens e mulheres dentro da família, e entre família e as demais instituições da sociedade. Mantendo-se a mesma divisão sexual do trabalho e a mesma escassez de serviços de cuidados de qualidade e acessíveis, o trabalho remoto tenderia a beneficiar mais os homens que as mulheres. Para que ambos sejam igualmente beneficiados, são necessárias mudanças culturais e de políticas públicas, tanto pela adoção de medidas legais e de incentivo como de investimentos públicos que permitam o reconhecimento da importância do trabalho de cuidados, melhor redistribuição deste trabalho dentro das famílias e entre as famílias, o Estado, o setor privado e órgãos da comunidade, melhorando a qualidade de vida para as famílias e principalmente para as mulheres, sobre quem majoritariamente recai o trabalho dos cuidados. Além disso, é necessário maior participação dos homens nas tarefas de cuidados, para que esse trabalho não seja exclusivo das mulheres. (MELO; MORANDI; MORAES, 2022).

Certamente uma parte da desigualdade de gênero poderia ser resolvida com melhor distribuição social do trabalho de cuidados, através da compreensão da importância de licença parental mais generosa e horários de trabalho mais

8 Pesquisa da EUROFOUND (2020) mostrou que teletrabalho intensivo, conflito entre vida profissional e pessoal, jornadas de trabalho mais longas e descanso insuficiente eram comuns entre pessoas em trabalho remoto. Os dados também mostraram que antes da crise mais mulheres (64%) que homens (57%) nunca tinham trabalhado remotamente, e agora são elas as que estão em maior medida (39%) nesta modalidade, contra 35% dos homens, um percentual que é maior ainda entre as mulheres com crianças pequenas (46%).

flexíveis, maior oferta de serviço público de suporte às famílias e reeducação e mudança cultural para uma divisão mais justa do trabalho dos cuidados. É de fundamental importância entender que a mudança de postura e de compreensão necessárias beneficiam a sociedade como um todo (SHAFIK, 2022).

Assim, pensando sobre o futuro do emprego, algumas mudanças podem se tornar tanto uma oportunidade como uma ameaça para a participação feminina, principalmente nos países do Sul Global. Há uma tendência mundial para substituição mais ampla da mão de obra com os avanços em inteligência artificial, aumento da automação e robotização, inclusive em setores antes menos ameaçados por estas mudanças, como serviços pessoais, educação e saúde[9]. Provavelmente os empregos em TI e STEM serão os maiores beneficiados com aumentos de salários e empregos, sendo que as mulheres têm maior probabilidade de ficarem alijadas desse crescimento, fazendo com que a desigualdade de gênero no mercado de trabalho tenha tendência de expansão e não de redução. Se esta tendência se confirmar, além das mulheres, os países do Sul Global e as famílias de menor classe de renda serão também excluídas, contribuindo para o aumento da desigualdade em suas várias facetas. Uma educação em moldes menos patriarcais, mais inclusiva em termos de gênero, de raça/cor e de renda é fundamental para um futuro mais igualitário.

Para ações mais imediatas, medidas como ampliação do acesso à qualificação, treinamento e reciclagem da mão de obra podem contribuir para reduzir o desemprego e sua duração. Acrescente-se a isso que nenhuma política hoje faz sentido se não incluir também a questão ambiental. Para tanto são necessárias mudanças nas diretrizes de política macroeconômica para que incluam o tema das desigualdades, dos cuidados e do meio ambiente no centro de suas preocupações.

Ao longo das últimas décadas, a desigualdade vem aumentando em todo o mundo, coincidindo com os períodos de adoção de políticas de austeridade e de controle prioritário da inflação, com os consequentes cortes de gastos públicos e redução do Estado. Esta proposta está estruturada num modelo econômico

9 Os impactos da pandemia sobre a capacidade de produção mostraram que a estratégia de produção globalizada para baratear custos e aumentar a lucratividade é problemática em situações de fechamento de fronteiras (https://www.weforum.org/agenda/2020/04/covid-19-pandemic-disrupts-global-value-chains/). Por outro lado, a robotização tem aparecido como solução para o caso de fechamento de empresas decorrente de novos surtos de pandemia (https://aterceiramargem.org/2020/05/05/o-futuro-pos-covid-19-o-fim-da-aglomeracao-a-robotizacao-e-questoes-sociais/; https://www.dw.com/en/how-robots-contribute-to-easing-coronovirus-fallout/a-53267165).

ortodoxo em que as desigualdades são vistas como resultando das diferenças de capacidade e empenho de cada indivíduo, sem levar em conta aspectos (como gênero e raça/cor) que muito frequentemente implicam diferenças de acesso e oportunidades. A política de austeridade desconsidera como relevante as intervenções do Estado para melhorar a qualidade de vida e reduzir desigualdades através da ampliação e melhoria dos serviços públicos, deixando toda a oferta de serviços a cargo do setor privado.[10] A suposição da teoria ortodoxa "que as unidades básicas da sociedade são indivíduos competitivos, hostis e isolados, leva a uma ênfase excessiva nas pessoas que assumem o poder para sua própria vantagem, e subestima a importância da mudança nas instituições e estruturas da sociedade" (HARTSOCK,1981).

As políticas públicas para a recuperação econômica devem estar direcionadas principalmente para medidas que promovam o crescimento econômico com menores desigualdades e menor impacto ambiental. Os investimentos devem ser mais verdes, sem aumentar a pressão sobre o meio ambiente, e mais inclusivos, relativamente a gênero e raça, para que não aumentem as pressões sobre as desigualdades. Estas devem ser as principais diretrizes a nortear a política macroeconômica no intuito de criar uma economia mais resiliente. Estas diretrizes são especialmente importantes para os países onde há maior desigualdade e maiores restrições orçamentárias e menor capacidade de financiamento do gasto público, como o Brasil e países da América Latina.

A definição de políticas públicas para a promoção de maior igualdade, com redução das brechas de gênero e da desigualdade de raça e social passa pela aprovação de orçamentos públicos sensíveis a gênero. Neste caso os gastos do governo são decididos e ponderados de acordo com o impacto esperado sobre as minorias e o meio ambiente. Passa também por uma maior participação das mulheres nos fóruns de decisão, inclusive naqueles relativos à recuperação econômica. As políticas públicas impactam a todas as pessoas, mas não igualmente. A participação de representantes das várias categorias sociais na discussão das políticas públicas torna as decisões melhor adaptadas aos resultados desejados, com maior chance de sucesso.

---

10 Segundo a ortodoxia, as políticas macroeconômicas não devem interferir na atuação plena e desimpedida do setor privado, ficando a política pública responsável por manter o equilíbrio fiscal e baixas taxas de inflação. (QUIGGIN, 2010; VAROUFAKIS, 2015).

Dar mais voz e permitir maior participação às mulheres está diretamente ligado ao reconhecimento da importância vital do trabalho de cuidados para a sobrevivência e bem-estar de todas as pessoas. Reconhecimento de que a invisibilidade desse trabalho prejudica as mulheres, entendendo-se que este trabalho deve ser de responsabilidade não apenas das mulheres e das famílias, mas deve ser melhor distribuído entre família, Estado, empresas e comunidade como um todo. Afinal de contas, o trabalho não remunerado de cuidados é essencial à preservação da vida e ao bem-estar.

O trabalho de cuidados, para ser mais igualmente distribuído e garantindo-se sua boa qualidade, requer melhores redes de proteção social destinadas não apenas às crianças, mas também às pessoas idosas, enfermas ou com alguma incapacidade. O cuidado das crianças inclui entender a creche como parte integrante do aprendizado e desenvolvimento escolar. A participação de homens, mas principalmente das mulheres, no mercado de trabalho remunerado requer a disponibilidade de creches e escolas de ensino básico e fundamental de tempo integral, de qualidade e acessível para todas as crianças. O bom resultado escolar tem reflexos positivos sobre o mercado de trabalho, a produção e os ganhos de produtividade. A boa escola beneficia toda a sociedade, evita o desperdício de talentos e melhora a inserção das pessoas no mercado de trabalho, reduzindo a pobreza.

O trabalho remunerado de cuidados também requer políticas especiais porque é um setor onde a mão de obra tem piores salários e condições de emprego, como ficou evidenciado durante a crise da pandemia. São necessários melhores salários, condições de trabalho e legislação protetiva para as pessoas que trabalham nas áreas relacionadas aos cuidados.

A redução da desigualdade de gênero requer também mudanças de legislação que garanta os direitos sexuais e reprodutivos, entendendo como direito humano fundamental e de saúde pública. As decisões de políticas públicas serão tanto menos viesadas e mais adequadas quanto melhores forem as análises, que para tanto necessitam de dados desagregados por sexo e raça.

A melhoria da qualidade de vida e bem-estar da população passa necessariamente pela redução das desigualdades de gênero, raça e social. Metade da população, representada pelas mulheres, sofre com a falta de apoio para uma melhor distribuição da carga de trabalho não remunerado. A desigualdade de renda no Brasil está intimamente relacionada à desigualdade de gênero e raça, necessitando de políticas públicas específicas e que tenham como principal objetivo a eliminação dessas desigualdades. Igualdade de direitos, renda, serviços e nível de bem-estar deve ser entendida como direito básico e universal.

Uma visão holística do mundo requer um olhar mais cuidadoso sobre a atuação do Estado e do setor privado na economia. A preferência deve ser por escolhas que levem à redução drástica das desigualdades de gênero e de raça/cor, promovam o desenvolvimento sem eliminar a necessária proteção ao meio ambiente, a todas as formas de vida e aos recursos não renováveis. O funcionamento da economia deve ser em prol do progresso humano para todas as pessoas e não enriquecimento de poucos e à custa de todos os demais e de todo o planeta. A falta permanente de serviços públicos de cuidados, de qualidade e acessíveis, reflete de forma contundente a discriminação quanto ao papel das mulheres na sociedade. Esta visão não deveria mais ter espaço depois de um período tão drástico como o da pandemia em que aprendemos a importância de se ter acesso aos cuidados de que se necessita a cada etapa da vida. Aprendemos também que todas as pessoas demandam diferentes tipos e níveis de cuidado em todos os momentos da vida e que todas as pessoas podem e devem ser, sem exceção, ofertantes de cuidados. A troca mais equânime beneficiará a todos e todas.

As propostas aqui apresentadas de intervenções de política pública não compõem uma lista extensiva. Trata apenas de algumas das principais e mais urgentes medidas que garantiriam a redução das desigualdades de gênero e raça, devendo ser entendidas como necessárias para provocar discussões e pesquisas mais aprofundadas.

REFERÊNCIAS

BAETA NEVES, Fernanda F. C. "Mulheres no Mercado de Trabalho Brasileiro durante a pandemia do covid-19"". *Trabalho de Conclusão de Curso do IE/UFRJ*, agosto de 2022.

BIRF Banco Internacional de Reconstrucción y Fomento. Actuemos ya para proteger el capital humano de nuestros niños: los costos y la respuesta ante el impacto de la pandemia de covid-19 en el sector educativo de América Latina y el Caribe". *Informe Banco Mundial BIRF,* 2021. https://openknowledge.worldbank.org/handle/10986/35276?locale-attribute=es

BRASIL. Instituto Brasileiro de Geografia e Estatística (IBGE). *Pesquisa Nacional por Amostra de Domicílio Continua* (PNADC). 2019, 2020, 2021 e 2022, microdados; Estatísticas de Gênero. 2021.

BRASIL. Instituto Brasileiro de Geografia e Estatística (IBGE). *Atlas de saneamento: abastecimento de água e esgotamento sanitário.* IBGE, Coordenação de Geografia e Coordenação de Recursos Naturais e Meio Ambiente, Rio de Janeiro: IBGE, 2021(b). https://www.ibge.gov.br/ apps/ atlassaneamento/#/home.

CEPAL Comisión Económica para América Latina y el Caribe. *Panorama Social de América Latina*, 2020 (LC/PUB.2021/2-P/Rev.1). Santiago, 2021.

CEPAL Comisión Económica para América Latina y el Caribe. "Enfrentar los efectos cada vez mayores del covid-19 para una reactivación con igualdad: nuevas proyecciones". *Informe Especial covid-19*, N. 5, Santiago, julio, 2020.

CFM/CREMESP. Demografia médica no Brasil. Estudo de Projeção: Concentração de médicos no Brasil em 2020. https://portal.cfm.org.br/images/stories/pdf/estudo_demografia_junho.pdf.

CORREIA, S.; LUCK, S.; VERNER, E. *Pandemics depress the economy, public health interventions do not: evidence from the 1918 Flu*, SSRN, June 5, 2020. https://ssrn.com/ abstract=3561560 or http://dx.doi.org/10.2139/ssrn.3561560.

EUROFOUND European Foundation for the Improvement of Living and Working Conditions. "Living, working and covid-19". *covid-19 Series*, Publications Office of the European Union, Luxembourg, 2020.

EUROFOUND European Foundation for the Improvement of Living and Working Conditions. *Striking a balance: Reconciling work and life in the EU.* Publications Office of the European Union, Luxembourg, 2018.

FEIJÓ, J. "A mulher negra no mercado de trabalho". *Blog do IBRE.* FGV/IBRE, 26 julho, 2021. https://blogdoibre.fgv.br/posts/mulher-negra-no-mercado-de-trabalho.

GARIKIPATI, S.; KAMBHAMPATI, U. Leading the fight against the pandemic: does gender 'really' matter?. *Discussion Paper* N. 2020-13, Department of Economics, University of Reading, 2020. https://www.reading.ac.uk/web/files/economics/emdp202013.pdf

GHOSH, J. "The biggest killer of pandemic times: inequality'. *Social Europe*, Jan. 24th, 2022. Disponível em: https://socialeurope.eu/the-biggest-killer-of-pandemic-times-inequality.

HARTSOCK, N. "Political Change: two perspectives on power". In: BUNCH, C.; FLAX, J.; FREEMAN, A.; HARTSOCK, N.; MAUTNER, M-H. *Building Feminist Theory: essays from Quest, a feminist quarterly.* New York: Longman, 1981.

IPEA Instituto de Pesquisa Econômica Aplicada. "Os efeitos da pandemia sobre os rendimentos do trabalho e o impacto do auxílio emergencial: os resultados dos microdados da PNAD covid-19 de novembro". *Mercado de Trabalho: Conjuntura e Análise*, n. 50, Nota da Conjuntura 2, 1º trimestre, 2021.

ILO International Labour Organization. "covid-19 and the world of work. Updated estimates and analysis". *ILO Monitor* 2nd edition, Abril, 2020. Disponível em: https://www.ilo.org/wcmsp5/groups/public/---dgreports/---dcomm/documents/briefingnote/wcms_740877.pdf

JOHNSON, C.; WILIIAMS, B. "Gender and political leadership in a time of covid". *Politics & Gender*, vol. 16, 2020, pp. 943–950.

MELO, H.P. de; MORANDI, L., MORAES, L. *Os Cuidados no Brasil: mercado de trabalho e percepções*. São Paulo: Fundação Friedrich Eber (FES), outubro de 2022. https://library.fes.de/pdf-files/bueros/brasilien/19650.pdf

MELO, H. P. de; MORANDI, L. "Cuidados en Brasil: logros, legislación y políticas públicas". In: SANTANA, A. T. *Los cuidados: del centro de la vida al centro de la política*. Providencia, Santiago de Chile: Friedrich Ebert Stiftung, pp. 521-561, 2021a. Disponível em: http://www.fes.de/cei-bin/gbv.cei?id=17083+v=pdf.

MELO, H. P. de; MORANDI, L. "Uma análise da distribuição do PIB per capita entre mulheres e homens no Brasil, 1991-2015". *Revista de Economia Contemporânea*, vol. 25, n. 1, p. 1-23, 2021b.

MELO, H. P. de; MORANDI, L. "A divisão sexual do trabalho no contexto da pandemia". *Revista Trabalho Necessário*, n. 38, Jan/abril, 2021c, pp. 105-125.

MORANDI, L., "Política Fiscal no Brasil: principais diretrizes e impactos, 2000-2019". In: GUANZIROLI, C. E.; CASTELLANO, A.; GHIBAUDI, J.; ARTICA, R. P. (org.). *Políticas públicas na Argentina e no Brasil (2003-2020): diferenças, convergências e desafios*. UFF / EDUFF / UNS / CAPES, cap. 5, p. 143-159, 2021

MORANDI, L.; MELO, H. P. de. "Brazilian labor market in the post-covid. The Society for the Advancement of Socio-Economics". *SASEs 33rd Annual Conference*, After covid? Critical Conjunctures and Contingent Pathways of Contemporary Capitalism, 2-5 July 2021.

MORANDI, L.; MELO, H. P. de. "Mujeres y educación en Brasil: una mirada de género". In: PÉREZ, T. G. (coord.). *La educación de las mujeres en Iberoamérica: análisis histórico*. Tirant Humanidades, 2019, p. 719-759.

NASSIF, A.; MORANDI, L.; ARAÚJO, E.; FEIJÓ, C. "Economic development and stagnation in Brazil (1950-2011): has labor productivity behavior been growth-enhancing or growth-reducing?" *Structural Change and Economic Dynamics*, vol. 53, pp. 1-15, 2020.

OLIVERA, M., VIEIRA, C., BAETA, F. "Mulheres no mercado de trabalho brasileiro: uma análise das segregações e discriminações a partir da economia feminista". *Texto para Discussão* 018, Rio de Janeiro, IE/UFRJ, 2021.

QUIGGIN, J. *Zombie economics*: how dead ideas still walk among us. Princeton University Press, 2010.

KELLY, I. D.; MELO, H. P. de. "A riqueza gerada pelo trabalho não remunerado". *Anais do XV Encontro Internacional da Associação Keynesiana Brasileira*, Belo Horizonte/MG, setembro, 2022.

REDE DE PESQUISA SOLIDÁRIA. "Nota Técnica No. 34: Desigualdades raciais e de gênero aumentam a mortalidade por covid-19, mesmo dentro da mesma ocupação". *Boletim 34, covid-19: Políticas Públicas e as Respostas da Sociedade*, 20 de setembro, 2021. Disponível em: https://redepesquisasolidaria.org/wp-content/uploads/2021/09/boletimpps-34-20set2021-1.pdf.

RUBERY, J.; KOUKIADAKI, A. "Closing the gender pay gap: a review of the issues, policy mechanisms and international evidence". *International Labour Office*, Geneva: ILO, 2016. Disponível em: https://www.ilo.org/gender/Informationresources/Publications/WCMS_540889/lang--en/index.htm.

SHAFIK, M. "The pandemic and our broken social contracts". *Project Syndicate*, Jan. 21, 2022. Disponível em: https://www.project-syndicate.org/onpoint/new-social-contract-needed-for-21st-century-by-minouche-shafik-2022-01?barrier=accesspaylog.

STIGLITZ, J. "Conquering the great divide". *IMF Finance & Development*, Fall, 2020. Disponível em: https://www.imf.org/external/pubs/ft/fandd/2020/09/COVID19-and-global-inequality-joseph-stiglitz. htm?utm_medium=email&utm_source=govdelivery.

TEIXEIRA, M. O. "Salário igual para trabalho de igual valor e a reforma trabalhista. Democracia e Mundo do Trabalho". *Opinião*, 11 de abril, 2022. Disponível em: https://www.dmtemdebate.com.br/salario-igual-para-trabalho-de-igual-valor-e-a-reforma-trabalhista/.

UNESCO United Nations Educational, Scientific and Cultural Organization. *Global Education Monitoring Report: Latin America and Caribbean*, 2020.

UNFPA United Nations Population Fund. "New UNFPA projections calamitous impact on women's health as covid-19 pandemic continues". *UNFPA Press Release,* April, 2020, Disponível em: https://www.unfpa.org/press/new-unfpa-projections-predict-calamitous-impact-womens-health-covid-19-pandemic-continues.

UN UNITED NATIONS. "The impact of covid-19 on women". *Policy Brief*, 9 April, 2020. https://www.un.org/sites/un2.un.org/files/2020/04/policy_brief_on_covid_impact_on_women_9_apr_2020_updated.pdf.

VAROUFAKIS, Y. *The global Minotaur: America, Europe and the future of the global economy*. Zed Books, 2015 (1st. ed. 2011).

VELOSO, F. "Aumento da informalidade e a queda recente da produtividade". *Blog do IBRE*, 24 janeiro, 2020. Disponível em: https://blogdoibre.fgv.br/posts/aumento-da-informalidade-e-queda-recente-da-produtividade.

WORLD BANK. *Global Economic Prospects.* Washington, DC: World Bank, January 2022, Ch. 4 "Impact of covid-19 on global income inequality", pp. 155-200. doi: 10.1596/978-1-4648-1758-8.

WORLD BANK. "Learning poverty in the time of covid-19: a crisis within a crisis". Washington, DC: World Bank, December 2020. Disponível em: https://openknowledge.worldbank.org/bitstream/handle/10986/34850/Learning-Poverty-in-the-Time-of-COVID-19-A-Crisis-Within-a-Crisis.pdf.

PINK TAX: UMA REVISÃO DA LITERATURA BRASILEIRA SEGUNDO A ÓTICA DA ECONOMIA FEMINISTA

Brena Paula Magno Fernandez
Ana Cristina Ehlers

INTRODUÇÃO

Segundo a definição de Strober:

> A economia feminista é um repensar da disciplina da economia com o propósito de melhorar a condição econômica das mulheres. Como um subproduto (ou benefício externo) desse repensar, a economia feminista fornece uma melhoria da teoria econômica e política. (1994, p. 143)

Já Ferber e Nelso, escreveram

> Queremos reter e melhorar a análise econômica, eliminando da disciplina os preconceitos criados pela centralidade das preocupações nitidamente masculinas. (1993, i)

Podemos dizer que a economia feminista preocupa-se, por um lado, em fornecer um aporte teórico que consiga identificar os fatores que promovem as desigualdades econômicas, que geralmente estão relacionadas a preconceito de gênero, seja no mercado de trabalho, seja no mercado consumidor. Por outro lado, ela preocupa-se também com os desdobramentos pragmáticos/políticos da questão, procurando influenciar na formulação de políticas públicas que consigam mitigar as injustiças econômicas desencadeadas pelas desigualdades de gênero identificadas no âmbito teórico. Na introdução, delimitamos um conjunto de tais injustiças de caráter econômico perpetradas contra os indivíduos do gênero feminino – já identificadas e analisadas a partir da ótica da economia feminista – nas quais sugerimos a inclusão da *pink tax*.

Como define Habbal (2020), a *pink tax* refere-se amplamente às estratégias de preços das empresas e/ou políticas governamentais que aumentam os custos de transações (geralmente impostos mais altos ou preços mais altos) para as mulheres. Discussões sobre a Pink Tax têm crescido continuamente nas últimas décadas, havendo visões conflitantes sobre sua existência, causas, e implicações, a ponto de haver questões substantivas quanto à sua validade. Para aqueles que argumentam que a pink tax existe e é prejudicial para as mulheres, uma das principais explicações para o mecanismo de transmissão é por meio da propagação da socialização de gênero através de estratégias de marketing (HABBAL, 2020). Para Manzano-Antón, Martinez-Navarro e Gavilan-Bouzas (2018), a pink tax representa um problema que nos orienta a atentar para os conteúdos veiculados pela mídia, para a visibilidade do papel da mulher em nossa sociedade e, também, para a necessidade de rever o estereótipo resultante do gênero feminino instalado na sociedade, uma revisão que poderia começar por questionar a forma de consumir. Significa dizer que, na maior parte dos casos, a *pink tax* não é um fenômeno tributário, mas sim mercadológico, uma prática econômica que possui, no entanto, impacto bastante importante sobre as consumidoras.

O tema já é pesquisado há aproximadamente 30 anos nos Estados Unidos e na Europa, sendo que lá já existe inclusive legislação específica que coíbe a prática[1]. Porém, no Brasil, existe um atraso importante tanto em relação às pesquisas desenvolvidas comparativamente aos países centrais quanto no que toca a elaboração de políticas públicas adequadas ao caso. De fato, as pesquisas aqui são em número reduzidíssimo, existindo até a presente data apenas três estudos empíricos que se voltaram à investigação da existência da taxa rosa no país (MARIANO, 2018; RUEDIGER , 2020; FERNANDEZ, SILVA, 2024). O que se nota é uma lacuna bastante importante na investigação desse fenômeno por parte da academia, em geral, e da economia, de forma mais específica. O mais comum é encontrarmos reportagens de jornal com matérias sobre o tema da *pink tax*, sem uma análise teórica mais aprofundada. Quando o assunto é tratado academicamente, percebe-se que outras disciplinas que não a economia – como os estudos de gênero, a sociologia, o *marketing* e o direito, por exemplo – têm assumindo o protagonismo. Essa é uma

1 As principais leis norte-americanas de combate à discriminação de preços por gênero são as seguintes: *Gender Tax Repeal Act* (1995); *Affordable Care Act* (2010); Massachusetts Public Accommodation Law (2016) e *Pink Tax Repeal Act* (2019).

circunstância que, por si só, já mereceria alguma explicação. Afinal de contas, por que as mulheres vêm sendo penalizadas, seja com precificações discriminatórias por gênero, seja por taxações especificamente voltadas para elas e, ainda assim, a economia tradicional não consegue capturar adequadamente a situação?

Deste modo, o objetivo principal deste texto é o de colaborar no sentido de preencher essa lacuna de investigação. Para tanto, o artigo foi dividido em quatro seções incluindo essa introdução. Na seção 2, fazemos uma breve revisão da literatura pertinente ao tema da *pink tax* existente no Brasil. Na seção 3, apresentamos a explicação do fenômeno da taxa rosa segundo a economia tradicional. Nas considerações finais, resumimos os principais pontos dessa análise, enfatizando tanto a necessidade de mais pesquisas empíricas dedicadas ao tema, quanto a proposição de medidas de políticas públicas, que possam coibir tal prática discriminatória para com as mulheres.

O FENÔMENO DA PINK TAX NO BRASIL

Os produtos que se encaixam nos parâmetros da *pink tax* compartilham um denominador comum: como dito, eles são claramente direcionados a atender as supostas necessidades – reais ou alegadas – daqueles indivíduos que se identificam com o gênero feminino.

A taxa rosa, portanto, é uma estratégia adotada por empresas no mundo inteiro visando ampliar as suas margens de lucro, que consiste em atribuir preços mais elevados a produtos e serviços destinados ao público feminino. Em termos práticos, constata-se a existência da *pink tax* quando o produto ou serviço destinado ao público feminino, ainda que seja da mesma marca, possua a mesma finalidade, a mesma composição química (em casos de produtos cosméticos, por exemplo), as mesmas qualificações e especificações técnicas, tem o seu preço mais elevado comparativamente ao produto ou serviço destinado ao público masculino. Em grande parte dos casos, quando nos referimos aos produtos, a única diferença real é mesmo a cor da embalagem ou do próprio produto, rosa, daí o termo. Em comparação, produtos masculinos idênticos, de outra cor, tendem a possuir a mesma qualidade, ou a serem até melhores, e a custarem menos.

Deste modo, a *pink tax* pode ser definida como um fenômeno econômico no qual bens e serviços diretamente voltados para pessoas que se identificam com o gênero feminino são precificados em um valor maior que os bens e serviços voltados para pessoas que se identificam com o gênero masculino (LAFFERTY, 2019). Um estudo realizado pelo *New York City Department* of Consumer Affairs concluiu que os produtos destinados ao público feminino nos EUA, direcionados a todos os tipos de idade, custavam, em média, 7% a mais que os produtos equivalentes destinados ao público masculino (BESSENDORF; GANS, 2015). A partir deste estudo, muitos pesquisadores passaram a prestar mais atenção ao tema, uma vez que essa diferença de preços não é uma questão de explicação lógica ou simples, tanto é que, como mostra o estudo de Noronha, Christino e Ferreira (2020), o número de artigos publicados sobre o tema da *Pink Tax* quadruplicou em 2017 em relação a 2016, atingindo sua maior média no ano de 2018.

Mencionamos na introdução o fato de no Brasil esse fenômeno ser ainda pouquíssimo estudado, em especial na economia. Com efeito, conforme mencionado, existem apenas três estudos econômicos empíricos bastante recentes acerca do fenômeno da *pink tax* em nosso país (MARIANO, 2018; RUEDIGER, 2020; FERNANDEZ; SILVA, 2023), os dois primeiros versando principalmente sobre a existência da *pink tax* nos produtos produzidos/comercializados no país e o último centrando-se no setor dos serviços de cortes de cabelo.

Mariano (2018) conduziu uma pesquisa na qual observou que, em média, os produtos destinados para as mulheres brasileiras são 12,3% mais caros que nas suas versões masculinas. A diferença de preços foi verificada em produtos destinados a todas as faixas etárias, começando pelas roupas de bebê e brinquedos. Além disso, o estudo verificou que a quantidade e variedade de itens destinados às mulheres são superiores àqueles destinados aos homens. Por exemplo, na categoria de acessórios de vestuário, as mulheres encontram pelo menos 16 itens a mais que não existem para os homens, reforçando um estereótipo corrente de que o gênero feminino é mais afeito ao consumo do que o gênero masculino[2].

Além da pesquisa de preço, o estudo de Mariano realizou uma sondagem com 480 mulheres, constatando que 82% delas não percebiam a diferença entre os preços por gênero e que as que mais se davam conta do fenômeno seriam

2 Não se pode negar que esse estereótipo consista numa meia verdade. De fato, as mulheres normalmente são responsáveis por fazerem as compras da casa, dos filhos, e não raro as compras de objetos, roupas e utensílios de higiene dos maridos/companheiros, além das suas próprias compras pessoais. Ou seja, elas compram mais do que os homens. A distorção negativa dessa imagem é a concepção segundo a qual, por fazerem mais compras, as mulheres seriam necessariamente mais "consumistas", no sentido pejorativo do termo.

aquelas que possuem filhos de ambos os gêneros. Constatou, ainda, que 89% das mulheres achavam normal o preço ser mais alto para mulheres, uma vez que elas seriam mais consumistas, e, portanto, gerariam uma demanda maior para todos os produtos femininos.

O Quadro 1, a seguir, resume os percentuais de diferença de preços por gênero para as cinco categorias pesquisadas no trabalho de Mariano (2018) – vestuário infantil, vestuário adulto, higiene pessoal, corte de cabelo e brinquedos.

Quadro 1 Pesquisa de Mariano (2018)

Produto/ Serviço	Metodologia	Resultados
Vestuário Infantil	Verificação e comparação de preços entre produtos similares que são destinados a mulheres e produtos para homens ou para ambos os gêneros. Coleta realizada entre outubro de 2016 e janeiro de 2017	17% mais caro para mulheres
Vestuário adulto		23% mais caro para mulheres
Higiene pessoal		4% mais caro para mulheres
Corte de cabelo		27% mais caro para mulheres
Brinquedos		26% mais caro para mulheres

Fonte: Elaboração Própria com base em Mariano (2018).

Ruediger (2020) realizou uma pesquisa comparativa de preços para a Fundação Getúlio Vargas (FGV). A coleta de dados foi realizada *on-line* nos *sites* das grandes redes de varejo do Brasil. Foram analisadas cinco categorias de produtos e em todas elas havia maior incidência de versões femininas (28% dos pares analisados) mais caras para um mesmo produto do que versões masculinas (11% dos pares analisados).

O estudo não oferece uma média percentual da diferença de preços, mas destaca algumas discrepâncias significativas, como o exemplo de uma mochila infantil feminina que custava 64% a mais do que a sua versão masculina. O Quadro 2, na página a seguir, resume as principais diferenças encontradas no referido trabalho.

Para fins de comparação interseccional e análise de como a inserção de um marcador de raça/cor pode também interferir no quadro de discriminação de preços de mercado em desfavor das mulheres brancas e negras (e também homens negros), o autor menciona ainda uma pesquisa de preço realizada em Chicago, nos Estados Unidos, que objetivou verificar se havia diferença nos preços obtidos durante a negociação de um carro novo quando considerados o gênero e a raça dos participantes. Como resultado, se verificou que as concessionárias ofereceram preços superiores a homens e mulheres negros e, também, às mulheres brancas os preços foram superiores aos homens brancos, além disso, alguns vendedores ainda utilizaram linguagem racista e machista no tratamento de alguns clientes.

Quadro 2 Pesquisa de Ruediger (2020)

Produto	Metodologia	Resultados
Brinquedos	O estudo analisa produtos comercializados de forma online nos sites de 15 grandes redes de varejo do país. Foram pesquisados 138 pares de produtos equivalentes nos sites das redes de varejo durante o período de 05 a 12 de novembro de 2019	29% dos itens são mais caros para versões femininas 9% dos itens são mais caros para versões masculinas
Higiene e cuidados pessoais		34% dos itens são mais caros para versões femininas 2% dos itens são mais caros para versões masculinas
Material escolar		24%dos itens são mais caros para versões femininas 5% dos itens são mais caros para versões masculinas
Vestuário adulto		46%dos itens são mais caros para versões femininas 27% dos itens são mais caros para versões masculinas
Vestuário infantil		13% dos itens são mais caros para versões femininas 8% dos itens são mais caros para versões masculinas

Fonte: Elaboração Própria com base em Ruediger (2020).

Publicamos, alhures Fernandez e Silva (2024), os resultados de nossas pesquisas sobre a *pink tax* no setor de serviços – cortes de cabelo.

Quadro 3 Pesquisa de Fernandez e Silva (2024)

Setor de serviços	Metodologia	Resultados
Salão de beleza	60 estabelecimentos contatados via Whatsapp	90% dos salões cobravam mais pelos cortes de cabelo femininos. Preços, em média, 64% mais caros para o público feminino.

Fonte: Elaboração Própria com base em Fernandez e Silva (2024).

No Brasil, dentre os 60 salões de beleza unissex por nós contatados, 10% apresentaram preços iguais para o corte de cabelo masculino e feminino, nenhum apresentou preços menores para o corte básico masculino, e 90% apresentaram preços maiores para o corte básico feminino. De acordo com os preços coletados pela pesquisa, as mulheres pagaram, em média, R$41,28 a mais do que os homens, o que equivale a uma cobrança de 64% a mais para o corte de cabelo feminino. A partir dos preços coletados, relacionaram-se as médias entre as diferenças de preços encontradas para cada região metropolitana, como indicado na figura 1, abaixo:

Figura 1 Média de preços de corte de cabelo

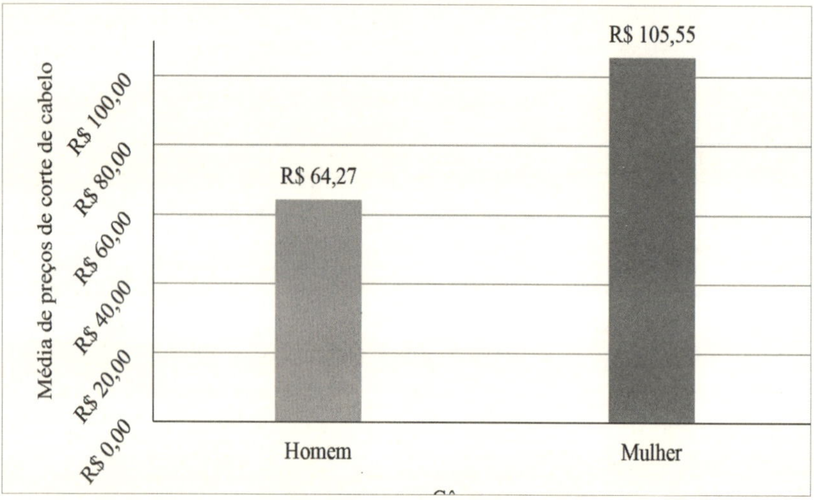

Fonte: elaboração própria com base nos preços coletados (2023).

Os resultados indicam que a amostra de Porto Alegre apresentou maior discrepância em comparação com aquelas das demais regiões metropolitanas, além de ter obtido uma diferença de R$ 16,75 em relação à São Paulo, região com a menor média entre as diferenças de preço.

A justificativa comum seja dos fabricantes, dos comerciantes ou ainda dos prestadores de serviço pesquisados, quando inquiridos pelos pesquisadores sobre os preços mais elevados para o público feminino foi que o sobrepreço se dá exclusivamente por diferenças nos custos de produção/diferenças nos serviços prestados. No entanto, os itens selecionados em todas as pesquisas seguem o critério de semelhança, de modo que, aparentemente, não deveria haver diferenças na produção que fossem justificados apenas pela cor da embalagem ou pelo gênero do consumidor. Tal justificativa apresentada é baseada na explicação oferecida pela economia dita tradicional ou *mainstream*, segundo a qual existe uma discriminação de preços baseada em gênero, argumento esse que é apresentado na sequência.

Figura 2 Média entre as diferenças de preço por Região Metropolitana

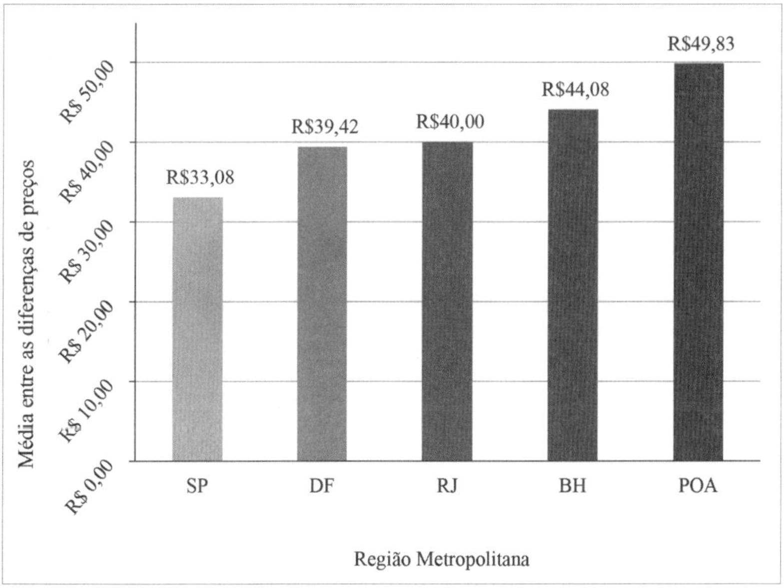

Fonte: elaboração própria com base nos preços coletados (2023).

COMO A ECONOMIA TRADICIONAL VÊ A PINK TAX: DISCRIMINAÇÃO DE PREÇOS POR GÊNERO

Em virtude de não ser possível associar diretamente a *pink tax* a qualquer tipo de tributo, sua existência pode então ser definida como uma prática de discriminação de preços. Pindyck e Rubinfield (2006) classificam a discriminação de preços em três graus, podendo-se relacionar ao tema em discussão o primeiro e o terceiro graus[3].

A discriminação de preços de primeiro grau ocorre quando as empresas

3 A discriminação de preços de segundo grau refere-se a uma redução do preço unitário de um produto quanto maior for

podem determinar com precisão o quanto cada cliente está disposto a pagar por um produto e, assim, determinar seu preço de venda. Já a discriminação de preços de terceiro grau ocorre quando as empresas diferenciam preços de produtos baseando-se na demografia exclusiva de subconjuntos de sua base de consumidores, esta última é mais comumente utilizada para conceder descontos e isenções (PINDYCK; RUBINFIELD, 2006). De acordo com Marburger (2015, p. 46), a discriminação de preço "existe quando as diferenças de preço não estão relacionadas às diferenças de custo; as empresas cobram preços diferentes para clientes diferentes por causa das diferenças em suas vontades de pagar".

Para Elegido (2011), a prática de cobrar de clientes diferentes preços para o mesmo produto pode ser considerada injusta para muitas pessoas. No entanto, para alguns economistas, em muitos casos, a discriminação de preços pode ser mais benéfica do que a adoção de um preço único. Isso porque existem situações em que diferenciar os preços se faz necessário para viabilizar o fornecimento de um produto, sendo que em muitas dessas situações, o vendedor não obtém uma taxa de retorno acima da média. Desta forma, sempre de acordo com o autor, a discriminação de preços não seria inerentemente injusta.

Por não ser oficialmente considerada como uma taxa do sistema de tributação, mas sim como uma taxa invisível recorrente na prática de discriminação de preços, e pelo fato de a discriminação de preços ser considerada uma prática economicamente justificável para a economia dita tradicional, a *pink tax* e seus efeitos nocivos na renda das mulheres precisa ser problematizada por uma abordagem que seja mais sensível às injustiças econômicas sofridas pelo público feminino.

A fim de encontrar outro tipo de justificativa para a existência da *pink tax* no Brasil, onde há uma maioria de mulheres no mercado consumidor, Mariano (2018) fez uma análise sociológica do consumo, destacando os seguintes pontos: As lojas desde o século XVIII foram montadas e dirigidas para as mulheres. Até a década de 50 do século passado, os homens não circulavam pelas lojas e tinham vergonha de serem vistos como consumidores. A partir da década de 1930, após um período de crise econômica mundial, as lojas tentaram atrair o público masculino com preços reduzidos, promocionais e artigos específicos para os

---

a quantidade adquirida, essa diferenciação é facilmente observada em comércios que vendem tanto para o varejo quanto para o atacado. Sendo assim, a discriminação de preços de segundo grau não se relaciona com a *pink tax*.

homens. Daí a origem da diferença de preço por gênero: foi uma tentativa de atrair o público masculino para as lojas. Na época, uma calça feminina chegava a custar até 37% mais caro que uma calça masculina. A partir da década de 1960, as empresas reforçaram os estudos e pesquisas sobre o comportamento de consumo das mulheres, a fim de lançar uma gama de produtos específicos para o público feminino. Nesta época, foi fácil justificar o preço maior para as mulheres, pois era resultado de um investimento em pesquisa, bem como diferenciais no produto. Atualmente, essas justificativas já estão ultrapassadas e não fazem mais sentido. Alguns preços mais altos para mulheres permaneceram, caso do corte de cabelo. Os profissionais de salão explicam que o corte feminino é mais elaborado, sofisticado e toma mais tempo que o corte masculino. No caso, a cobrança deveria ser por tipo de corte, tipo de tratamento, tempo de corte ou por centímetro cortado, mas não por gênero como é feito até hoje (MARIANO, 2018, p. 8).

Para GAO (2018), ainda que as diferenças de preço entre os produtos destinados distintamente para cada gênero sejam facilmente notáveis, não é possível afirmar que existe uma discriminação de preços sexista. Isso porque não há dados que possam determinar até que ponto os homens e as mulheres têm diferentes demandas e disposição de pagar por um produto, já que é esperado que tais fatores afetem os preços que as empresas cobram pelos produtos diferenciados. O estudo defende a ideia de que é natural que as mulheres possam valorizar alguns atributos do produto, como design e perfume, mais do que os homens, de modo que seria, então, válida a estratégia de preços de uma empresa com base na vontade de um gênero para pagar mais do que outro. Neste sentido, Liston-Heyes e Neokleus (2000) apontam que é comum que o serviço de corte de cabelo, por exemplo, seja mais caro para mulheres por conta da complexidade de alguns procedimentos e pela variedade de cortes.

A superioridade da gama de serviços oferecida às mulheres em relação aos homens reforça o argumento de que, pelo fato de as mulheres se preocuparem mais com a aparência, sua predisposição a pagar por um serviço de cabeleireiro seja maior que a dos homens. Porém quando o serviço oferecido para homem e mulher é basicamente o mesmo, exigindo o mesmo grau de esforço e técnica do profissional, torna-se clara a existência de uma discriminação de preços baseada em gênero. Assim, o profissional se vale do argumento de que as mulheres têm maior disposição de pagar pelo seu serviço para obter vantagem financeira. Essa vantagem ocorre quando são atendidas três condições: i) O fornecedor é capaz de separar os compradores em grupos distintos e impedir qualquer troca ou arbitragem entre eles; ii) deve existir elasticidade-preço da demanda; e iii) não deve haver concorrência de preços por parte das empresas rivais, a fim de evitar que os níveis de preços sejam corroídos. A discriminação de preços de gênero em cortes de cabelo seria um exemplo de discriminação de preços de terceiro grau onde os homens e as mulheres são cobrados de forma diferente, e a diferença na disposição por pagar mais seria um reflexo da elasticidade-preço da demanda de cada gênero (LISTON-HEYES; NEOKLEUS, 2000).

Tal tipo de explicação, entretanto, não encontra eco na realidade factual. Num mundo em que as mulheres (já) estão sujeitas a tantas camadas de opressão que se sobrepõem umas às outras, fica difícil aceitar a tese de que haveria uma "predisposição" a pagar maiores preços pelos mesmos produtos e serviços por parte das mulheres. É nessa direção que a economia feminista se coloca como uma alternativa teórica viável, que busca não apenas encontrar melhores respostas para (mais) essa injustiça econômica perpetrada contra as mulheres, como também encaminhar uma solução plausível e eficiente para o fenômeno, coisa que já vem sendo feita no cenário internacional.

CONSIDERAÇÕES FINAIS

Do ponto de vista da economia tradicional, a discriminação de preços não se configura necessariamente como uma injustiça, uma vez que a obtenção de vantagens por parte do vendedor por meio de tal prática seria economicamente justificável. Isso porque, se há uma predisposição do consumidor em pagar pelo valor proposto, ou ainda, se o valor é proposto com base na predisposição de compra do consumidor, ainda que exista um impacto direto sobre a renda do consumidor (ou consumidora, no caso), a discriminação de preços é justificável pelos princípios de oferta e de demanda.

Já a abordagem da economia feminista, destaca que existem tanto diferenças de renda quanto de responsabilidades sociais entre os sexos, além de as mulheres serem mais tributadas do que os homens, considerando tanto os impostos diretos quanto os indiretos. Para piorar o cenário, as empresas criam versões diferentes de um mesmo produto, muitas vezes sendo esta diferença somente na embalagem ou na cor, para diferenciar os que são destinados ao público feminino e ao público masculino, vendendo aqueles destinados ao primeiro público por um valor maior, sob a justificativa de que as mulheres estariam dispostas a pagar por isso.

Essa cadeia de injustiças que corrói a renda da maioria das mulheres gera impactos que as mantém em constante situação de subjugação e dependência econômicas. Por terem rendas menores, que são quase totalmente consumidas, as mulheres possuem maior dificuldade de poupar e, consequentemente, de investir. Soma-se a isso o fato de que existe preconceito no mercado de trabalho com relação à contratação de mulheres, tendo em vista a possibilidade da maternidade e a sobrecarga com as atividades domésticas (não remuneradas), que dificultam tanto uma formação continuada quanto a dedicação total aos projetos empresariais. Estes dois fatores, somados, configuram-se como barreiras-extras tanto para a alavancagem das carreiras das mulheres quanto para as suas possibilidades de incremento de renda.

A análise dos estudos encontrados a respeito do tema da *pink tax* evidencia que a sua existência já foi ou ainda pode ser verificada em diferentes lugares do mundo. Nos Estados Unidos esse fenômeno já é estudado há vários anos, logo já existem políticas públicas que criminalizam a prática, o resultado disso é que lá a *pink tax* vem diminuindo ou até mesmo já foi extinta nos estados onde vigoram essas leis. Assim, é possível concluir que uma correta investigação do fenômeno, lado a lado a uma discussão e consequente formulação de políticas de combate, aparenta ser um conjunto de medidas eficazes capazes de combater o problema.

No Brasil, os estudos ainda são muito recentes e não há políticas públicas específicas contra a *pink tax* que já tenham sido implementadas, de modo que, por um lado, percebe-se uma necessidade patente de que a discussão e pesquisa sobre o tema sejam ampliados. Por exemplo, ainda existe ampla margem para pesquisas brasileiras que sejam focadas na diferenciação de preços por gênero no setor de serviços, como planos de saúde, seguros de automóveis ou de financiamento imobiliário. Por outro lado, também é necessário elaborar estratégias políticas para combater o problema em âmbito nacional. Para combater as injustiças, é necessário, primeiramente tomar conhecimento delas, iniciar o debate e promover uma maior conscientização do público afetado. No entanto, ainda que a conscientização seja importante, ela não seria capaz de solucionar o problema sozinha, sendo necessária a entrada em cena do poder público propondo medidas legislativas de maior impacto.

REFERÊNCIAS

BESSENDORF, Anna; GANS, Shira. "From Cradle to Cane: The Cost of Being a Female Consumer. A Study of Gender Pricing in New York City". Nova Iorque, NY: New York City Department of Consumer Affairs, 2015. Disponível em: https://www1.nyc.gov/assets/dca/downloads/pdf/partners/Study-of-Gender-Pricing-inNYC.pdf.

ELEGIDO, Juan. "The ethics of price discrimination". *Business ethics quarterly*, vol. 21, n. 4, pp. 633-660, 2011. Disponível em: https://www.cambridge.org/core/services/aop-cambridge-core/content/view/EFFAB30A520782135D1EFF291F32E22E/S1052150X0001335Xa.pdf/the-ethics-of-price-discrimination.pdf.

ENRIQUEZ, Corina. "Análise Econômica para a Igualdade: as contribuições da economia feminista". In: JÁCOME, Márcia; VILELA, Shirley (org.). *Orçamentos Sensíveis a Gênero Conceitos*. Brasília: ONU Mulheres, pp. 133-157, 2012. Disponível em: https://onumulheres.org.br/wp-content/themes/vibecom_onu/pdfs/orcamentos-conceitos.pdf.

FERBER, Marianne; NELSON, Julie. *Beyond Economic Man: Feminist Theory and Economics* Chicago: University of Chicago Press, 1993.

FERNANDEZ, Brena; SILVA, Lara. "Pink Tax: Por que as mulheres pagam mais do que os homens pelos mesmos serviços? Um estudo exploratório nas cinco maiores regiões metropolitana do Brasil". Revista Katalisys, v. 24, n. 1, 2024, p. 1-12. Disponível em: https://www.scielo.br/j.rk/a/YxYvGRbMxf9THTbhx8q83tF/

FERNANDEZ, Brena; EHLERS, Ana Cristina. *Pink Tax: por que elas pagam mais do que eles* Uma interpretação à luz da Economia Feminista. Florianópolis: Editora Peregrinas, 2022.

FERNANDEZ, Brena. "Teto de vidro, piso pegajoso e desigualdade de gênero no mercado de trabalho brasileiro à luz da economia feminista: por que as iniquidades persistem?" *Cadernos de Campo* (Unesp), vol. 26, pp. 79-103, 2019. Disponível em: https://periodicos.fclar.unesp.br/cadernos/article/view/12951/8501.

GAO United States Government Accountability Office. "Gender-Related Price Differences fo Goods and Services. Report to Congressional Requesters", GAO-18-500. 2018. Disponível em: https://www.gao.gov/assets/gao-18-500.pdf.

GOBETTI, Sérgio; ORAIR, Rodrigo. "Progressividade tributária: A agenda negligenciada" *Texto para Discussão*, n. 2190, Instituto de Pesquisa Econômica Aplicada (Ipea), Brasília, 2016 Disponível em: https://portalantigo.ipea.gov.br/agencia/images/stories/PDFs/TDs/td_2190.pdf.

HABBAL, Hajar L. *An Economic Analysis of the Pink Tax*. 2020. Tese de Doutorado. Lake Forest College. Disponível em: https://core.ac.uk/download/pdf/322850687.pdf.

LAFFERTY, Mackenzie; COLLEGE, Monmouth. "The pink tax: the persistence of gender price disparity". *Midwest J. Undergr. Res*, vol. 11, pp. 56-72, 2019. Disponível em: http://research.monm.edu/mjur/files/2020/02/MJUR-i12-2019-Conference-4-Lafferty.pdf.

IBGE. Instituto Brasileiro de Geografia e Estatística. *Diferença do rendimento do trabalho de mulheres e homens nos grupos ocupacionais*. Rio de Janeiro: IBGE, Pnad Contínua, 2018. Disponível em: https://agenciadenoticias.ibge.gov.br/media/com_mediaibge/arquivos/694dba51d3592761fcbf9e1a55d157d9.pdf.

IPEA. Instituto de Pesquisa Econômica Aplicada. *Mulheres e trabalho: breve análise do período 2004-2014*. Brasília: Ipea. (Nota técnica, 24), 2016. Disponível em: https://repositorio.ipea.gov.br/bitstream/11058/6524/1/Nota_n24_Mulheres_trabalho.pdf

IPEA. Instituto de Pesquisa Econômica Aplicada. *Jovens e mulheres negras são mais afetados pelo desemprego*. Brasília: Ipea, 2018. Disponível em: https://www.ipea.gov.br/portal/categorias/45-todas-as-noticias/noticias/2533-jovens-e-mulheres-negras-sao-mais-afetados-pelo-desemprego?highlight=WyJlbnNpbm8iLCInZW5zaW5vIiwibVx1MDBlOWRpbyIsIm1cdTAwZTlkaW8nIiwiZW5zaW5vIG1cdTAwZTlkaW8iXQ==.

LISTON-HEYES, Catherine; NEOKLEUS, Elena. "Gender-based pricing in the hair dressing industry". *Journal of Consumer Policy*, vol. 23, n. 2, pp. 107-126. 2000. Disponível em: https://www.researchgate.net/publication/226393059_Gender-Based_Pricing_in_the_Hairdressing_Industry.

MALONEY, Carolyn. *Gender Pay Inequality* – Consequences for Women, Families and the Economy. Washington, DC: Joint Economic Committee, United States Congress, 2016. Disponível em: https://www.jec.senate.gov/public/_cache/files/0779dc2f-4a4e-4386-b847-9ae919735acc/gender-pay-inequality----us-congress-joint-economic-committee.pdf.

MANZANO-ANTÓN, Roberto; MARTINEZ-NAVARRO, Gema; GAVILAN-BOUZAS, Diana. "Gender identity, consumption and price discrimination". *Revista Latina de Comunicación Social*, vol. 73, pp. 385-400, 2018. Disponível em: https://core.ac.uk/download/pdf/154287122.pdf.

MARBURGER, Daniel. *Innovative pricing strategies to increase profits* (2nd ed.). New York, NY: Business Expert Press, 2015.

MARIANO, Fábio. *Taxa Rosa*. São Paulo: Escola Superior de Propaganda e Marketing, 2018. Disponível em: https://static.poder360.com.br/2018/07/TAXA-ROSA-GENERO-1.pdf.

NORONHA, Ana Luiza Silva; CHRISTINO, Juliana Maria Magalhaes; FERREIRA, Frederico Leocádio. "Oportunismo do Mercado, Precificação, Discriminação e Gênero: Uma Revisão Sistemática sobre o Pink Tax". XLIV Encontro da Anpad, 2020. Disponível em: http://www.

anpad.org.br/abrir_pdf.php?e=Mjg2MTA=.

PINDYCK, Robert; RUBINFIELD, Daniel. *Microeconomia*. São Paulo: Pearson, 2006.

PISCITELLI, Tathiane et al. *Reforma Tributária e Desigualdade de Gênero*. São Paulo: Relatório de Pesquisa do Grupo de Estudos Tributação e Gênero do Núcleo de Direito Tributário da FGV, 2020. Disponível em: https://direitosp.fgv.br/sites/default/files/2021-09/reforma_e_genero_-_final_1.pdf.

RUEDIGER, Marco Aurélio. *Existe taxa rosa no Brasil?* Rio de Janeiro: FGV-DAPP, 2020. Disponível em: https://bibliotecadigital.fgv.br/dspace/handle/10438/30152.

SALMAN, Doaa; AYOUBI, Sarah. "Gender-Based Price Discrimination: The Cost of Being a Woman". *Proceedings of Business and Economic Studies,* v.2, n.5., p. 32-38, 2019. Disponível em 729-Article Text-2303-1-10-20191025.pdf.

STROBER, Myra. "Rethinking economics through a feminist lens". *The American Economic Review*, v. 84, n. 2, p. 143-147, 1994. Disponível em: https://www.jstor.org/stable/2117818.

VIECELI, Cristina; ÁVILA, Róber; CONCEIÇÃO, João Batista. *Estrutura tributária brasileira e seus reflexos nas desigualdades de gênero*. Instituto de Justiça Fiscal, 2020. Disponível em: https://ijf. org.br/wp-content/uploads/2020/07/Artigo-Tributa%C3%A7%C3%A3o-e-G%C3%AAnero. pdf.

AS AÇÕES DO BRASIL PARA A PROMOÇÃO DA IGUALDADE DE GÊNERO NA ARENA INTERNACIONAL: UM PANORAMA DE 2011 A 2021

Patrícia Andrade de Oliveira e Silva
Luísa Cardoso

INTRODUÇÃO

A política externa está relacionada ao processo de construção das relações internacionais entre países para diversas finalidades. O estabelecimento de metas e princípios internacionais de estímulo ao desenvolvimento ganhou força com os Objetivos do Milênio (ODM) estabelecidos em 2000. A partir dos ODM, a Agenda 2030 da ONU estabeleceu os Objetivos de Desenvolvimento Sustentável (ODS) – através da ampliação dos ODM – para serem alcançados até 2030, por meio dos seus 17 objetivos. Com isso, a Agenda reforça algumas demandas, entre elas: a erradicação da fome e miséria, desenvolvimento sustentável inclusivo, acesso ao consumo sustentável, emprego, saúde, infraestrutura, igualdade de gênero, combate às mudanças climáticas, entre outras[1].

A questão relativa à igualdade de gênero está presente explicitamente na agenda internacional das Nações Unidas desde os ODM, sendo também um objetivo específico a ser alcançado nos ODS. Observando a realidade da inserção externa brasileira e o momento político, social e econômico do país nos anos 2000, é perceptível que houve uma congruência entre a agenda política e econômica nacional e os ODS. Isso porque, a partir de 2003, os governos do ex-presidente Lula tinham como uma de suas metas o combate à fome, a pobreza e a desigualdade, materializados nas diversas ações de política social realizadas (incluídas as políticas de gênero).

1 Outras informações em: https://www.undp.org/sustainable-development-goals?utm_source=EN&utm_medium=GSR&utm_content=US_UNDP_PaidSearch_Brand_English&utm_campaign=CENTRAL&c_src=CENTRAL&c_src2=GSR&gclid=CjwKCAjw682TBhATEiwA9crl31ajKjAAo9mkd5QtLPL6ct-EgEnzGkMEk9E3gxM4KUvehrTpzAOTPRoCfmgQAvD_BwE.

O bom desempenho da economia brasileira a colocou em destaque[2], fazendo com que outros gestores e organismos internacionais se interessassem em realizar parcerias ou aprender com as nossas experiências, impactando positivamente a política externa (SILVA; ALMEIDA FILHO, 2020). Os efeitos sobre a política externa incluem a elevação dos projetos de Cooperação Internacional voltados ao Desenvolvimento (CID), que são iniciativas realizadas por países ou organismos multilaterais – como a ONU – voltadas para a promoção do desenvolvimento em bases cooperativas e solidárias em várias frentes – como os projetos de cooperação técnica, concessão de bolsas de estudo, ajuda humanitária etc. –, inclusive a promoção da igualdade de gênero, tal como colocado pelas Nações Unidas desde os ODM.

Porém, após 2014, a economia brasileira vive uma crise política, econômica e pandêmica (a partir de 2020) que está afetando o desenvolvimento do país e também a sua política externa. Desde o impeachment da ex-presidenta Dilma Rousseff em 2016, houve um aprofundamento da mudança político-ideológica dos governos cada vez mais à direita, com destaque após a eleição do então presidente Jair Bolsonaro em 2018, alinhado politicamente à extrema direita. Com isso, a hipótese que norteia este texto é que a política externa brasileira priorizou as relações comerciais, deixando em segundo plano os projetos voltados para o desenvolvimento e, por consequência, as ações internacionais voltadas à igualdade de gênero.

Portanto, o capítulo busca analisar como o viés político-ideológico transformou o conceito de gênero na política externa brasileira e os efeitos dessa transformação para o país e para as mulheres, através de uma revisão bibliográfica e dos dados disponíveis por meio da busca ativa pelos termos "gênero" e "mulheres" no portal SIGA Brasil do Senado Federal e na base Concórdia do Ministério das Relações Exteriores. Assim, o texto está subdividido nas seguintes seções, além desta introdução: i) retrospecto das ações para igualdade de gênero e sua inserção na política externa brasileira; ii) as ações do Brasil para a igualdade de gênero entre 2011-2015; iii) a modificação política-ideológica e os seus efeitos sobre as ações de gênero entre 2016 e 2021; as considerações finais e referências bibliográficas.

2 Um exemplo marcante à época é a matéria de capa da revista inglesa *The Economist*. Disponível em *Brazil takes off* (economist.com)

RETROSPECTO DAS AÇÕES PARA IGUALDADE DE GÊNERO E SUA INSERÇÃO NA POLÍTICA EXTERNA BRASILEIRA

Para analisar a inserção da política externa brasileira em termos das ações voltadas para o gênero, é necessário refletir brevemente como se coloca a questão de gênero nas relações internacionais. Sendo assim, segundo Enloe (2014), ao analisar gênero no contexto internacional é importante se perguntar "onde estão as mulheres?", pois é justamente através da determinação em descobrir exatamente como este mundo funciona que o movimento feminista é alimentado pelo desejo de revelar as ideias, relacionamentos e políticas que, sendo desiguais entre o poder concedido aos homens e as mulheres, geram efeitos diversos sobre a desigualdade e particularmente na vida das mulheres, que são as mais afetadas.

Nesse sentido, Shepherd (2010) e Benería (2003) observam que o gênero é uma relação social que deve ser entendida de forma complexa, pois se refere tanto ao conteúdo dessas relações como à forma como são construídas. Assim, a forma de inserção na luta pela igualdade de gênero em âmbito internacional não é alcançada de forma estática, mas através das atividades de seres humanos reais e vivos operando dentro de circunstâncias históricas. Segundo Whitworth (1994), políticas de promoção da igualdade de gênero só podem ser entendidas através do seu conteúdo e das relações construídas ao longo do processo. Ainda segundo a mesma autora, "o gênero é moldado também pelas políticas produzidas pelo Estado e seus numerosos órgãos auxiliares, bem como pelas políticas proferidas por instituições. Todas essas atividades ocorrem dentro de condições materiais particulares e os significados específicos que cercam o gênero dependem muito destas circunstâncias" (WHITWORTH, 1994, p. 66, tradução das autoras).

Ao observar as agências de desenvolvimento e as organizações internacionais, é perceptível que a Organização para as Nações Unidas (ONU) desempenhou um papel central em relação a abordagem de gênero, criando inclusive unidades como a Divisão para o Avanço da Mulher (DAW) e o Fundo das Nações Unidas para o Desenvolvimento da Mulher (Unifem), além de desenvolver programas relacionados com essa temática em suas agências. (BENERÍA, 2003). Essa preocupação ficou ainda mais evidente a partir dos anos 1990, quando o processo de globalização elevou as preocupações com o avanço dos direitos das mulheres.

Segundo Lopreite e Gustá (2021), tanto na Europa como na América Latina, vários pesquisadores estão examinando a robustez das agendas de políticas para as mulheres e é fundamental investigar em que medida os mandatos governamentais se preocupam e realizam políticas públicas relativas à igualdade de gênero, oferecendo oportunidades de decisão e ação ao movimento de mulheres e ao feminismo.

De maneira geral, nos regimes presidenciais da América Latina, o partido político no poder executivo concentra os recursos materiais e simbólicos para agir em relação às possíveis transformações na área de gênero, sendo dessa forma um poder menos disperso na sua institucionalidade formal. No entanto, também é preciso destacar que estes regimes presidencialistas são submetidos a diversas pressões de governabilidade, características da situação política e a estabilidade das coligações eleitorais, fatores complicadores para a manutenção de uma agenda de políticas públicas, em especial voltadas ao gênero (LOPREITE; GUSTÁ, 2021).

Outro fator que contribui neste processo é o nível de convergência das políticas públicas voltadas às mulheres em âmbito nacional com as ações de organismos multilaterais e, no caso da agenda recente das Nações Unidas, a Agenda 2030. Segundo Ponte (2017), a Agenda aprovada pelos Estados membros na septuagésima sessão da Assembleia Geral das Nações Unidas em 2015 possui uma centralidade do desenvolvimento sustentável focada na igualdade de gênero e nos direitos e empoderamento das mulheres.

Ainda segundo Ponte (2017), a Agenda 2030 e seus ODS são o resultado de anos de consultas e negociações multilaterais. Um dos passos mais importantes foi realizado na Conferência das Nações Unidas sobre o Desenvolvimento Sustentável (Rio+20) no Brasil, na cidade do Rio de Janeiro em 2012, firmando o compromisso de convergir os ODS com a implementação dos ODM, fazendo com que a Agenda 2030 retomasse várias das lições aprendidas, incorporando e destacando novas questões, tais como um ODS em específico para a igualdade de gênero, o ODS 5. Diante deste contexto internacional e da relevância da agenda da igualdade de gênero no mundo, é necessário compreender qual a relevância do Brasil neste contexto e como essa agenda internacional se relacionou com a agenda nacional voltada para a igualdade de gênero.

Segundo Silva e Almeida Filho (2020), ao analisar a inserção brasileira na arena internacional, o país sempre apresentou uma atuação pacífica, privilegiando as negociações diplomáticas. Desde o final do século XIX não são registrados conflitos territoriais expressivos na América Latina, fazendo com que o Brasil apresente uma inserção regional consideravelmente estável e essa característica pacífica diminuiu a preocupação das elites brasileiras com a segurança territorial, causando uma elevação de concentração das atividades internacionais nas questões de ordem comercial e econômica (SOARES DE LIMA, 2005).

É justamente nos anos 2000 que tanto o Brasil como a América Latina iniciam um processo interno e externo que contribuiu expressivamente para que novas formas de inserção internacional pudessem ser exploradas. Nesse sentido, vale destacar que politicamente tivemos diversos governos mais progressistas (à esquerda) na região se destacando em suas proposições de políticas sociais (inclusive voltadas ao gênero) e o cenário econômico também era favorável, com relativa expansão econômica, comercial e de diversos acordos internacionais sendo firmados.

Conforme apontam Lopreite e Gustá (2021), houve, nos anos 2000, uma "maré rosa" na América Latina que foi associada a essa presença política mais progressista, com maior número de iniciativas voltadas a política social e igualdade de gênero, fazendo com que a escolha do Rio de Janeiro para ser sede da Conferência das Nações Unidas sobre o Desenvolvimento Sustentável (Rio+20) não fosse uma mera coincidência. Segundo as mesmas autoras, apesar de serem políticas de governo, não houve uma associação direta ou linear deste posicionamento político com o fortalecimento de um feminismo de Estado, ou seja, da institucionalização de práticas feministas pelos Estados latino-americanos.

Nesse sentido, foi nos governos do PT que o movimento de mulheres iniciou e expandiu uma estratégia de contínua colaboração com o governo central. A partir da eleição do ex-presidente Lula em 2002, várias ativistas do movimento feminista moderaram seus discursos e se alinharam ao aparato estatal, sendo fundamentais tanto para a consolidação como para a expansão de projetos de governo (nacionais e internacionais) voltados à promoção da igualdade de gênero (BOHN; LEVY, 2019, p. 253).

A criação da Secretaria Especial de Políticas das Mulheres (SPM), em 2003, foi um marco para o avanço das políticas públicas para as mulheres no Brasil. Ligada à Presidência da República e com status de Ministério, a SPM marcou a institucionalização da agenda das mulheres (através dos Planos Nacionais de Políticas para Mulheres, PNPM, de 2004, 2008 e 2013), possibilitando a vinculação dos recursos orçamentários para a concretização de políticas públicas para as mulheres brasileiras e para os problemas sociais que afetam a autonomia feminina. Com isso, segundo Bandeira e Melo (2012), estava estabelecida a missão de incorporar a temática de gênero nas políticas públicas, um espaço único até então no Estado brasileiro, reconhecendo que a desigualdade de gênero afeta a sustentação do desenvolvimento socioeconômico, político e cultural.

A atuação da SPM se formou a partir da perspectiva da transversalidade de gênero, ou seja, através de ações múltiplas que "articulam e estimulam verticalmente os três níveis federativos e as ações intersetoriais, compartilhando a percepção de interdependência, interdepartamentalidade e interinstitucionalidade" (BANDEIRA; MELO, 2012, p. 145), que também é um marco estabelecido pelos ODS da ONU.

Além da SPM, e para operacionalizar essas políticas, um marco importante foi a criação em 2004 do Orçamento Mulher como um conjunto de despesas previstas na Lei Orçamentária Anual (LOA) que impactam a vida das mulheres. Este orçamento foi definido como o que atende direta ou indiretamente às necessidades específicas das mulheres, com efeitos significativos nas relações de gênero e de raça. Outro destaque foi a aprovação da Lei Maria da Penha, em 2006. Com o objetivo de combater a violência contra a mulher, essa legislação promoveu a ampliação de serviços sociais dedicados a atender mulheres (e seus filhos) em situação de violência, como delegacias, abrigos e outros serviços, tornando mais fácil para as mulheres agredidas se desvincularem legalmente de seu agressor (BOHN; LEVY, 2019).

O foco doméstico nas políticas públicas sociais e voltadas à igualdade de gênero impactou a política externa. No segundo mandato do ex-presidente Lula, a forma como a política exterior passou a ser desenhada se alterou, incluindo os princípios de solidariedade e horizontalidade, com expressivo alinhamento com as proposições das Nações Unidas, resultando em maior número e intensidade de iniciativas fora da tradicional relação internacional entre os países do eixo Norte-Sul, e expandindo formas de CID que afetam direta e indiretamente a questão da igualdade de gênero (RODRIGUES; SILVA, 2021).

Segundo Silva e Almeida Filho (2020), a CID é uma modalidade de política externa que prioriza políticas voltadas ao desenvolvimento e às trocas de experiências ou acordos de cooperação entre gestores de políticas públicas. A Cooperação Sul-Sul (CSS) é a forma como a CID foi desenvolvida entre os países do eixo Sul, com foco ainda maior nas questões relativas à desigualdade e pobreza, que envolvem também as questões de gênero, e a possibilidade de aprendizado entre governos com estruturas semelhantes.

Assim, além das agências da Nações Unidas e os projetos de cooperação com o governo brasileiro, outros grupos de trabalho foram criados no período e foram fundamentais para a evolução e execução da agenda de gênero dos ODS no Brasil, entre eles: a Comissão Nacional para os Objetivos de Desenvolvimento Sustentável (CNODS); a Frente Parlamentar Mista de Apoio aos Objetivos de Desenvolvimentos Sustentável da Organização das Nações Unidas (ONU); e o Grupo de Trabalho da Sociedade Civil para a Agenda 2030 (OLIVERA et al., 2021). Além disso, segundo Ipea e ABC (2016), entre 2005 e 2007 o gasto do governo com a CID foi cerca de 890 milhões de dólares, aumentando para 1,7 bilhão de dólares entre 2008 e 2010.

Segundo Rodrigues e Silva (2023), ao observar os dados do Sistema Concórdia[3] do Ministério das Relações Exteriores (MRE), o número de atos internacionais realizado pelo Brasil que continham a palavra cooperação no título, resumo ou classificação passaram de 43 em 2000 para 213 em 2010 (maior número registrado até 2020) e, nestes esses atos há uma transversalidade ligada ao gênero em vários casos.

Portanto, é possível considerar que houve um alinhamento entre a pauta e a ação dos governos no Brasil entre finais dos anos 1990 e 2010, voltados para a política social e política externa diversificada, que aproximou o país de ações internacionais voltadas para o desenvolvimento em consonância com a agenda das Nações Unidas, despertando a atenção tanto das diversas agências da ONU quanto de diversos outros países. No entanto, também se observa que provavelmente essa expansão não gerou políticas de Estado, uma vez que há indícios de desaceleração após 2010. Assim, é necessário compreender como o posicionamento brasileiro se estruturou e se modificou após 2010 em relação à defesa da igualdade de gênero, sob a ótica dos ODS e, para tanto, a seção a seguir se aprofundará nesta temática na primeira metade da década.

3 Acesso ao Sistema Concórdia em: https://concordia.itamaraty.gov.br/.

AS AÇÕES DO BRASIL PARA A IGUALDADE DE GÊNERO ENTRE 2011-2015

Em 2011, Dilma Rousseff iniciou seu mandato como a primeira mulher eleita para o cargo de presidente do Brasil. No período entre 2011 a 2014, a ex-presidenta mostrou muito entusiasmo sobre o avanço das mulheres e a igualdade de gênero nos discursos da Assembleia Geral da ONU. "Pela primeira vez na história da ONU, uma voz feminina abre o debate geral", disse em 2011[4]. Nos anos de governo Dilma, os discursos brasileiros na ONU abordaram questões importantes para a pauta de gênero, como o combate à violência doméstica, e colocaram a mulher como figura central para os programas nacionais de desenvolvimento e transferência de renda.

A política externa brasileira nunca foi definida institucionalmente como feminista. Porém, conforme demonstrado na seção anterior, foi possível observar avanços nas iniciativas voltadas para as mulheres na primeira década dos anos 2000: a ratificação de tratados internacionais pelos direitos das mulheres, os projetos de CID e CSS além do envolvimento brasileiro com o Conselho de Segurança da ONU na agenda sobre segurança e mulheres em áreas de conflito (SALOMÓN, 2020).

Em acordo com as diretrizes estabelecidas pela SPM e os PNPM, durante os mandamentos da ex-presidenta é possível destacar avanços que já vinham sendo realizados pelo governo anterior e se estenderam em questões relativas a: a) prioridade no acesso aos programas sociais federais (tais como o Programa Fome Zero e o Minha Casa Minha Vida) para famílias chefiadas por mulheres; b) ações de prevenção e combate ao tráfico de pessoas; c) representação feminina na mídia; e d) estímulo à participação das mulheres na política, uma vez que desde 2009 foi aprovada uma minirreforma eleitoral (Lei 12.034/2009), estipulando que todos os partidos devem destinar 5% do financiamento partidário à formação política das mulheres, 10% do programa partidário deve envolver mulheres e que todos os partidos devem ter um mínimo de 30% e um máximo de 70% de candidatos de cada sexo (BOHN; LEVY, 2019).

4 21-09-2011. Discurso da presidenta da República, Dilma Rousseff, na abertura do Debate Geral da 66ª Assembleia Geral das Nações Unidas.

De acordo com o exposto, algumas conquistas merecem destaque, tais como: a) de iniciativa da SPM, o programa "Mulher Viver sem Violência", que destinou 360 milhões de reais, estruturados em 6 ações para o enfrentamento à violência contra as mulheres; b) a Lei 13.104/2015, que tipifica a morte de mulheres por motivo relacionado ao gênero como crime hediondo; e c) a aprovação, em 2015, da Lei Complementar 150/2015 voltada ao trabalho doméstico (realizado majoritariamente por mulheres): definindo jornada de trabalho de oito horas, direito ao salário mínimo, previdência social, verbas rescisórias, proteção para trabalhadoras gestantes, entre outras (MENICUCCI, 2021; COSTA et. al., 2016).

Em relação à aprovação da Lei Complementar das Domésticas, é preciso destacar que esse avanço provém de debates internacionais sobre o tema, uma vez que após a 100ª Conferência Internacional do Trabalho da OIT, em 2011, ficou clara a existência de uma rede transnacional em defesa dos direitos das trabalhadoras domésticas. Como resultado da Convenção aprovada na Conferência, a regulação do trabalho doméstico entrou para a agenda política brasileira e passou a ser discutida na imprensa, resultando, anos depois, na Lei Complementar (BERNARDINO-COSTA, 2015).

Em consonância com os avanços alcançados, ao observar a evolução dos projetos voltados para a CID, entre 2011 e 2013 o volume de recursos destinados para essa iniciativa foi superior a 1,4 bilhão de dólares, o que demonstra uma tentativa de continuidade das iniciativas feitas no período anterior (onde o gasto da CID atingiu 1,7 bilhão de dólares entre 2008 e 2010), porém com indícios de arrefecimento dos valores (IPEA; ABC, 2016). Apesar do valor concedido a CID e os atos internacionais serem similares aos apontados na seção 1, vale mencionar a perda de "fôlego" e a queda no número de atos internacionais relativos à CID realizados após 2010 que, segundo Rodrigues e Silva (2023), passaram de 213, em 2010, para 24, em 2015.

Foi a partir deste período que o Orçamento Mulher sofreu com contingenciamentos de verbas e apresentava priorização temática confusa, dado que muitas vezes as dotações orçamentárias eram genéricas e sem indicadores de monitoramento (CARDOSO; VERA, 2010). Tais problemas permeiam o orçamento federal até hoje e dificultam uma análise minuciosa dos programas destinados às mulheres e, por consequência, também prejudicam a operacionalização de projetos de cooperação internacional nesta área.

Apresentamos uma breve análise comparativa das dotações orçamentárias voltadas às questões de gênero durante o governo Dilma e, na próxima seção, discutiremos as mudanças ocorridas no financiamento de ações voltadas para as mulheres durante os governos de Michel Temer e Jair Bolsonaro. Para tanto, foram utilizados os dados disponíveis na Plataforma SIGA Brasil do Senado Federal[5], através do Painel do Especialista.

Foram selecionadas as despesas orçamentárias pagas (fase final da execução) por programa relacionado à questão de gênero entre 2011 e 2015. Os programas e seus valores foram selecionados através de busca ativa pelos termos "gênero" e "mulheres", sendo eles: Cidadania e efetivação de direitos das mulheres; Gestão da transversalidade de gênero nas políticas públicas; Prevenção e enfrentamento da violência contra as mulheres; e Programa de gestão e manutenção da secretaria de políticas para as mulheres.

A sistematização dos dados demonstra que somando as despesas pagas em todos os programas listados acima, o total gasto com políticas voltadas à igualdade de gênero no Brasil entre 2011 e 2015 passou de aproximadamente 22 para 71 milhões de reais em um orçamento total médio de 2 trilhões de reais. Com isso, o percentual em relação ao total das despesas do orçamento federal não alcança em nenhum ano 0,005%, demonstrando a baixíssima participação das ações voltadas para gênero no gasto público federal. Os mesmos dados evidenciam que do total das despesas com gênero no período, o programa com o maior volume de recursos é a política de prevenção e enfrentamento da violência que recebeu, em média, 65% do orçamento voltado ao gênero entre 2011 e 2015.

De acordo com a Tabela 1, é nítido que há um crescimento da despesa total a cada ano acima da inflação, com exceções apenas nos anos de 2013 e 2015 (é necessário lembrar que em 2013 o país passou pelas manifestações das Jornadas de Junho[6], um evento importante para o impulsionamento da crise política e econômica instaurada após a reeleição da ex-presidenta em 2014), que se reflete na elevação das taxas de crescimento anual da despesa específica de gênero, com destaque para 2014 (+56,7%) e posterior declínio expressivo em 2015 (-2,6%).

5 Acesso em: https://www12.senado.leg.br/orcamento/sigabrasil . Segundo o portal, "O SIGA Brasil é um sistema de informações sobre orçamento público federal, que permite acesso amplo e facilitado aos dados do Sistema Integrado de Administração Financeira-SIAFI e a outras bases de dados sobre planos e orçamentos públicos. Esse acesso pode ser realizado pelo SIGA Brasil Painéis e pelo SIGA Brasil Relatórios".

6 Sobre o evento: https://www.ihu.unisinos.br/categorias/188-noticias-2018/580737-as-jornadas-de-junho-de-2013-e-a-crise-da-democracia.

Tabela 1 Estatísticas descritivas acerca do orçamento público federal pago (total e específico de gênero). Brasil, 2011-2015

Estatísticas descritivas	2011	2012	2013	2014	2015
% anual de crescimento da despesa total	-	8,77	4,12	21,59	4,61
Inflação anual (IPCA/IBGE[7])	-	5,84	5,91	6,41	10,67
% anual de crescimento da despesa específica de gênero	-	46,99	38,52	57,69	-2,61
% da despesa específica de gênero em relação ao total	0,0014	0,0019	0,0026	0,0033	0,0031

Fonte: SIGA Brasil. Elaboração das autoras.

É importante destacar que, conforme demonstra Araújo (2018) ao também analisar os dados do SIGA Brasil, entre 2012 e 2015, o valor total do orçamento da União variou entre 2 e quase 3 trilhões de reais, sendo quase 40% desses recursos destinado ao orçamento fiscal (manutenção das atividades e das políticas públicas dos órgãos da administração direta e indireta). O orçamento da seguridade social e o refinanciamento da dívida pública federal se revezaram na segunda posição, fazendo com que o refinanciamento chegasse a comprometer mais de um terço do orçamento, reduzindo assim a capacidade de atuação do Estado em diversas áreas, inclusive as políticas voltadas ao gênero.

Os dados da tabela 1 confirmam que no governo da ex-presidenta houve uma busca pela continuação das políticas realizadas pelo governo anterior (as despesas de gênero cresceram de 0,0014% para 0,0033% entre 2011 para 2014), além da tentativa de manutenção dos recursos destinados à CID e dos atos internacionais voltados para esta questão. Para além do seu maior foco nas questões comerciais devido às crises internas e externas, observa-se a necessidade de uma mudança de perspectiva "porque a bibliografia parece dar muita importância à postura pessoal da presidenta e pouca ao próprio contexto internacional, o que não é recomendável para a análise de um país que não é uma potência capaz de moldar o cenário em que opera" (BASTOS; HIRATUKA, 2017, p. 3).

Portanto, as diversas crises internacionais, a redução no número de atos internacionais, a diminuição das taxas de crescimento das despesas em 2015, as políticas de austeridade fiscal e a estabilização dos valores destinados à CID,

7 Mais informações em: https://www.ibge.gov.br/estatisticas/economicas/precos-e-custos/9256-indice-nacional-de-precos-ao-consumidoramplo.html?edicao=20932&=series-historicas

confirmam que para que políticas públicas internas se transformem em objeto de ação externa voltada ao desenvolvimento é indispensável que estejam produzindo bons resultados nacionalmente. Quando a política pública nacional perpassa por revezes, é esperado que o mesmo aconteça na esfera externa e, diante da crise política e do *impeachment* da ex-presidenta, o período entre 2016 e 2021, analisado na próxima seção, não é favorável para as mulheres.

A MODIFICAÇÃO POLÍTICA-IDEOLÓGICA E OS SEUS EFEITOS SOBRE AS AÇÕES DE GÊNERO NO PERÍODO ENTRE 2016 E 2021

A eleição de Dilma Rousseff reconfigurou a história das mulheres brasileiras e o cargo de presidente do Brasil, contando em seu governo com o maior número de mulheres ministras. Tais mudanças geraram tensão e desconforto dentro das instituições públicas, historicamente construídas por homens e para homens. Assim, a campanha de desautorização da presidenta foi marcada por estereótipos de gênero, como mulher histérica e mal-amada (RUBIM; ARGOLO, 2018). A ofensiva conservadora no Brasil abusou de sexismo e misoginia para caracterizar Dilma como incompetente e deslegitimar os direitos femininos conquistados nas últimas décadas. A partir do governo de Michel Temer, não houve mais diálogo entre o governo e os movimentos feministas (BIROLI, 2018).

Nesse contexto, a bancada "BBB", Bíblia, Boi e Bala, foi determinante para o *impeachment* da ex-presidenta. Parlamentares evangélicos e ruralistas passaram a ocupar mais assentos no parlamento após as eleições de 2014. Seus votos contra a presidenta na Câmara dos Deputados não foram baseados nos motivos administrativos alegados para a instauração do processo, mas sim na defesa de uma suposta moralidade tradicional, que estaria em risco se Dilma Rousseff continuasse no poder (PRANDI E CARNEIRO, 2018). Segundo Biroli (2018, p. 78), "o golpe de 2016 depôs Dilma Rousseff em um contexto de reação às transformações na posição social relativa das mulheres e às poucas, mas significativas, conquistas no âmbito institucional".

Nessa toada, Michel Temer trouxe mudanças ideológicas para o cenário da igualdade de gênero no Planalto. A reforma ministerial do governo Temer eliminou o Ministério das Mulheres, da Igualdade Racial e dos Direitos Humanos. As pastas foram transferidas à Secretaria Especial de Direitos Humanos, subordinada ao Ministério da Justiça e da Cidadania (Lei 13341/2016). Em 2016, a SPM foi alocada à pasta do Ministério da Justiça e Cidadania e em 2018, passou a ser vinculada ao Ministério dos Direitos Humanos.

Em 2016, Michel Temer afirmou na ONU o compromisso do Brasil com a igualdade de gênero[8], como previsto na Constituição, e a importância da Agenda 2030 para o país. Em 2017, defendeu que a diversidade traz força ao Brasil e reforçou que seu governo é contrário a qualquer forma de discriminação[9]. Contudo, foram nomeados como ministros apenas homens brancos em todas as 24 pastas do governo. A plataforma política de Michel Temer reservou pouquíssimo espaço a pautas sociais, tendo foco em questões fiscais e orçamentárias (CAVALCANTI; VENERIO, 2017).

A pouca importância dada por Temer à participação feminina na esfera pública ficou evidente pelas suas escolhas ministeriais e seus comentários acerca da contribuição das mulheres brasileiras para a economia: "Ninguém é mais capaz de indicar os desajustes de preços no supermercado do que a mulher"[10]. Nesse cenário, foi ganhando força a narrativa religiosa e moralista contrária ao feminismo e aos movimentos de esquerda. Nas eleições de 2018, o então candidato Jair Bolsonaro se colocou como o defensor da família tradicional brasileira, cujo lema da coligação política era "Brasil acima de tudo, Deus acima de todos". A partir da produção massiva de *fake news*, sua campanha foi impulsionada por alguns setores religiosos e conservadores (ALBUQUERQUE et al., 2018).

Assim, o ponto de inflexão para analisar como o viés político-ideológico transformou o conceito de gênero na política externa brasileira e os efeitos dessa transformação para o país e para as mulheres é o início do governo de Jair Bolsonaro. Em seu governo, o Ministério dos Direitos Humanos, criado em 2017 por Temer, se tornou o Ministério da Mulher, da Família e dos Direitos Humanos, sob o comando de Damares Regina Alves, pastora neopentecostal.

8 Outras informações em: http://www.biblioteca.presidencia.gov.br/presidencia/ex-presidentes/michel-temer/discursos-do-presidente-da-republica/discurso-do-senhor-presidente-da-republica-michel-temer-durante-abertura-do-debate-geral-da-71a-assembleia-geral-das-nacoes-unidas-nova-york-eua.

9 Outras informações em: http://www.biblioteca.presidencia.gov.br/presidencia/ex-presidentes/michel-temer/discursos-do-presidente-da-republica/discurso-do-presidente-da-republica-michel-temer-na-abertura-do-debate-geral-da-72o-sessao-da-assembleia-geral-da-onu.

10 Outras informações em: https://g1.globo.com/politica/noticia/mulher-ainda-e-tratada-como-figura-de-segundo-grau-no-brasil-diz-temer.ghtml.

Os propagadores da chamada ideologia de gênero, o feminismo e o movimento LGBTQIA+, se tornaram o principal inimigo a ser combatido. Aguiar e Pereira (2019) analisaram 24 falas durante os primeiros nove meses de governo e concluíram que os pronunciamentos de Bolsonaro buscam reforçar a ideologia patriarcal, sem abrir espaço para compreensão das complexidades das relações de gênero. Complementarmente, o fundamentalismo religioso funciona como alicerce fundamental da plataforma política de Jair Bolsonaro, especialmente em relação à política externa e às pautas de gênero (KYRILLOS; SIMIONI, 2021).

No seu primeiro ano de mandato, em 2019, seu discurso na Assembleia Geral da ONU afirmou que o Brasil esteve muito próximo ao socialismo, havendo ataques ininterruptos aos valores familiares e religiosos das tradições brasileiras. Afirma que a ideologia socialista da esquerda foi responsável por destruir a família e as crianças, citando versículos da Bíblia[11]. Em 2020, fez um apelo a toda a comunidade internacional pela liberdade religiosa e pelo combate à cristofobia, defendendo que o Brasil é um país cristão e conservador, que tem na família sua base[12]. Assim, os discursos representam pilares de um projeto político totalmente contrário à igualdade de gênero, sendo necessário examinar o governo de Jair Bolsonaro como um "processo de institucionalização do *backlash* contra os direitos das mulheres" (AGUIAR; PEREIRA, 2019, p. 19).

De acordo com os atos internacionais disponibilizados no Sistema Concórdia do MRE, não existem atos aprovados que continham em seu título o termo gênero ou mulheres no período 2016-2021. Em 2019, seguindo orientações do Planalto, o Itamaraty vetou o termo gênero e também qualquer menção a saúde sexual e reprodutiva em documentos da ONU, se posicionando de forma conjunta a países fundamentalistas como Arábia Saudita e Paquistão (AFONSO, 2022; CHADE, 2019; QUERO, 2019), deslegitimando a importância das pautas feministas e das minorias sexuais.

Contrariando a tradição da diplomacia brasileira de alinhamento aos Direitos Humanos, o governo de Bolsonaro priorizou fóruns internacionais conservadores, como a III Cúpula Demográfica de Budapeste em 2019, conhecida pela articulação de pautas anti-imigração e pró-família. A participação

11 Outras informações em: https://agenciabrasil.ebc.com.br/politica/noticia/2019-09/presidente-jair-bolsonaro-discursa-na-assembleia-geral-da-onu.

12 Outras informações em: https://news.un.org/pt/story/2020/09/1727082.

do Brasil no evento marcou um alinhamento ideológico à extrema direita que rompe com o histórico brasileiro multilateral e progressista (SOARES; RICOLDI, 2022) e representa o desmonte da reputação da diplomacia brasileira e da CSS (RODRIGUES, 2021).

Há consonância entre a política doméstica e a política externa, de forma que a transformação ideológica nos espaços internacionais reflete a precarização dos investimentos sociais, e principalmente dos investimentos em políticas de igualdade entre homens e mulheres, pauta transmutada no suposto bem-estar da família.

De 2016 para 2017, o orçamento da Secretaria das Mulheres diminuiu em 61%, sendo a maioria das políticas de Lula e Dilma descontinuadas (RUBIM; ARGOLO, 2018). Considerando a agenda de austeridade econômica e o consequente processo de desmonte dos direitos sociais a partir de 2015, as mulheres se encontravam em um cenário de maior vulnerabilidade quando a pandemia de covid-19 chegou ao Brasil em 2020. Sabe-se que as famílias chefiadas por mulheres negras foram as mais impactadas pela crise econômica e sanitária, mas o governo brasileiro não implementou nenhuma diretriz com foco em gênero e raça nas políticas de resposta à pandemia (FARES et al., 2021).

O Ministério da Mulher, Família e Direitos Humanos se tornou alvo de inquérito civil do Ministério Público Federal por baixa execução orçamentária em 2020 (O GLOBO, 2021). O objetivo da instauração do inquérito foi investigar as razões pelas quais a ministra Damares havia gastado apenas 44% dos recursos disponíveis ao órgão em 2020. Os recursos direcionados ao Ligue 180 representaram 96% do orçamento total liquidado em 2019. Em 2020, só 25% do orçamento foi executado, e 74% foi para a central telefônica.

Em relatório do Ministério da Economia (2022) sobre mulheres e orçamento, é explicitado que o Orçamento Mulher e suas séries históricas não podem ser consultados pelo SIGA Brasil. São indicados gastos em 79 ações orçamentárias distribuídas em 6 categorias de políticas públicas: saúde, educação, proteção social, autonomia econômica, acesso a direitos e combate à violência contra as mulheres. Contudo, Xavier e Rodrigues (2022) notam que as despesas mencionadas no relatório do Ministério abarcam diversos grupos sociais, não sendo possível determinar o quanto o Estado destina exclusivamente para ações voltadas às mulheres.

Uma grande dificuldade em mapear essas ações na plataforma SIGA Brasil decorre das mudanças nos nomes dos programas após trocas de governo. Os programas e seus valores foram selecionados através de busca ativa pelos termos "gênero" e "mulheres", sendo eles: Programa de gestão e manutenção das mulheres, da igualdade racial e dos direitos humanos; políticas para as mulheres: promoção da igualdade e enfrentamento à violência; e proteção à vida, fortalecimento da família; e promoção e defesa dos direitos humanos para todos (este último apenas em 2020 e 2021).

Selecionando as despesas orçamentárias pagas por programa relacionado à questão de gênero entre 2016 e 2021, o total da despesa dos programas supracitados passa de aproximadamente 71 milhões para 27 milhões em 2019. Em 2016, 72% da despesa de gênero foi para o Programa de Gestão e manutenção das mulheres, igualdade racial e dos direitos humanos. No período 2017-2019, 100% da despesa de gênero foi para enfrentamento da violência. A despesa total passou de 2,5 milhões para 2,7 milhões, fazendo com que as despesas de gênero representem não mais do que 0,008% da despesa total, entre 2016 e 2019, como mostra a Tabela 2.

Tabela 2 Estatísticas descritivas acerca do orçamento público federal pago (total e específico de gênero). Brasil, 2016-2019.

Estatísticas descritivas	2016	2017	2018	2019
% anual de crescimento da despesa total	13,43	-3,43	5,52	3,43
Inflação anual (IPCA/IBGE[13])	6,29	2,95	3,75[14]	4,31
% anual de crescimento da despesa específica de gênero	103	-76	-29	11
% da despesa específica de gênero em relação ao total	0,001	0,005	0,008	0,007

Fonte: SIGA Brasil. Elaboração das autora.

Souza et al. (2019) mostram que as maiores reduções orçamentárias proporcionais ao longo dos anos recentes foram em programas direcionados às

13 Mais informações: https://www.ibge.gov.br/estatisticas/economicas/precos-e-custos/9256-indice-nacional-de-precos-ao-consumidoramplo.html?edicao=20932&t=series-historicas

14 Em 2018 o teto de gastos é respeitado e as despesas não crescem acima da inflação. Porém, nos dados totais do SIGA Brasil a despesas total cresce acima da inflação, uma vez que as informações sobre as despesas não estavam discriminadas. Por sua vez, a regra do teto decreta que nem todos os gastos estão incluídos no novo regime fiscal, estando fora as despesas com transferências aos estados e municípios, créditos extraordinários, gastos com eleições, complementação do Fundeb e o eventual aumento de capital das estatais. Mais informações em: https://agenciabrasil.ebc.com.br/economia/noticia/2019-01/governo-cumpre-teto-de-gastos-com-folga-de-r-60-bilhoes.

populações vulneráveis. Dessa forma, as políticas de austeridade que ganharam força desde o governo de Michel Temer, como a PEC do teto de gastos, têm maior impacto nas populações carentes e no aumento das desigualdades, consequentemente afetando a busca em atingir os ODS.

Observa-se aumento do montante pago entre 2020 e 2021. Contudo, isso ocorre devido ao programa da ministra Damares voltado para fortalecimento da família e não necessariamente para o bem-estar das mulheres. É crucial enfatizar que o programa não tem mulheres como público-alvo (XAVIER; RODRIGUES, 2022). A mudança ideológica governamental que se deu ao longo da década, identificada pelos dados orçamentários e pelos discursos e normativas de governo, confinou as mulheres ao escopo da família tradicional ancorada no moralismo cristão e motivou o desmonte das políticas públicas voltadas para as questões de gênero, incluindo as ações do Brasil para a promoção da igualdade de gênero na arena internacional. Assim, em consonância com Afonso (2022), vemos a volatilidade da pauta de Direitos Humanos no Brasil, em especial os direitos das mulheres não são uma política de Estado.

CONSIDERAÇÕES FINAIS

A partir do panorama das ações nacionais e internacionais voltadas para as mulheres brasileiras, analisamos como o posicionamento brasileiro se estruturou e se modificou entre 2011 e 2021 em relação à defesa da igualdade de gênero, sob a perspectiva da Agenda dos Objetivos de Desenvolvimento Sustentável e como essa agenda internacional se relacionou com a agenda nacional voltada para as mulheres.

Temos que a defesa da igualdade de gênero foi importante para o mandato de Dilma Rousseff, mas não para os presidentes seguintes. No início da década, a ex-presidenta deu continuidade às políticas realizadas pelo governo anterior, inclusive com manutenção dos recursos destinados à CID e aos atos internacionais voltados para o gênero. Contudo, apesar de seu governo ter colocado as mulheres como protagonistas de algumas políticas sociais, não é possível afirmar que houve a consolidação de uma agenda nacional e internacional voltada à promoção da igualdade de gênero no Brasil.

A partir de 2015, as crises internacionais, as políticas de austeridade, os baixos gastos federais aqui apresentados, a criação do Ministério da Família, as normativas de conduta internacional do Itamaraty e os discursos na Assembleia Geral da ONU representam um contexto marcado pelo fim do diálogo entre governo e movimentos feministas, sendo a igualdade de gênero terminantemente negligenciada como uma política de Estado na segunda metade da década analisada.

O viés ideológico conservador de Temer e, principalmente, de Bolsonaro, deturpou o conceito de gênero nas políticas públicas brasileiras, incluindo a política externa, e seus efeitos serão de longo prazo no Brasil e para as mulheres. O alinhamento ideológico à extrema direita de Bolsonaro, que rompeu com o histórico brasileiro multilateral e progressista, isolou o Brasil em fóruns internacionais e desmontou políticas de bem-estar social, colocando em prática um projeto político contrário aos valores republicanos e democráticos.

Concluindo, vemos que é inegável a consonância entre a política doméstica e a política externa. A transformação ideológica do Brasil nos espaços internacionais durante os mandatos de Temer e Bolsonaro é reflexo da marginalização das questões sociais brasileiras, mostrando que o país não pode estar tão suscetível às mudanças de governo e que pautas democráticas, como a igualdade de gênero, devem ser políticas de Estado inegociáveis.

REFERÊNCIAS

AFONSO, Emanuele Dalpra. "Direitos Humanos no Brasil – o 3° Programa Nacional de Direitos Humanos e a proposta de revisão pelo governo Bolsonaro". *O Social em Questão*, vol. 1, n. 52, pp. 85-106.

AGUIAR, Bruna Soares; PEREIRA, Matheus Ribeiro. "O antifeminismo como backlash nos discursos do governo Bolsonaro". *Agenda Política*, vol. 7, n. 3, 2019, pp. 8-35.

ALBUQUERQUE MARANHÃO FILHO, Eduardo Meinberg de; COELHO, Fernanda Marina Feitosa; DIAS, Tainah Biela. "'Fake news acima de tudo, fake news acima de todos': Bolsonaro e o 'kit gay', 'ideologia de gênero' e fim da 'família tradicional'". *Correlatio*, vol. 17, n. 2, 2018, pp. 65-90.

AMORIM, Celso. *A diplomacia multilateral do Brasil: Um tributo a Rui Barbosa*. Palestra do Ministro das Relações Exteriores na II Conferência Nacional de Política Externa e Política Internacional – O Brasil e o Mundo que vem aí. Fundação Alexandre de Gusmão, Rio de Janeiro, Palácio Itamaraty, 2007.

ARAÚJO, Raquel Madureira. *Orçamento e Políticas Públicas para Mulheres: Análise da Secretaria*

Nacional de Políticas para Mulheres entre 2012 e 2015. Monografia apresentada ao Departamento de Gestão de Políticas Públicas da Universidade de Brasília. Brasília, 2018.

BANDEIRA, Lourdes Maria; MELLO, Hildete Pereira. "A estratégia da transversalidade de gênero: uma década de experiência da Secretaria de Políticas para as Mulheres da Presidência da República do Brasil (2003/2013)". In: MINELLA, Luzinete Simões; OLIVEIRA ASSIS, Glaúcia; FUNCK, Susana Bornéo (Org). *Políticas e fronteiras: Desafios Feministas (vol. 2)*. Tubarão: Ed. Copiart, 2014, pp. 131-166.

BASTOS, Pedro Paulo Zahluth; HIRATUKA, Celio. "A política econômica externa do governo Dilma Rousseff: comércio, cooperação e dependência". *Texto para Discussão*. Unicamp. IE, Campinas, n. 306, 2017.

BENERÍA, Lourdes. "Markets, Globalization and Gender". In: BENERÍA, Lourdes. *Gender, Development and Globalization: economics as if all people mattered.* Routledge. New York, 2003, pp. 63-90.

BERNARDINO-COSTA, Joaze. "Decolonialidade e interseccionalidade emancipadora: a organização política das trabalhadoras domésticas no Brasil". *Sociedade e Estado*, vol. 30, 2015, pp. 147-163.

BIROLI, Flávia. "Uma mulher foi deposta: sexismo, misoginia e violência política". In: RUBIN, Linda; ARGOLO, Fernanda (orgs). *O golpe na perspectiva de gênero*, 2018, pp. 75-83.

BOHN, Simone; LEVY, Charmain. "The Brazilian women's movement and the state under the PT national governments". *European Review of Latin American and Caribbean Studies*, n. 108: July-December, 2019, pp. 245-266.

BRASIL. Ministério da Economia. *A Mulher no Orçamento 2021*. Relatório, Brasília, 2022.

BRASIL. *Lei 13.341 de 29 de setembro de 2016*. Brasília, 2016. Disponível em: http://www.planalto.gov.br/ccivil_03/_ato2015-2018/2016/Lei/L13341.htm.

CARDOSO, Luísa; VERA, Flávia. *Orçamento da União: Instrumento para a Igualdade de Gênero e para o Desenvolvimento.* Agenda Legislativa para o Desenvolvimento Nacional. Brasília: Edições Técnicas do Senado Federal, 1a ed., 2010, pp. 343-356. ISBN 9788570183538.

CAVALCANTI, Bernardo Margulies; Venerio, Carlos Magno Spricigo. "Uma ponte para o futuro? Reflexões sobre a plataforma política do governo Temer". *Revista de Informação Legislativa*, vol. 54, n. 215, 2017, pp. 139-162.

CHADE, Jamil. "Brasil veta termo "gênero" em resoluções da ONU e cria mal-estar". Portal Uol Notícias. 2019. Disponível em: https://jamilchade.blogosfera.uol.com.br/2019/06/27/brasil-veta-termo-genero-em-resolucoes-da-onu-e-cria-mal-estar/.

COSTA, Joana Simões de Mello; BARBOSA, Ana Luiza Neves de Holanda; HIRATA, Guilherme. "Efeitos da ampliação dos direitos trabalhistas sobre a formalização, jornada de trabalho e salários das empregadas domésticas". *Texto para Discussão* n. 2241. Ipea, Brasília, 2016.

CUNHA, Leonam Lucas Nogueira. "La antipolítica de género en el gobierno de Bolsonaro y sus dinámicas de violencia". *Revista de Estudios Brasileños,* vol. 7, n.14, 2020, pp. 49-61.

ENLOE, Cynthia. "Gender Makes the World Go Round: Where Are the Women?" In: ENLOE, Cynthia (org). *Bananas, Beaches and Bases: Making Feminist Sense of International Politics.* University of California Press, Ltd. London, England, 2014, p. 1-36.

FARES, Lygia Sabbag; OLIVEIRA, Ana Luíza Matos de; CARDOSO, Luísa; NASSIF-PIRES, Luiza. "As políticas econômicas implementadas no Brasil durante a pandemia sob a perspectiva de gênero". *Nota de Política Econômica número 006. MADE/USP,* São Paulo, 2021, pp. 1-8. Disponível em: https://madeusp.com.br/wp-content/uploads/2021/01/NPE006_site.pdf.

GÊNERO E NÚMERO. *Ex-ministra da Mulher, Damares dedicou agenda a homens.* Gênero e Número, maio de 2022. Disponível em: https://www.generonumero.media/reportagens/damares-agenda/.

GONÇALVES, Renata; ABREU, Suellen. "Do plano nacional de políticas para as mulheres ao 'machistério' de Temer. *Revista de Políticas Públicas,* vol. 22, n. 2, 2018, pp. 753-771.

INSTITUTO DE PESQUISA ECONÔMICA APLICADA (Ipea). *Cooperação brasileira para o desenvolvimento internacional: 2011-2013.* Brasília: Ipea, 2016.

JORNAL O GLOBO. "Além de orçamento, MPF questiona pasta de Damares por ações voltadas a proteção de mulheres e defensores". Jornal *O Globo,* 2021. Disponível em: https://oglobo.globo.com/brasil/alem-de-orcamento-mpf-questiona-pasta-de-damares-por-acoes-voltadas-protecao-de-mulheres-defensores-25240066.

KYRILLOS, Gabriela M.; SIMIONI, Fabiane. "Política externa brasileira no governo Bolsonaro: Análise das tendências em políticas de gênero". *Fazendo Gênero* 12: Seminário Internacional, UFSC, 2021.

LOPREITE, Débora; GUSTÁ, Ana Laura Rodrígues. "Introducción: Estado, instituciones y políticas públicas con enfoque feminista en el análisis de viejas y nuevas desigualdades de género en América Latina". *Revista SAAP,* vol. 15, n. 2, 2021, pp. 245-255.

MENICUCCI, Eleonora. "O golpe e as perdas de direitos para as mulheres". In: RUBIM, Linda; ARGOLO, Fernanda. (Orgs). *O Golpe na Perspectiva de gênero.* Salvador: Edufba, 2018, p. 65-74.

OLIVERA, Margarita et al. *A dimensão de gênero no Big Push para a Sustentabilidade no Brasil.* Documentos de Projetos (LC/TS.2021/6; LC/BRS/TS.2021/1) Santiago e São Paulo. Comissão Econômica para a América Latina e o Caribe e Fundação Friedrich Ebert Stiftung, 2021.

PONTE, Nicole Bidegain. "La Agenda 2030 y sus Objetivos de Desarrollo Sostenible". In: *La Agenda 2030 y la Agenda Regional de Género: Sinergias para la igualdad en América Latina y el Caribe.* Comisión Económica para América Latina y el Caribe (CEPAL). Naciones Unidas (ONU), 2017, pp. 9-14.

PRANDI, Reginaldo; CARNEIRO, João Luís. "Em nome do pai: justificativas do voto dos deputados federais evangélicos e não evangélicos na abertura do impeachment de Dilma Rousseff". *Revista Brasileira de Ciências Sociais*, vol. 33, n. 96, 2018, pp. 1-22.

QUERO, Caio. "Para 'evitar promoção do aborto', Brasil critica menção à saúde reprodutiva da mulher em documento da ONU. *BBC News*, 2019. Disponível em: https://www.bbc.com/portuguese/brasil-47675399.

RODRIGUES, Gilberto. "Desconstrução dos Direitos Humanos na Política Externa Brasileira". In: MARINGONI, Gilberto; SCHUTTE, Giorgio Romano; BERRINGER, Tatiana (orgs.). *As Bases da Política Externa Bolsonarista*. Editora da UFABC. Santo André, 2021, pp. 89-102.

RODRIGUES, Pietro Carlos de Souza; SILVA, Patrícia Andrade de Oliveira e. The Agony of Brazilian International Development Cooperation. *Revista Contexto Internacional*, 46.3 (no prelo) 2024.

RUBIM, Linda; ARGOLO, Flávia. "Precisamos falar de gênero". In: RUBIM, Linda; ARGOLO, Flávia (Orgs.). *O golpe na perspectiva de gênero*, 2018, pp. 7-22.

SALOMÓN, Mónica. "Exploring Brazilian foreign policy towards women: dimensions, outcomes, actors and influences". *Revista Brasileira de Política Internacional, 63*(1), 2020, p. 1-18.

SILVA, Patricia Andrade de Oliveira e; ALMEIDA FILHO, Niemeyer. "Analysis of the Brazilian crisis: preliminary effects on South-South cooperation". *Austral:* Brazilian Journal of Strategy & International Relations, vol. 9, n. 17, 2020, pp. 41-72.

SHEPHERED, Laura J. Sex or Gender? Bodies in World Politics and Why Gender Matters. In: SHEPHERE, Laura J. (Org). *Gender Matters in Global Politics:* A feminist introduction to International Relations. Routledge, New York, 2010, pp. 3-16.

SOARES DE LIMA, Maria Regina. "A política externa brasileira e os desafios da cooperação Sul-Sul". *Revista Brasileira de Política Internacional*, vol. 48, núm. 1. Brasília, 2005, pp. 24-59.

SOARES, Felipe Furini; RICOLDI, Arlene Martinez. "A escalada neoconservadora e a agenda antigênero: o caso da participação do Brasil na Cúpula Demográfica de Budapeste". *Revista Brasileira de Estudos de População*, vol. 39, 2022, pp. 1-22.

SOUZA, Luis Eugenio Portela Fernandes de; BARROS, Rafael Damasceno; BARRETO, Maurício Lima; KATIKIREDDI, Srinivasa Vittal; HONE, Thomas V.; SOUSA, Romulo Paes de; PESCARINI, Julia. "The potential impact of austerity on attainment of the Sustainable Development Goals in Brazil". *BMJ Global Health*, vol. 4, n. 5, e001661, 2019, pp. 1-7.

WHITWORTH, Sandra. "Gender and International Organization". In: SHAW, Timothy M. (Org). *Feminism and International Relations*: Towards a Political Economy of Gender in Interstate and Non-Governmental Institutions. St. Martin's Press, Inc., 1994, pp. 64-80.

XAVIER, Elaine de Melo; RODRIGUES, Julia Marinho. "O longo caminho das mulheres no orçamento público federal". *Nexo Políticas Públicas*. Seção Ponto de Vista, 2022. Disponível em: https://pp.nexojornal.com.br/ponto-de-vista/2022/O-longo-caminho-das-mulheres-no-or%C3%A7amento-p%C3%BAblico-federal.

SOBRE AS AUTORAS E ORGANIZADORAS

Ana Cristina Ehlers é economista pela Universidade Federal de Santa Catarina (UFSC). Pesquisadora do Núcleo de Estudos em Economia Feminista (NEEF/UFSC). e-mail: ana.cst.ehlers@gmail.com

Ana Luíza Matos de Oliveira é oficial Associada de Assuntos Econômicos da Cepal México. Economista pela Universidade Federal de Minas Gerais (UFMG), mestra e doutora em Desenvolvimento Econômico pela Universidade Estadual de Campinas (Unicamp). e-mail: brena.fernandez@ufsc.br

Brena Paula Magno Fernandez é professora Associada IV do Departamento de Economia da UFSC. Coordenadora do Núcleo de Estudos em Economia Feminista da Universidade Federal de Santa Catarina (NEEF/UFSC). e-mail: brena.fernandez@ufsc.br

Clarice Menezes Vieira é professora do Instituto Multidisciplinar – Campus Nova Iguaçu, da Universidade Federal Rural do Rio de Janeiro (IM/UFRRJ). e-mail: clarimvi@gmail.com

Cristina Pereira Vieceli é economista, mestra e doutora em Economia pela Universidade Federal do Rio Grande do Sul (UFRGS) e economista do Departamento Intersindical de Estatística e Estudos Socioeconômicos (Dieese). e-mail: cristivieceli@gmail.com

Danielle Carusi Machado é professora associada e coordenadora do Programa de Pós-Graduação em Economia (PPGE) da Faculdade de Economia da Universidade Federal Fluminense (UFF). e-mail: dcarusi@id.uff.br

Eugenia Leone é professora colaboradora do Instituto de Economia da Universidade Estadual de Campinas (IE-Unicamp) e pesquisadora do Centro de Estudos Sindicais e Economia do Trabalho (Cesit). e-mail: eugenia.leone@gmail.com

Hildete Pereira de Melo é doutora em Economia pela Universidade Federal do Rio de Janeiro (UFRJ), professora associada nível 4 da Faculdade de Economia, do Programa de Pós-Graduação em Política Social e pesquisadora do Núcleo de Pesquisas em Gênero e Economia (NPGE) da Universidade Federal Fluminense (UFF). e-mail: hildete43@gmail.com

Isabela Duarte Kelly é mestranda em Economia pelo Programa de Pós-Graduação em Economia da Universidade Federal do Rio de Janeiro (IE-UFRJ). e-mail: isabela.kelly@ppge.ie.ufrj.br

Izaskun Zuazu é do Institute for Socio-Economics (IfSO), Universidade de Duisburg-Essen (Alemanha). e-mail: izzuazu@gmail.com

Letícia Pereira é pós-graduanda em Sociologia no Instituto de Estudos Sociais e Políticos da Universidade Estadual do Rio de Janeiro (IESP-UERJ). É coordenadora no Centro de Pesquisas em Macroeconomia das Desigualdades (Made-USP) e pesquisadora no Netsal/IESP/UERJ e no NuEFem do Instituto de Economia da Universidade Federal do Rio de Janeiro (IE-UFRJ). e-mail: leticiaggeneroso@gmail.com

Liana Bohn é doutora em Economia e professora do Departamento de Economia e Relações Internacionais da Universidade Federal de Santa Catarina (UFSC). Pesquisadora do Núcleo de Estudos em Economia Feminista (NEEF/UFSC) e do Grupo de História do Pensamento Econômico e Mulheres (HPE&M). e-mail: libohn@gmail.com

Lucilene Morandi é professora associada da Faculdade de Economia, coordenadora do Núcleo de Pesquisa em Gênero e Economia (NPGE) da Universidade Federal Fluminense (UFF). e-mail: lmorandi@id.uff.br

Luísa Cardoso é doutora em Demografia pelo Centro de Desenvolvimento e Planejamento Regional da Universidade Federal de Minas Gerais (CEDEPLAR/UFMG) e funcionária do Departamento de Assuntos Econômicos e Sociais da Organização das Nações Unidas (ONU) em Nova York. As análises realizadas no texto refletem a opinião da autora e não necessariamente a visão da organização em que está inserida atualmente. e-mail: luiscgs@gmail.com

Magali Alloatti foi consultora da Agência da ONU para as Migrações (IOM) e pesquisadora colaboradora do Observatório das Migrações de Santa Catarina (UDESC). Socióloga pela Universidad Nacional del Litoral (UNL, Argentina), mestre em Sociologia Política pela Universidade Federal de Santa Catarina (UFSC) e doutora em Sociologia (UFSC e Universidade de California Los Angeles – UCLA). e-mail: magalialloatti@gmail.com

Margarita Olivera é doutora em economia política pela Sapienza Università di Roma, professora do Instituto de Economia da Universidade Federal do Rio de Janeiro (IE-UFRJ) e coordenadora Núcleo de Estudos e Pesquisas de Economia e Feminismos (NuEFem/IE/UFRJ). e-mail: margarita.olivera@ie.ufrj.br

Marilane Oliveira Teixeira é economista, doutora em desenvolvimento econômico e social pelo Instituto de Economia da Universidade Estadual de Campinas (IE-UNICAMP), professora e pesquisadora do Cesit/Unicamp. email: mari@uol.com.br

Patrícia Andrade de Oliveira e Silva é economista, doutora em Desenvolvimento Econômico pela Universidade Estadual de Campinas (Unicamp) e professora de Economia no curso de Administração da Escola Superior de Propaganda e Marketing (ESPM). As análises realizadas no texto refletem a opinião da autora e não necessariamente a visão da organização em que está inserida. e-mail: pandrade.eco@gmail.com